COURS & ENTRAÎNEMENT

prépabac

Tle
GÉNÉRALE
NOUVEAU BAC

Philosophie

TRONC COMMUN

W0350775

- **Johnny Brousmiche**
  Professeur agrégé de philosoph[ie]
- **Anthony Dekhil**
  Professeur agrégé de philosophie
- **Patrick Ghrenassia**
  Professeur agrégé de philosophie
- **Justine Janvier**
  Professeure agrégée de philosophie

Hatier

Le site de vos révisions

L'achat de ce Prépabac vous permet de bénéficier d'un **ACCÈS GRATUIT*** à toutes les **ressources** d'annabac.com (fiches, quiz, sujets corrigés...) et à ses **parcours de révision** personnalisés.

Pour profiter de cette offre, rendez-vous sur **www.annabac.com** dans la rubrique « Je profite de mon avantage client ».

* Selon les conditions précisées sur le site.

IMPRIM'VERT — Votre imprimeur agit pour l'environnement

PAPIER À BASE DE FIBRES CERTIFIÉES

Hatier s'engage pour l'environnement en réduisant l'empreinte carbone de ses livres. Celle de cet exemplaire est de :
1.1 kg éq. CO_2
Rendez-vous sur www.hatier-durable.fr

Achevé d'imprimer en Italie par L.E.G.O. S.p.A. - Lavis (TN)
Dépôt légal n° 06470-6/01 - Juillet 2020

Maquette de principe : Frédéric Jély
Mise en pages : Nord Compo
Schémas : Vincent Landrin et David Bart
Iconographie : Sophie Suberbere, Hatier Illustration
Édition : Muriel Frantz-Widmaier

ISBN 978-2-401-06470-6

AVANT-PROPOS

VOUS ÊTES EN TERMINALE générale, et vous souhaitez progresser en philo et vous préparer à la nouvelle épreuve du bac : cet ouvrage est pour vous !

Spécialement conçu pour vous accompagner dans vos apprentissages et vos révisions, il vous propose un ensemble de ressources très complet :

- des fiches de cours visuelles ;
- des cartes mentales récapitulatives ;
- des exercices progressifs ;
- des sujets de bac guidés ;
- des corrigés détaillés.

Vous y trouverez tous les outils nécessaires pour mémoriser les connaissances clés sur les notions du programme et acquérir progressivement les méthodes de la dissertation et de l'explication de texte.
Nous vous recommandons de l'utiliser régulièrement, en fonction de vos besoins. Ainsi, vous pourrez aborder l'épreuve finale de philosophie en toute sérénité, et acquérir les compétences nécessaires à la poursuite de vos études.

Les auteurs

Johnny Brousmiche

Anthony Dekhil

Patrick Ghrenassia

Justine Janvier

SOMMAIRE

1 L'art

2 Le bonheur

3 La conscience

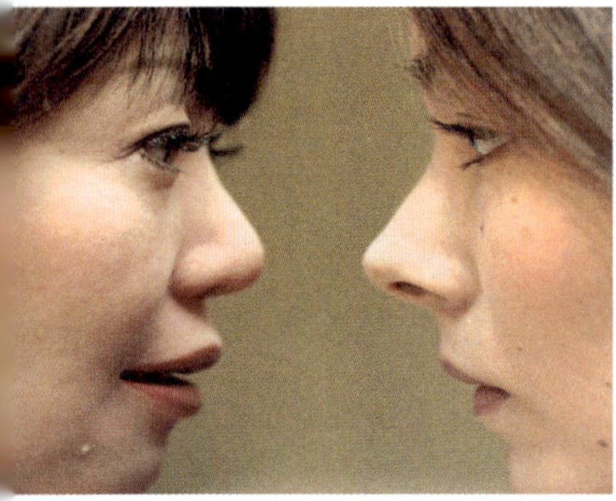

4 Le devoir

5 L'État

6 L'inconscient

SOMMAIRE

10 La nature

11 La raison

12 La religion

SOMMAIRE

13 La science

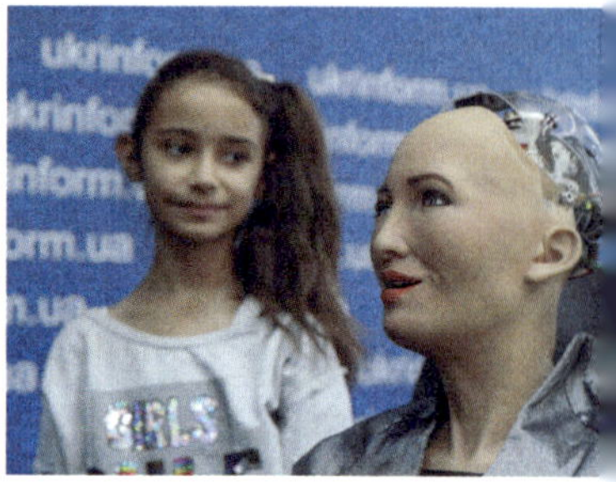

14 La technique

15 Le temps

16 Le travail

17 La vérité

MÉTHODES

Les outils du bac

Dissertation

Explication de texte

1 L'art

Le Bœuf écorché de Rembrandt (1655) représente une chose laide, voire dégoûtante. Cette œuvre d'art donne raison à Kant, pour qui le beau artistique n'est pas dans les qualités objectives de la chose représentée, mais dans la belle forme que l'artiste donne à cette représentation.

MÉMO VISUEL

DÉFINITIONS CLÉS

Art
Domaine de l'activité humaine lié à la fabrication, qui prend des formes historiques diverses, des pyramides d'Égypte jusqu'à l'art abstrait.

L'art ou les arts ?
Il faut distinguer les arts au pluriel, comme ensemble de compétences techniques, et l'art au singulier, comme création d'œuvres esthétiques (beaux-arts).

L'ART

L'art imite-t-il la nature ?
(→ p. 14)

Les repères utiles
idéal/réel → p. 314

La réponse d'Aristote
L'art est une *mimêsis*, une imitation de la nature, qui nous apporte du plaisir.

« La tragédie est l'imitation d'une action grave et complète. »

La réponse de Platon
L'art ne doit pas imiter la réalité car il risque de nous éloigner de la vérité.

Qu'est-ce que le beau ? (→ p. 16)

Les repères utiles
objectif/subjectif/intersubjectif → p. 316

La réponse d'Aristote

Le beau obéit à des conditions matérielles de proportion et de symétrie dans l'objet.

La réponse de Kant

Lorsque nous jugeons un objet beau, nous ne nous intéressons qu'à sa forme qui cause une représentation harmonieuse dans notre esprit.

« La beauté artistique est une belle représentation d'une chose. »

L'art a-t-il une utilité ? (→ p. 18)

Les repères utiles
formel/matériel → p. 313

La réponse de Kant

L'art apporte un plaisir désintéressé, qui ne se soucie ni de l'existence, ni de l'utilité de la chose représentée.

« Le beau est l'objet d'une satisfaction désintéressée. »

La réponse de Freud

L'art permet de satisfaire, sous une forme socialement valorisée, des désirs refoulés.

1 L'artiste imite-t-il la nature ?

En bref *L'art représente un domaine de l'activité humaine lié à la fabrication, qui prend des formes historiques diverses. Au sens large, c'est tout ce que l'homme ajoute à la nature. Faut-il opposer art et nature ou les voir comme complémentaires ?*

I L'art imite ou suit la nature

- L'art doit imiter la nature. C'est ce qu'affirme Aristote : « Nous prenons plaisir à contempler les images les plus exactes des choses dont la vue nous est pénible dans la réalité, comme les formes d'animaux les plus méprisés et des cadavres » (*Poétique*).

- L'imitation (*mimêsis* en grec) d'une réalité, même repoussante ou effrayante, apporte un plaisir à l'esprit humain. C'est la fonction de l'art figuratif, qui s'efforce de **donner l'illusion du réel**. Dans l'Antiquité, le peintre Zeuxis imitait si parfaitement les raisins peints sur les murs que les oiseaux, dit-on, venaient se casser le bec sur sa peinture.

- Platon condamne cet art de l'illusion : si l'art produit de belles apparences trompeuses, il est **moralement condamnable** et les artistes doivent être chassés de la cité, « car ces poètes ne créent que des fantômes et non des choses réelles. »

- Dans la *Critique de la faculté de juger*, Kant voit la nature comme la **source de l'art** : « La nature donne ses règles à l'art. » Pour lui, l'artiste est un interprète ou un porte-parole de la nature.

II L'art est une création de l'esprit

Voir en la nature sa seule source, n'est-ce pas réduire l'art à un jeu stérile et à une pure virtuosité technique ? L'art, par l'intermédiaire de la main et des outils, est une création de l'esprit qui transforme notre perception du réel et nous élève à une réalité proprement spirituelle.

> **À NOTER**
> Le grec dispose de deux termes que nous traduisons par « art » : la *technè*, qui a donné « technique », désigne la production ou la fabrication à partir de matériaux ; la *poïesis*, qui a donné « poésie », désigne la création de quelque chose de nouveau.

1 L'art est dans la forme

- Pour Platon, l'art ne doit pas représenter la réalité telle qu'elle est, mais l'idéaliser pour élever l'âme vers la contemplation des Idées. Il a un rôle d'**éducation de l'âme**, qui doit s'élever des apparences sensibles aux Idées intellectuelles.

- Le beau préfigure le vrai. Plotin, disciple de Platon, insiste sur **la forme qui idéalise la matière sensible** : « Il est clair que la pierre, en qui l'art a fait entrer la beauté d'une forme, est belle non parce qu'elle est pierre [...], mais grâce à la forme que l'art y a introduite. »

■ La valeur de l'art est dans **la belle forme**, quel que soit l'objet représenté. Ainsi, Rembrandt peint une carcasse de bœuf écorché et Goya des « grotesques » hideux. Ce qui fait dire à Kant que « la beauté artistique est une belle représentation d'une chose. » Le beau est donc dans la forme de la représentation, et non dans la chose elle-même.

2 L'art est une production libre de l'esprit

■ Cette importance de la forme libre, indépendamment de l'objet, fait voir dans l'art une **production libre**, par opposition à la production nécessaire et mécanique de la nature et de la technique : « En droit, on ne devrait appeler art que la production par la liberté » (Kant, *Critique de la faculté de juger*).

■ Hegel insiste sur **l'histoire de l'art comme progrès de l'esprit** vers des formes d'expression de plus en plus immatérielle, des pyramides à la musique et la poésie. Toute œuvre de l'esprit, soutient cet auteur, même l'invention du clou, est infiniment supérieure à la plus habile imitation de la nature.

■ Notre regard sur la nature est imprégné par l'art, au point que Hegel ou Oscar Wilde affirment que **c'est la nature qui imite l'art** : quand on admire le chant du rossignol, c'est qu'il nous semble exprimer des sentiments humains.

zoOm

L'hyperréalisme : des œuvres « plus vraies que nature »

■ L'hyperréalisme américain des années 1960 rompt avec l'art abstrait et cherche à rivaliser avec la photographie dans l'impression de réalité.

■ Cela donne des tableaux ou des sculptures parfois « plus vrais que nature », tant la précision du détail est exagérée.

Duane Hanson, *Tourists II*, 1988.

2 Qu'est-ce que le beau ?

En bref *Nous avons tendance à attendre de l'art qu'il produise de beaux objets. Mais cette beauté est-elle objective ou subjective ? dans la chose même ou dans notre façon de nous la représenter ? Peut-on définir des critères de beauté ? Enfin, le beau est-il véritablement le but de l'art ?*

I Le beau est objectif et utile

- Dans l'Antiquité et à l'âge classique, le beau se définit objectivement par des règles de proportion et d'harmonie : par exemple, un temple ou un visage sont beaux s'ils présentent une belle symétrie. Pour les Grecs, le beau est, par ailleurs, associé au vrai et au bien : un homme laid ne peut avoir une âme noble.
- Dans la conception aristotélicienne, une chose est belle si elle remplit parfaitement son but : un beau cheval de course est fait pour courir vite, une belle femme est proportionnée pour faire des enfants. La beauté est une forme adaptée à sa fin.
- Mais cette conception d'une beauté finalisée met sur le même plan éléments naturels et objets fabriqués. Or, si les objets fabriqués servent à quelque chose, il est moins évident d'assigner une fin objective à un élément naturel : quelle est la fin d'un arbre ou d'un ruisseau ? La beauté objective confond le beau et l'utile.

II Le beau est subjectif et formel

1 « Des goûts et des couleurs... »

- Chacun a fait l'expérience de la relativité du beau et a constaté qu'il diffère selon les individus et les cultures. Une chose n'est pas belle ou laide en soi ; sa beauté ou sa laideur dépend de notre sensibilité.
- La beauté n'est plus une vérité, mais un sentiment subjectif et relatif. Elle n'est plus l'objet de la science classique, mais de **l'esthétique**.

> **MOT-CLÉ**
> L'**esthétique** s'intéresse à la nature et surtout aux fonctions de l'art. Le mot « esthétique » est dérivé du mot grec *aisthèsis* qui indique que c'est la sensation éprouvée par l'amateur d'art qui est le critère majeur de l'art.

2 C'est la forme de l'œuvre d'art qui me plaît

- Kant remarque que, lorsque nous jugeons un objet beau, nous nous intéressons à sa forme pure, indépendamment de son contenu matériel, voire de son existence. Le beau n'est pas dans ce qui est représenté (l'objet, le contenu), mais dans la façon de représenter.
- Le jugement esthétique est formel, non matériel : il exprime une harmonie entre notre esprit et la forme de l'objet qui nous plaît. C'est pourquoi nous pouvons trouver belles des formes abstraites, qui ne représentent rien, telle une arabesque.

III Le beau est relatif et se veut universel

1 Une exigence d'accord universel

- Le plaisir pris à la forme pure est une affaire de goût, non de connaissance. Le goût est relatif à chacun ; nous en sommes plus ou moins dotés à la naissance, mais il **se cultive et s'éduque** par la pratique artistique ou la fréquentation des œuvres.
- Néanmoins, le goût porte en lui une exigence d'accord universel : quand on trouve une chose belle, on exige que les autres la trouvent belle aussi, et ce sans preuves ni arguments, puisque le beau n'est pas une vérité.
- D'où des discussions interminables qui font de l'art le prétexte, selon Kant, de la **recherche d'un accord subjectif universel** des esprits humains.

2 Le beau est-il la seule finalité de l'art ?

Cette relativité du beau subjectif conduit à le remettre en cause comme finalité de l'art. Aujourd'hui, on dira plus souvent d'une œuvre d'art qu'elle est « intéressante » ou « originale ». Le **caractère innovant** semble remplacer le beau comme critère de l'art et fournir ainsi un nouveau critère objectif.

zoOm — Walter Benjamin : le déclin de l'œuvre d'art

- Dans *L'Œuvre d'art à l'ère de la reproductibilité technique* (1935), Walter Benjamin considère que les progrès techniques, en particulier la photographie, portent un coup fatal à l'art.
- Autrefois, l'œuvre d'art avait un caractère sacré en tant qu'elle était originale, inimitable et unique. Le XXe siècle la désacralise en permettant sa reproduction. L'œuvre d'Andy Warhol, qui utilise la sérigraphie pour reproduire à de multiples exemplaires des photographies, confirme l'analyse de Benjamin.

Andy Warhol, *Autoportrait*, 1966.

3 L'art a-t-il une utilité ?

En bref *L'art est-il gratuit et désintéressé ou n'est-il qu'un moyen d'exprimer un message religieux, politique, etc. ? Tenter de répondre à cette question suppose d'interroger le statut social et historique de l'art.*

I L'art exprime un message

- Les peintures des grottes de Lascaux avaient le pouvoir magique de favoriser la chasse. Les temples grecs ou les cathédrales gothiques devaient glorifier les dieux et soutenir la foi des croyants. Longtemps, l'art a eu une **fonction ésotérique ou religieuse**.
- Il a pu être utilisé également comme un moyen efficace au service d'un **message politique**. La publicité, quant à elle, soumet l'art à une utilité commerciale et véhicule un modèle de société consumériste.
- Cependant, vouloir faire de l'art une expression revient à en faire **un langage à interpréter**, renvoyant à une vérité rendue à travers des symboles. C'est réduire l'art à un moyen au lieu d'en faire une activité ayant sa fin en soi.

II L'art est désintéressé

1 L'art n'a pas d'utilité

- Pour Kant, l'art et le beau doivent être désintéressés. Le beau doit être distingué de l'utile. On doit ainsi distinguer « **beauté libre** » et « **beauté adhérente** » : admirer une voiture de course pour sa belle ligne, c'est goûter à la beauté libre par un jugement de goût ; l'admirer parce qu'elle va vite, c'est admirer sa beauté adhérente par un jugement d'utilité.
- Le beau doit être aussi **distingué de l'agréable**. Le beau procure un plaisir formel (la présentation esthétique d'un plat), l'agréable apporte un plaisir matériel (l'odeur appétissante du même plat).
- Le beau doit être également **distingué du vrai**, puisqu'il est affaire de goût, et qu'il n'y a là ni preuve, ni connaissance objective (l'art n'est pas une science au sens classique du terme).

2 L'art nous détache des choses matérielles

- Enfin, pour Kant, le beau doit être **distingué du bon** : l'art n'est ni moral, ni immoral. Vouloir censurer *Les fleurs du mal* ou *Madame Bovary*, c'est mépriser cette indépendance et cette liberté formelle de l'art.
- Néanmoins, son caractère désintéressé en fait une **introduction à la morale**, en nous exerçant à nous détacher des intérêts matériels.

3 Le beau et le sublime

Si le beau nous fait goûter une forme finie et harmonieuse, le sublime nous expose à un phénomène monstrueux qui suscite en nous effroi et admiration (la mer déchaînée, la haute montagne). Le sublime est, selon Kant, l'expérience esthétique qui introduit au sentiment religieux de ce qui nous dépasse.

III Expression de quelque chose ou « perception brute » ?

- Pourtant, l'histoire de l'art conduit à relativiser cette conception, qui fait de l'art gratuit une forme moderne du sacré. Pour Hegel, l'art – à travers son histoire – exprime l'esprit d'un peuple ; pour Marx, il représente des intérêts de classe. Pour Freud, il est l'expression de l'inconscient, des désirs refoulés et **sublimés**.

MOT-CLÉ
Selon la psychanalyse de Freud, la **sublimation** est l'expression de pulsions coupables sous des formes socialement valorisées. C'est ce que fait l'art, mais aussi le sport, la science ou la politique.

- Cette interprétation de l'art comme expression est rejetée par Bergson et Merleau-Ponty, qui réaffirment la gratuité de l'art : l'art doit être « perception brute » et pure présence au monde, dégagée de considérations utilitaires.

zoOm

Le réalisme socialiste : un art au service du peuple

Max Lingner, *Reconstruction de la République* (détail), 1952-1953.

Dans les années 1930 à 1960, le réalisme socialiste est la doctrine officielle des pays communistes en matière d'art. L'art doit glorifier la classe ouvrière et paysanne, ainsi que les exploits économiques ou militaires du régime. C'est un art de propagande.

SE TESTER QUIZ

Vérifiez que vous avez bien compris les points clés des **fiches 1 à 3**.

1 L'art imite-t-il la nature ?

→ FICHE 1

1. Qu'est-ce que la *mimêsis* ?

☐ a. le fait qu'un artiste copie un maître

☐ b. une technique de dissimulation

☐ c. le fait que l'art imite la nature

2. Pourquoi Platon veut-il chasser les artistes de la cité ?

☐ a. parce qu'ils créent une réalité illusoire

☐ b. parce qu'ils se moquent des philosophes

☐ c. parce qu'ils mènent une vie dissolue

2 Qu'est-ce que le beau ?

→ FICHE 2

1. Quels sont les critères objectifs d'une beauté classique chez les Grecs ?

☐ a. une richesse d'imagination

☐ b. une reproduction réaliste

☐ c. une forme harmonieuse et proportionnée

2. Parmi les affirmations suivantes, lesquelles sont vraies ?

a. Pour Kant, le beau est subjectif.

b. Pour Kant, la beauté doit être désintéressée.

c. Pour Kant, le beau est relatif à chacun.

3 L'art a-t-il une utilité ?

→ FICHE 3

1. À quoi correspond le sentiment du sublime selon Kant ?

☐ a. au respect dû aux ancêtres

☐ b. à l'effroi devant une nature démesurée

☐ c. à l'admiration devant un artiste supérieur

2. Selon Freud, qu'est-ce qui pousse les artistes à créer ?

☐ a. un sens idéaliste

☐ b. un intérêt commercial

☐ c. le besoin d'exprimer leurs désirs refoulés

S'ENTRAÎNER

4 Réviser le cours en 8 questions flash

1. Est-ce l'art qui imite la nature ou l'inverse ?
2. Pour Hegel, que nous apprend l'histoire de l'art ?
3. Peut-on démontrer ou prouver qu'une chose est belle ?
4. L'art est-il sacré ?
5. L'art porte-t-il un message ?
6. Pourquoi, selon Kant, faut-il distinguer le beau et l'agréable ?
7. Selon Kant, l'art est-il amoral ?
8. Pour Bergson, l'art est-il une connaissance du monde ?

5 Définir les termes d'un sujet

Sujet : L'art exprime-t-il une réalité sociale ?

1. Définissez les mots-clés du sujet :

l'art	....
exprime	....
une réalité sociale	....

2. Parmi les reformulations suivantes du sujet, laquelle convient ?

☐ a. L'art est-il le reflet d'une société ?

☐ b. L'art détermine-t-il l'ordre social ?

☐ c. Une société peut-elle se passer de l'art ?

Méthode

Analyser les termes d'un sujet de dissertation

- **Définissez chacun des mots-clés du sujet**
  Attention, il ne s'agit pas de donner des définitions de dictionnaire, mais des définitions permettant d'éclairer le sens de la question.
- **Observez la forme de l'interrogation**
  S'agit-il d'une **interrogation totale**, invitant à un plan dialectique ou d'une **interrogation partielle** introduite par un mot interrogatif (« En quoi… ? », « Comment… ? »), justifiant un plan thématique ?
  Dans le premier cas, distinguez une question avec les mots « Faut-il… ? » (question de droit : « A-t-on le droit de… ? ») d'une question avec les mots « Peut-on… ? » (question de fait : « A-t-on la possibilité matérielle… ? »).
- **Reformulez la question avec vos propres mots**
  Dégagez si nécessaire ses présupposés, autrement dit les affirmations implicites sans lesquelles le sujet n'aurait pas de sens.

6 Rédiger le début d'une introduction

Sujet : L'art est-il le règne de l'apparence ?
Rédigez la partie de l'introduction consacrée à l'analyse des termes du sujet.

▶ L'art peut être défini comme ....

CONSEIL
Définissez les termes « art », «apparence », mais aussi « règne ». Puis reformulez la question en dégageant ce qu'elle sous-entend.

OBJECTIF BAC

7 Explication de texte • Kant, *Critique de la faculté de juger*

4 h

Ce texte de Kant amène à se poser les questions suivantes : quelle est la spécificité du jugement de goût sur le beau ? En particulier, qu'est-ce qui distingue le beau de l'agréable ? Autrement dit, quelles sont les conditions d'un jugement esthétique pur ?

LE SUJET

Si quelqu'un me demande si je trouve beau le palais que j'ai devant les yeux, je peux toujours répondre que je n'aime pas ce genre de choses qui ne sont faites que pour les badauds ; ou bien comme ce sachem iroquois, qui n'appréciait rien à Paris autant que les rôtisseries ; je peux aussi, dans le plus pur style de Rousseau, récriminer contre la vanité des Grands, qui font servir la sueur du peuple à des choses si superflues ; je puis enfin me persuader bien aisément que si je me trouvais dans une île déserte, sans espoir de revenir jamais parmi les hommes, et si j'avais le pouvoir de faire apparaître par magie, par le simple fait de ma volonté, un édifice si somptueux, je ne prendrais même pas cette peine dès lors que je disposerais déjà d'une cabane qui serait assez confortable pour moi. On peut m'accorder tout cela et y souscrire, mais là n'est pas le problème. En posant ladite question, on veut simplement savoir si cette pure et simple représentation de l'objet s'accompagne en moi de satisfaction, quelle que puisse être mon indifférence concernant l'existence de l'objet de cette représentation. On voit aisément que c'est ce que je fais de cette représentation en moi-même, et non pas ce en quoi je dépends de l'existence de l'objet, qui importe pour que je puisse dire qu'un tel objet est beau et pour faire la preuve que j'ai du goût. Chacun devra admettre que le jugement sur la beauté au sein duquel il se mêle le moindre intérêt est tout à fait de parti pris et ne constitue nullement un jugement de goût qui soit pur. Il ne faut pas se soucier le moins du monde de l'existence de la chose mais y être totalement indifférent, pour jouer le rôle de juge en matière de goût.

Emmanuel Kant, *Critique de la faculté de juger*, traduit par Jean-René Ladmiral, Marc B. de Launay, Jean-Marie Vaysse, recueilli dans *Œuvres philosophiques*, Bibliothèque de la Pléiade © Éditions Gallimard.

LA FEUILLE DE ROUTE

→ *Reportez-vous à la **méthode générale** de l'explication de texte p. 308.*

Étape 1 Repérer le thème et la thèse du texte

- Dans ce texte, Kant s'interroge sur les conditions sur lesquelles repose le jugement esthétique pur.
- Selon lui, le jugement de goût ou jugement esthétique doit être désintéressé, détaché de l'existence ou de l'utilité de l'objet.

Étape 2 Dégager la problématique et les enjeux du texte

- Le problème est de savoir si le beau est objectif ou subjectif. Pour Kant, le beau n'est pas dans la chose même, mais dans le regard qu'on porte sur elle.
- Dans cette perspective, le beau peut-il être universel ?

Étape 3 Identifier les étapes de l'argumentation

❶ Des jugements esthétiques faussés (l. 1 à 12)

Kant commence par citer des exemples dans lesquels le jugement n'est pas un jugement de goût pur. Analysez chacun d'eux : en quoi ces jugements sont-ils intéressés ?

❷ Le pur jugement esthétique (l. 12 à 22)

- Comment Kant définit-il le jugement de goût ? Trouvez des exemples de belles représentations désintéressées.
- Relisez la dernière phrase : qu'est-ce qu'un « juge en matière de goût » ? Quelle doit être sa principale qualité ?

Étape 4 Rédiger l'explication → CORRIGÉ P. 25

CORRIGÉS

SE TESTER QUIZ

1 L'art imite-t-il la nature ?

1. Réponse c. Pour Aristote, la *mimêsis* est l'imitation de la nature par l'art. Par exemple, la tragédie imite les passions humaines.

2. Réponse a. Platon condamne les artistes imitateurs, car ce sont des imposteurs qui créent des illusions et une fausse réalité.

2 Qu'est-ce que le beau ?

1. Réponse c. L'art classique, des Grecs jusqu'au XVIIIe siècle, obéit à des règles d'équilibre, de symétrie et de proportion dans une unité.

2. Réponses a et b.

La réponse **a** est vraie car, pour Kant, la beauté est dans le jugement du spectateur, et non dans la chose représentée.

La réponse **b** est vraie car, selon Kant, apprécier la beauté exige de faire abstraction de l'existence et de l'utilité d'un objet, pour n'apprécier que sa forme.
La réponse **c** est fausse car, selon Kant, même si la beauté est subjective, le jugement esthétique a une prétention universelle et exige que tous le partagent.

3 L'art a-t-il une utilité ?

1. Réponse b. Selon Kant, alors que le beau s'applique aux œuvres d'art, nous éprouvons le sentiment du **sublime** face à une nature démesurée, admirable et effrayante, comme une haute montagne ou des flots déchaînés.
2. Réponse c. Selon Freud, l'art est une façon sublimée d'exprimer les désirs qu'on ne peut satisfaire dans la réalité.

À NOTER

Le spectacle du **sublime** nous conduit au respect. La grandeur impressionnante de la nature produit en nous un sentiment moral de respect, mélange, selon Kant, d'admiration et de crainte.

S'ENTRAÎNER

4 Réviser le cours en 8 questions flash

1. Pour Aristote, l'art imite la nature (*mimêsis*). Mais pour Hegel ou Oscar Wilde, c'est la nature qui imite l'art, au sens où nous jugeons belle la nature quand elle ressemble à une œuvre d'art.
2. Pour Hegel, chaque peuple a une forme artistique différente qui exprime son esprit. Les pyramides pour les Égyptiens, les cathédrales pour l'Europe chrétienne.
3. Oui, à condition que le beau obéisse à des règles et à des critères objectifs, comme dans l'art classique, et non à un jugement de goût subjectif.
4. L'art a eu longtemps une fonction religieuse et magique. Il se désacralise à partir de la Renaissance, pour devenir une activité profane.
5. L'art porte souvent un message (religieux, politique, etc.). Il n'est néanmoins pas réductible à un moyen ou à un langage ; pour Kant, l'art apporte une pure satisfaction formelle et contemplative.
6. L'agréable désigne un plaisir dans la consommation matérielle de l'objet. Le beau suppose que je fasse abstraction de l'existence matérielle de l'objet.
7. Pour Kant, dans la mesure où l'art est désintéressé, il ne tient pas compte du bien et du mal. Il nous conduit néanmoins au sens du devoir moral.
8. Non, pour Bergson, l'art est une présence immédiate au monde qui abolit la distance déformante, simplifiée et caricaturale, de la science.

5 Définir les termes d'un sujet

1.

l'art	Ce terme désigne des productions humaines, par opposition aux produits de la nature. Il peut prendre des formes diverses : peinture, architecture ou musique, par exemple.
exprime	Ce verbe signifie faire sortir, rendre visible quelque chose de caché, ou donner un sens. Les mots expriment des idées ou des sentiments.
une réalité sociale	Cette expression désigne l'état d'une société, son originalité. Cela comprend l'économie, les structures sociales, les mentalités.

2. Réponse a.
Les reformulations b et c ne conviennent pas. Le sujet n'est pas de savoir si la réalité sociale dépend de l'art, ni s'il peut exister des sociétés sans art.

6 Rédiger le début d'une introduction

L'art est défini comme l'ensemble des productions de l'activité humaine, par opposition aux produits de la nature. L'apparence est ce qui apparaît et disparaît... Elle s'oppose donc à ce qui reste et demeure : l'être. L'apparence est souvent assimilée à la surface des choses, voire à l'illusion. Ne dit-on pas que les apparences sont trompeuses ?
Demander si l'art est le règne de l'apparence, c'est sous-entendre que l'apparence triomphe dans l'art, que celui-ci ne donne accès qu'à des apparences et qu'il est donc incapable de connaître la vérité.

CONSEIL
La définition des termes du sujet doit permettre d'orienter un début de problématique.
Ces définitions peuvent introduire des questions.
On se demande ici si l'apparence a un sens négatif.

OBJECTIF BAC

7 Explication de texte • Kant, *Critique de la faculté de juger*

Introduction

[thème] Dans cet extrait de la *Critique de la faculté de juger*, Kant examine les conditions du jugement de goût. Autrement dit, à quelles conditions on peut apprécier la beauté d'une chose. **[thèse]** L'auteur soutient que le jugement esthétique suppose de ne s'intéresser qu'à la forme pure de l'objet. Le jugement de goût pur doit être désintéressé, c'est-à-dire être détaché de l'existence ou de l'utilité de l'objet. En effet, il s'agit de savoir si le beau est objectif ou subjectif. Aristote soutenait que le beau objectif se définit par la perfection et l'harmonie d'une chose. À l'inverse, pour Kant, le beau n'est pas dans la chose même, mais dans le regard qu'on porte sur elle. Dès lors, la chose n'est qu'un prétexte, et seule sa représentation importe. Cette définition subjective du jugement esthétique permet de distinguer l'art de la science, puisque l'art n'est plus ici une connaissance objective. Cela permet aussi de séparer l'art de la consommation ou de la jouissance matérielle de la chose, au profit d'une pure contemplation. **[étapes de l'argumentation]** Le texte comprend deux moments. Kant présente d'abord, à travers une série d'exemples, des jugements de goût biaisés. Il définit ensuite les conditions que doit remplir un pur jugement esthétique.

I Des jugements esthétiques faussés

■ La première moitié du texte énumère des exemples dans lesquels le jugement de goût est faussé :
1. Dans l'exemple du palais, fait pour les « badauds », le jugement ne résulte pas du plaisir procuré par la contemplation du palais mais de la volonté de se démarquer du bas peuple.
2. L'Iroquois, qui trouve belles les rôtisseries, confond le beau et l'agréable.

3. L'exemple de Rousseau condamnant le luxe des Grands illustre une confusion entre le beau et l'utile : ce n'est pas beau puisque c'est inutile et superflu.

■ Toutes ces réponses sont fausses, car « là n'est pas le problème ». Demander si une chose est belle, ce n'est pas demander si elle est utile ou agréable à manger ; ce serait réduire l'esthétique à des intérêts pratiques et sensibles. Pour Kant, il faut distinguer le beau, d'une part, et l'agréable et l'utile, d'autre part. Sans quoi, l'art serait réduit à une satisfaction sensible singulière et ne pourrait pas prétendre à l'universalité du goût. Cette **hiérarchie des plaisirs** suppose de distinguer le goût matériel, comme l'alimentation, et le goût pur ou formel réservé à l'art.

II Le jugement esthétique pur

■ La seconde moitié du texte définit ce que doit être un pur jugement de goût : celui-ci repose sur deux conditions. D'abord, il faut que l'objet beau m'apporte une **satisfaction**. Ensuite, il faut que ce plaisir provienne de la **seule forme de l'objet**, et non de son existence matérielle ; il faut que me plaise la « représentation », et non la réalité matérielle de l'objet.

> **MOT-CLÉ**
> Le **goût** ne doit pas être compris ici comme l'un des cinq sens (avec la vue, l'ouïe, l'odorat et le toucher), mais comme la capacité à apprécier le beau. Un « homme de goût » est un homme sensible aux belles choses, qui sait distinguer le beau du laid.

■ Le jugement esthétique est **formel**, non matériel, au sens où il fait abstraction de l'intérêt pour le côté matériel de la chose. Il est **subjectif**, non objectif, dans la mesure où il ne peut pas s'appuyer sur une preuve ou une démonstration comme pour une vérité scientifique. Il apporte un plaisir formel, non une connaissance ou une jouissance sensible, en ce sens il se distingue de la science, d'une part, et des plaisirs matériels, d'autre part. Trouver beau un bijou en or, par exemple, c'est trouver du plaisir à admirer sa forme ciselée, et non désirer s'approprier l'or qu'il contient pour sa valeur marchande.

■ Ainsi Kant, qui privilégie la forme pure et soutient un rapport esthétique désincarné, propose un lien entre art et morale sous le signe du **désintéressement**. L'art serait donc une préparation à la morale.

■ La dernière phrase affirme qu'il est nécessaire d'avoir un jugement de goût pur pour « jouer le rôle de juge en matière de goût ». Puisque le beau ne peut être défini objectivement, et si l'on ne veut pas tomber dans le relativisme (à chacun selon son goût), il faut un **maître du goût** qui donne l'exemple à ceux qui n'ont pas de goût, un expert qui, par son éducation et son expérience, a un jugement sûr sur le beau.

Conclusion

Le jugement de goût est subjectif, mais à prétention universelle, cherchant à s'imposer à tous. Le « juge en matière de goût », comme un critique d'art, peut nous guider et perfectionner notre goût.

Cette conception marque un tournant dans la conception du beau et de l'art, en plaçant le critère dans le sujet et non plus dans les qualités de l'objet contemplé. C'est une sorte de « révolution copernicienne » qui met le sujet au centre du rapport esthétique. Mais Kant évite de tomber dans un total relativisme, en affirmant une exigence d'universalité qui fait que l'on discute sans fin pour convaincre les autres que ce que l'on trouve beau doit être reconnu par tous.

2 Le bonheur

Le bonheur serait-il dans la famille ? Une équipe de Harvard, dirigée par le professeur Waldinger, a suivi 725 hommes tout au long de leur vie, depuis 1938, et en a conclu que le bonheur durable est dans la qualité des relations humaines de proximité. Avoir de bonnes relations avec son entourage serait même bon pour la santé !

MÉMO VISUEL

DÉFINITIONS CLÉS

Bonheur (sens 1)
Satisfaction de tous nos désirs.

Bonheur (sens 2)
État de plénitude et de perfection de notre être.

En quoi consiste le bonheur ? (→ p. 30)

Les repères utiles
idéal/réel → p. 314

La réponse d'Épicure
Le bonheur consiste dans la satisfaction de nos désirs et la recherche du plaisir, qui est la cessation de la douleur.

La réponse d'Aristote
Le bonheur est dans la réalisation de la perfection humaine, c'est-à-dire dans une vie contemplative.

> « Et pour l'homme […], ce sera la vie selon l'intellect, s'il est vrai que l'intellect est au plus haut degré l'homme même. Cette vie-là est donc aussi la plus heureuse. »

L

BONHEUR

Le bonheur est-il une illusion ? (→ p. 32)

Les repères utiles
croire/savoir → p. 311

La réponse de Schopenhauer

Le bonheur est une illusion qui donne un sens à la vie humaine.

La réponse de Kant

Le bonheur est trop aléatoire pour être connu par la raison. Chacun en rêve à sa façon.

« Le bonheur est un idéal, non de la raison, mais de l'imagination. »

Le bonheur est-il une fin morale ? (→ p. 34)

Les repères utiles
objectif/subjectif/intersubjectif → p. 316

La réponse de Spinoza

Spinoza soutient un eudémonisme, à savoir l'idée selon laquelle le bonheur est le « souverain bien » que tout homme recherche.

« Le désir de bien vivre ou de vivre heureux […], c'est l'essence même de l'homme. »

La réponse de Kant

Le bonheur est trop subjectif et incertain pour fonder une morale universelle. Seul le devoir désintéressé peut le faire.

4 En quoi consiste le bonheur ?

En bref *Le bonheur est aussi divers et insaisissable que nos désirs qui varient et changent tout au long de notre vie. Difficile donc d'en trouver une définition objective et universelle. Les philosophes s'y essaient pourtant, s'appuyant tantôt sur l'expérience, tantôt sur la raison.*

I « Au petit bonheur la chance »

1 Croyances et superstitions

- Selon l'étymologie, le mot « heur » désigne le hasard, le sort ou la fortune, et le mot « bonheur » la bonne fortune, par opposition au « malheur », littéralement « mauvais sort ». Le bonheur dépend donc du hasard aveugle ou de la providence divine.

- Dans cette perspective, le bonheur relève de croyances (avoir « une bonne étoile » ou un « porte-bonheur »), se manifeste de façon imprévisible et justifie le recours à des pratiques superstitieuses (devins, voyantes, horoscopes, etc.). L'homme heureux est celui qui sait « saisir sa chance ».

À NOTER
Le terme grec qu'on traduit par « bonheur » suggère la même idée de chance : *eudaimonia* signifie littéralement « avoir un bon génie ».

2 Une question philosophique

Ces superstitions très anciennes témoignent d'une aspiration universelle au bonheur. Mais les hommes se séparent sur sa définition, ainsi que sur les moyens d'y parvenir. C'est en cela que le bonheur devient une question philosophique : s'interroger sur la « vie bonne » (*eu dzeîn*, disaient les Grecs), c'est d'abord se demander ce qui est bon, ce qu'est le bien.

II Le bonheur réside dans le plaisir

- Le sens commun représente le bonheur comme la satisfaction complète des désirs : être heureux, c'est être comblé. Le bonheur serait un état de plaisir total.

- Ainsi, l'**hédonisme** d'Épicure définit le bonheur par le plaisir. Mais le plaisir épicurien est dans la cessation de la douleur physique et l'ataraxie (ou absence de troubles de l'âme).

MOT-CLÉ
L'**hédonisme** désigne une doctrine qui fait du plaisir le souverain bien que nous devons rechercher.

- Schopenhauer reprend cette définition négative du plaisir comme absence de douleur : « L'homme le plus heureux est donc celui qui parcourt sa vie sans douleurs trop grandes, soit au moral soit au physique, et non pas celui qui a eu pour sa part les joies les plus vives ou les jouissances les plus fortes. »

III Le bonheur est un état permanent de l'âme

1 Distinguer le bonheur de la joie et du plaisir

- Il faut distinguer le bonheur de la joie et du plaisir. Joies et plaisirs sont multiples, occasionnels, éphémères ; le bonheur est permanent et continu. Les premiers sont **des événements** qui résultent de causes extérieures, tandis que le second est **un état** qui provient d'une façon de vivre constante et qui dépend de nous.
- Éprouver un plaisir ou une joie ne suffit pas à être heureux. D'abord parce que **joies et plaisirs sont fugaces** et qu'ils cèdent souvent la place à la tristesse ou à la souffrance. Ensuite parce qu'ils peuvent en eux-mêmes être mauvais et nuisibles, comme dans le cas des passions.

2 Vouloir ce qui dépend de nous

Pour les stoïciens, les passions sont mauvaises, car elles troublent l'esprit et nous rendent esclaves de choses extérieures. Désirer ce qui « ne dépend pas de nous » nous rend forcément malheureux, car aliénés à des causes extérieures à notre volonté. Pour être heureux, le sage ne doit vouloir que ce qui dépend de lui. Il peut **atteindre ainsi l'apathie** (ou absence de passions).

3 Le bonheur, une fin en soi ?

Pour Aristote, la vie heureuse est une **vie contemplative** consacrée au savoir rationnel. En effet, la raison est la qualité spécifique de l'homme, et le bonheur est dans la réalisation parfaite de sa fin propre : « Le bonheur est quelque chose de parfait et qui se suffit à soi-même, et il est la fin de nos actions » (*Éthique à Nicomaque*).

zoOm

Le *hygge* : la philosophie danoise du bonheur

Selon l'ONU, les pays scandinaves sont les plus heureux du monde. Le secret se situe peut-être dans une philosophie de vie qui prône le bien-être. Une boisson chaude, un plaid, un feu de cheminée… Le *hygge*, ou *cocooning*, invite à savourer les petits moments de bonheur simple, seul ou entre amis.

5 Le bonheur est-il une illusion ?

En bref *Si tous recherchent le bonheur, il est rare de trouver des gens pleinement heureux, et la souffrance et le malheur semblent la condition humaine la plus ordinaire. La réalité du bonheur paraît alors douteuse, et l'on s'interroge sur le besoin illusoire de bonheur.*

I Le bonheur est une illusion nécessaire

1 Le bonheur n'existe pas

Pour Schopenhauer, la vie oscille entre la souffrance et l'ennui, dominée par un désir tyrannique qui sacrifie l'individu à la reproduction de l'espèce. Cette vision pessimiste s'appuie sur une conception de la nature dominée par la volonté, une force obscure qui pousse chaque être vivant à se conserver en vie et à accroître sa puissance. Chez les espèces animales, elle prend la forme d'une lutte pour la vie et pour la reproduction de l'espèce. L'individu n'a aucune importance et se sacrifie pour l'espèce.

2 L'illusion du bonheur donne un sens à la vie

Mais la conscience oblige l'homme à trouver un but à la vie individuelle. D'où l'invention du bonheur comme illusion vitale : « Il n'y a qu'une erreur innée : celle qui consiste à croire que nous existons pour être heureux. » Sans cette illusion, la vie humaine paraîtrait absurde, ce qui pourrait conduire à une extinction de l'espèce.

3 Être moins malheureux à défaut d'être heureux

Être moins malheureux reste possible pour Schopenhauer. Cela ne dépend pas des circonstances externes (argent, gloire, etc.), mais du tempérament, mélange de bonne santé et de bonne humeur.

II Le bonheur est un idéal de l'imagination

- Selon Kant, le bonheur est « un idéal, non de la raison, mais de l'imagination ». Car la raison ne peut connaître la totalité des désirs à combler, chacun ayant une infinité de désirs différents et changeants. Aucune science du bonheur n'est possible.
- Il n'y a que **l'imagination** qui puisse prétendre à la mission impossible de définir ce qui pourrait rendre un individu heureux. Elle est seule à même de nourrir notre idéal subjectif de bonheur, souvent changeant et multiforme.

MOT-CLÉ

L'**imagination**, selon Kant, s'oppose à la raison. Alors que la raison est universelle et semblable en tout homme, l'imagination produit des représentations et des images subjectives, relatives à notre corps et à nos passions.

■ Imaginer son bonheur consiste à projeter la satisfaction de ses désirs dans le futur. Cela nourrit l'espoir, mais révèle une insatisfaction dans la vie présente. Ce bonheur imaginaire donne lieu à des créations artistiques, comme les récits de science-fiction et les utopies, ou à des croyances religieuses, comme le paradis ou la résurrection.

III Un usage utilitariste du bonheur

■ Certains refusent la distinction entre bonheur et plaisir, et soutiennent que le bonheur n'est rien d'autre que la quantification des plaisirs : plus on obtient de plaisirs, plus on est heureux. Bentham, fondateur de l'utilitarisme, plaçait ainsi le bonheur dans la quantité de plaisirs accumulés, quels qu'ils soient, sans aucune hiérarchie entre le plaisir d'un bon repas, d'un match de foot ou d'une symphonie de Mozart. L'individu, comme la société, recherche une « maximisation des plaisirs ».

■ Son successeur, John Stuart Mill, défend au contraire une conception qualitative du bonheur, qui place les plaisirs de l'esprit au-dessus de ceux du corps. L'homme ne saurait se contenter d'une satisfaction bestiale : « Un être pourvu de facultés supérieures demande plus pour être heureux [...] Il vaut mieux être Socrate insatisfait qu'un imbécile satisfait. »

■ L'utilitarisme de Bentham fait du bonheur collectif le but de l'État : une société est d'autant plus heureuse qu'elle apporte plus de plaisirs au plus grand nombre. Mill penche quant à lui vers une recherche individuelle du bonheur.

zoOm

Le Bonheur national brut

■ La doctrine de l'utilitarisme conduit aujourd'hui à vouloir mesurer la quantité de bonheur à la façon du PNB. Le Bonheur national brut (BNB) a été inventé en 1972 par le royaume du Bhoutan et reconnu en 2011 par l'ONU.

■ En 2019, les pays scandinaves arrivent en tête du classement, selon des critères de bien-être et de santé. Mais on mesure plus ici les conditions matérielles d'un bonheur possible que le bonheur lui-même.

6 Le bonheur est-il une fin morale ?

En bref *Qu'est-ce qui peut fonder la morale ? Comment définir un critère qui puisse guider nos devoirs ? Le bonheur peut-il être ce critère ?*

I Le bonheur n'est pas une fin morale

- Kant refuse de faire du bonheur une fin morale. En effet, la morale consiste à faire son devoir, et le devoir doit être désintéressé et ne pas attendre de récompense. La morale ne recherche donc ni le plaisir ni le bonheur.
- Nous pouvons tout au plus « nous rendre dignes du bonheur », mais en aucun cas garantir que nous l'atteindrons. Le bonheur peut donc survenir comme un accident et un supplément au devoir, mais aucunement comme une récompense nécessaire. Que le respect de la morale nous rende heureux ou malheureux, cela ne change rien à l'intransigeance du devoir moral.
- Le bonheur est alors un simple espoir et un besoin **anthropologique**, il doit être poursuivi en dehors du devoir moral et peut être satisfait par surcroît, soit dans une vie future, soit par chance.

MOT-CLÉ
Chez Kant, le terme **anthropologique** désigne ce qui concerne la nature humaine déterminée par le corps et les passions. Il s'oppose au caractère rationnel et moral de l'humanité.

II Le bonheur est une fin morale

1 L'association bonheur, vertu et connaissance

L'eudémonisme, dont Aristote, les stoïciens et Spinoza sont les principaux représentants, pense que le bonheur ne se dissocie pas du devoir, mais que les deux s'unissent dans une association entre bonheur, vertu et connaissance. La réunion réelle des trois est le souverain bien. Ce dernier désigne le bien placé au-dessus de tous les autres et qui est le but ultime d'une quête éthique.

2 Le bonheur dans l'ascétisme

Pour les stoïciens, le bonheur est dans la liberté et la vertu. La liberté est celle de la volonté qui ne doit pas vouloir ce qui ne dépend pas de nous. La santé, les richesses, la gloire, même le corps ne dépendent pas de nous ; vouloir ces biens nous rend esclaves des passions, donc malheureux. La volonté reste libre en se détachant de ces biens illusoires, et la vertu réside dans une volonté libre. Le bonheur se trouve dans une **vie ascétique** de dépouillement matériel.

MOT-CLÉ
L'**ascèse** signifie l'exercice. Chez les stoïciens, c'est l'exercice quotidien de la volonté pour se détacher des biens extérieurs, qui ne sont pas des vrais biens mais des « indifférents ».

3 | La recherche du souverain bien pour lui-même

■ Pour Aristote, le bonheur est le souverain bien et doit être recherché en vue de lui-même. Cependant, les circonstances extérieures, comme la santé, l'aisance matérielle ou la liberté politique, y contribuent. Ce sont des conditions nécessaires mais non suffisantes pour l'obtenir.

■ Dans cette perspective, Aristote s'oppose à ceux, comme les stoïciens, qui pensent que la vertu seule suffit, quelles que soient les conditions matérielles.

4 | L'harmonie avec l'ordre nécessaire de la nature

■ Pour Spinoza, le bonheur se nomme **béatitude** et consiste dans la connaissance rationnelle de la nature qui nous conduit à l'amour de Dieu, puisque Dieu et la Nature sont une même chose. La vertu est une disposition rationnelle qui vise à faire en sorte que les passions joyeuses l'emportent sur les passions tristes, lesquelles peuvent être évitées par la connaissance de la nécessité.

■ Cette connaissance des causes qui me déterminent me libère et me rend heureux grâce à une fusion intellectuelle et affective avec l'ordre du monde. Le bonheur est dans cette harmonie de mon esprit avec l'ordre nécessaire de la nature.

zoOm

La figure de Job

■ Dans la Bible, Job est le plus juste et le plus vertueux des hommes : il obéit scrupuleusement aux commandements de Dieu. Mais il est en même temps le plus malheureux et toutes les catastrophes s'abattent sur lui : il perd sa maison, ses enfants, et est accablé par les maladies.

■ Il incarne la dissociation entre morale et bonheur : sa vertu n'est pas récompensée. Ses malheurs sont une mise à l'épreuve de sa foi. C'est une figure kantienne par excellence, en ce qu'il ne fait pas son devoir en vue du bonheur, mais malgré les malheurs qu'il endure.

■ Cette séparation entre morale et bonheur donne une dimension tragique à l'existence humaine, déchirée entre deux idéaux : la justice et le bonheur. Dans l'Antiquité, c'est le drame d'Antigone, opposée au roi Créon : elle sacrifie son bonheur en faisant ce qu'elle estime juste, enterrer son frère, ce que le roi a interdit. Le roi la condamne à être emmurée vivante. Dans de nombreuses circonstances, comme la Résistance par exemple, le devoir moral oblige à sacrifier son bonheur.

Léon Bonnat, *Job*, 1880.

SE TESTER QUIZ

Vérifiez que vous avez bien compris les points clés des fiches 4 à 6.

1 En quoi consiste le bonheur ?

→ FICHE 4

1. Que signifie l'étymologie du mot « bonheur » ?

☐ **a.** bonne chance

☐ **b.** vie de plaisirs

☐ **c.** nirvana

2. Pour Aristote, le bonheur se trouve :

☐ **a.** dans le plaisir.

☐ **b.** dans une vie contemplative.

☐ **c.** dans l'aisance matérielle.

2 Le bonheur est-il une illusion ?

→ FICHE 5

1. Parmi les affirmations suivantes, lesquelles sont vraies ?

☐ **a.** Pour Kant, le bonheur est un idéal de l'imagination.

☐ **b.** Pour Kant, le bonheur est une connaissance scientifique.

☐ **c.** Pour Kant, le bonheur est une promesse divine.

2. Parmi les affirmations suivantes, lesquelles sont vraies ?

☐ **a.** L'utilitarisme affirme qu'on peut mesurer le bonheur.

☐ **b.** Selon Bentham, tous les plaisirs ne se valent pas.

☐ **c.** Selon Mill, le bonheur est une affaire privée.

3 Le bonheur est-il une fin morale ?

→ FICHE 6

1. Parmi les affirmations suivantes, lesquelles sont vraies ?

☐ **a.** Kant refuse de faire du bonheur une fin morale, parce que le bonheur est immoral.

☐ **b.** Kant refuse de faire du bonheur une fin morale, parce que le bonheur ne peut prendre une forme rationnelle et universelle.

☐ **c.** Kant refuse de faire du bonheur une fin morale, parce que le bonheur est hors de portée de la nature humaine.

2. Comment appelle-t-on une doctrine qui pose le bonheur comme souverain bien ?

☐ **a.** un hédonisme

☐ **b.** un eudémonisme

☐ **c.** un utilitarisme

S'ENTRAÎNER

4 Réviser le cours en 8 questions flash

1. Que signifie l'ataraxie chez Épicure ?

2. Le bonheur peut-il consister en une joie passagère ?

3. Pourquoi, selon Schopenhauer, le bonheur est-il une illusion nécessaire ?

4. Pour Mill, certains plaisirs sont-ils supérieurs aux autres ?

5. Qu'est-ce que le souverain bien ?

6. En quoi, selon Kant, la morale nous rend-elle « dignes d'être heureux » ?

7. Qu'est-ce que la béatitude selon Spinoza ?

8. En quoi le personnage biblique de Job peut-il illustrer le refus par Kant de faire du bonheur une fin morale ?

5 Identifier et reformuler le thème du texte

Le bonheur est la satisfaction de toutes nos inclinations (aussi bien *extensive*, à l'égard de leur variété, qu'*intensive*, quant à leur degré, et même *protensive*, du point de vue de leur durée). La loi pratique qui prend pour mobile le *bonheur*, je l'appelle pragmatique (règle de prudence) ; en revanche, celle qui, dans la mesure où il en est une, ne prend pour mobile que *le fait d'être digne du bonheur*, je l'appelle morale (loi morale). La première indique ce qu'il nous faut faire si nous voulons prendre part au bonheur ; la seconde commande comment nous devons nous conduire pour simplement devenir dignes du bonheur. La première se fonde sur des principes empiriques ; car je n'ai pas d'autre moyen que l'expérience ni de savoir quelles sont les inclinations qui veulent être satisfaites, ni quelles sont les causes naturelles qui peuvent produire leur satisfaction. La seconde fait abstraction des inclinations et des moyens naturels de les satisfaire, et considère uniquement la liberté d'un être raisonnable en général, ainsi que les conditions nécessaires sous lesquelles seulement elle s'accorde, selon des principes, avec la distribution du bonheur [...].

Emmanuel Kant, *Critique de la raison pure*,
trad. Alain Renaut © Flammarion, 2006. D.R.

1. Surlignez les expressions et les mots importants dans le texte.

2. Repérez parmi les propositions suivantes le thème du texte ou la question à laquelle ce texte répond :

☐ **a.** Ce texte de Kant aborde la question des conditions nécessaires pour devenir heureux : que doivent faire les hommes pour être heureux ?

☐ **b.** Cet extrait de la *Critique de la raison pure* examine le rapport entre morale et bonheur : la morale vise-t-elle le bonheur, ou morale et bonheur sont-ils indépendants ?

☐ **c.** Ce texte de Kant s'interroge sur le fait de savoir s'il faut suivre ses penchants naturels pour obéir aux devoirs moraux.

Méthode

Repérer le thème et la thèse d'un texte

- **Identifiez et soulignez les mots et expressions qui reviennent souvent.**

  Attention, il ne s'agit pas de tout souligner, mais de sélectionner les mots ou formules qui sont essentiels pour comprendre la question posée.

- **Repérez dans quel domaine se situe le thème.**
  S'agit-il de la culture ? la morale ? la politique ? la connaissance ? Repérer le domaine permet de retrouver les questions centrales de ce domaine (ici le rapport entre morale et bonheur).

- **Reformulez la question que pose le texte avec vos propres mots.**
  La reformulation avec ses propres mots permet de vérifier que la question est bien comprise. Il faut trouver des mots plus simples sans trahir ou déformer la pensée de l'auteur.

- **Repérez la thèse.**
  La thèse est la réponse de l'auteur à la question. Cela suppose qu'il peut y avoir d'autres réponses. Éventuellement, on peut aussi repérer à quelle autre réponse s'oppose celle de l'auteur, cela aide à problématiser le texte au sein d'un débat.

6 Identifier la thèse du texte

Repérez la thèse, ou la réponse apportée par l'auteur, à la question posée :

☐ **a.** Selon l'auteur, il faut distinguer morale et bonheur, car il arrive souvent que le devoir moral s'oppose à notre bonheur, comme de devoir dire la vérité alors que cela va se retourner contre nous.

☐ **b.** Pour Kant, c'est notre devoir de devenir heureux, puisque tous nos penchants nous poussent au bonheur.

☐ **c.** À la question posée, l'auteur répond que, si nous faisons notre devoir, le bonheur viendra toujours récompenser les actions morales.

À NOTER
La thèse de l'auteur est souvent affirmée au début du texte et reprise à la fin. Parfois, elle est développée tout au long, comme c'est le cas dans ce texte. En général, elle prend la forme d'une distinction ou d'une opposition.

OBJECTIF BAC

7 Dissertation • Le bonheur est-il dans l'inconscience ?

4 h

Dans le sujet suivant est examinée la spécificité du bonheur humain. L'animal ou l'enfant semble parfois plus heureux, mais il n'est pas conscient de son bonheur. La conscience est-elle un avantage ou un obstacle au bonheur ? Tout dépend de la conception du bonheur.

LE SUJET

Le bonheur est-il dans l'inconscience ?

LA FEUILLE DE ROUTE

→ *Reportez-vous à la **méthode générale** de la dissertation p. 306.*

Étape 1 Analyser les termes du sujet

- Les conceptions du bonheur divergent : est-ce une suite de plaisirs ? un épanouissement de l'âme ? la réalisation de soi ?
- L'inconscience désigne un état à la fois psychologique et moral. Être inconscient, est-ce agir sans réfléchir ? se comporter en irresponsable ? ne pas se poser de questions ? ne pas savoir ce que l'on fait ?

À NOTER

L'inconscience ne doit pas être confondue avec l'inconscient. L'**inconscience** est le fait de vivre et d'agir sans le savoir, comme l'enfant, le fou ou l'animal. L'**inconscient** est, chez l'homme, l'ensemble des désirs refoulés.

Étape 2 Dégager la problématique et les enjeux du sujet

- La conscience est-elle une condition du bonheur ou un obstacle ? À quoi cela sert-il d'être heureux si l'on ne le sait pas ? La conscience semble donc être nécessaire au bonheur, ou du moins l'augmenter.
- Pourtant nous regrettons souvent l'innocence de l'enfant ou la vie paisible des animaux : pourquoi nous poser des questions qui nous compliquent la vie ?
- L'enjeu est de savoir si la conscience procure à l'homme un bonheur supérieur à celui de l'animal, ou si la conscience complique la vie humaine et empêche l'homme d'être pleinement heureux.

Étape 3 Élaborer le plan de la dissertation

1 Le bonheur semble résider dans l'inconscience

- Définissez l'inconscience, puis cherchez des exemples d'êtres ou d'actions inconscients.
- Quels sont les avantages et les inconvénients de l'inconscience ?
- Montrez des situations où la conscience nous rend malheureux, où nous préférerions ne pas savoir.

2 Mais on ne choisit pas l'inconscience

- Peut-on choisir d'être inconscient ou faut-il admettre que la conscience est liée à la nature humaine ?
- Peut-on se passer de conscience et, si c'est possible, quelles sont les conséquences nuisibles (par exemple dans l'ivresse ou la drogue) ?

3 Le bonheur conscient est-il supérieur ?

- Peut-on réconcilier bonheur et conscience ?
- Donnez des exemples où la conscience nous rend plus heureux.
- Le vrai bonheur humain peut-il être dans l'inconscience ou est-ce indigne de la liberté humaine ?

Étape 4 Rédiger la dissertation → CORRIGÉ P. 43

CORRIGÉS

SE TESTER QUIZ

1 En quoi consiste le bonheur ?

1. Réponse a. Le mot « bonheur » comprend « heur », qui signifie en ancien français la chance ou le sort. Un « bon-heur » est un coup de chance ; un « malheur » est un mauvais coup du sort. Selon l'étymologie, le bonheur semble donc dépendre du hasard.

À NOTER

Pour **Aristote**, une vie contemplative n'est possible que dans une cité libre. Pour atteindre le bonheur, il faut d'abord être un bon citoyen.

2. Réponse b. Pour Aristote, le bonheur de l'homme est dans sa perfection. Or l'essence propre de l'homme est la raison, la connaissance. Donc le plus haut bonheur humain est dans une vie contemplative, qui connaît et admire l'ordre du monde.

2 Le bonheur est-il une illusion ?

1. Réponses a et c.

La réponse **a** est vraie car, pour Kant, nous avons tous l'espoir d'être heureux, c'est donc un idéal universel, mais le contenu du bonheur varie selon l'imagination et les désirs de chacun.

La réponse **b** est fausse car le bonheur, pour Kant, est différent selon chacun. On ne peut donc en avoir une connaissance vraie, objective et universelle.

La réponse c est vraie car, dans une vie future, après la mort, nous pouvons espérer un bonheur posthume par lequel Dieu récompensera les justes.

À NOTER

Pour fonder la morale et laisser un espoir de bonheur, **Kant** affirme trois postulats indémontrables : la liberté, l'immortalité de l'âme et l'existence de Dieu.

2. Réponses a et c.
La réponse a est vraie. Selon l'utilitarisme, l'addition des plaisirs permet de mesurer le degré de bonheur d'un pays.
La réponse b est fausse. Pour Bentham, il n'y a pas de hiérarchie des plaisirs et tous se valent.
La réponse c est vraie. À l'inverse, Bentham fait de la recherche du bonheur maximal d'une société un objectif politique.

3 Le bonheur est-il une fin morale ?

1. Réponses a et b.
La réponse a est vraie, car le bonheur est immoral, ou plutôt amoral, dans la mesure où il est intéressé ; il est même notre plus grand intérêt. Or un acte moral, le devoir, doit être désintéressé.
La réponse b est vraie car, pour Kant, la morale doit se fonder sur la raison pour avoir une valeur universelle. Or le bonheur n'est pas rationnel, mais dépend de nos désirs et de notre imagination ; il est donc subjectif et relatif.
La réponse c est fausse, car l'espoir de bonheur fait partie de la nature humaine, et il est réalisable dans cette vie ou dans une vie future.

2. Réponse b. C'est l'eudémonisme (du grec *eudaîmonia*, « le bonheur ») qui affirme que le bonheur est le but de la vie humaine, comme pour Aristote ou Spinoza. L'hédonisme affirme que le souverain bien est le plaisir, comme chez Épicure. L'utilitarisme peut être vu aussi comme un eudémonisme, si l'on accepte de réduire le bonheur à l'utile et au plaisir.

S'ENTRAÎNER

4 Réviser le cours en 8 questions flash

1. Chez Épicure, l'*ataraxis* désigne l'absence de troubles de l'âme. Elle est rendue possible par l'élimination des craintes de la mort et des dieux.
2. Non. Le bonheur est un état durable et permanent. Il faut le distinguer d'une joie ou d'un plaisir passagers.
3. Pour Schopenhauer, la vie est dominée par la souffrance. Mais sa conscience fait croire à l'homme que le bonheur existe pour donner un sens acceptable à sa vie.
4. Pour Mill, les plaisirs de l'esprit, de la science ou de l'art sont supérieurs à ceux du corps. C'est pourquoi Socrate insatisfait est supérieur à un imbécile heureux.
5. Le souverain bien désigne ce que l'homme recherche plus que tout pour faire son bonheur : la liberté pour certains, la connaissance pour d'autres.

MOT-CLÉ
En morale, on appelle **souverain bien** le but suprême qu'on cherche à réaliser dans sa vie et qui conditionne tous les autres biens. Cela suppose de hiérarchiser les biens et de choisir le bien absolument supérieur.

6. Pour Kant, faire son devoir nous rend « dignes d'être heureux » au sens où nous méritons d'être heureux. Mais nous ne le faisons pas dans ce but, et le bonheur n'en découle pas nécessairement.
7. La béatitude, selon Spinoza, est l'aboutissement d'un progrès dans la connaissance de la nature ou de Dieu. Quand mon esprit comprend la nécessité des choses, il bannit les passions tristes.
8. Job continue à obéir à Dieu et à faire son devoir de façon désintéressée, malgré les malheurs qui l'accablent. Vertu morale et bonheur sont séparés.

5 Identifier et reformuler le thème du texte

1. Voici les expressions clés du texte : « la satisfaction de toutes nos inclinations » ; « pragmatique » ; « morale » ; « le fait d'être digne du bonheur » ; « principes empiriques » ; « abstraction des inclinations et des moyens naturels » ; « la liberté d'un être raisonnable » ; « s'accorde, selon des principes, avec la distribution du bonheur. »

MOT-CLÉ
Kant appelle **pragmatique** ce qui concerne la prudence ou l'habileté. Pour la pragmatique, seule compte l'efficacité des moyens, en dehors de toute considération morale.

2. Réponse b.
La réponse a n'est pas le thème du texte à proprement parler. Le texte évoque effectivement la « loi pratique » qui nous dit comment satisfaire nos penchants pour être heureux. Mais ce n'est qu'un aspect secondaire de la question.
La réponse b est le thème véritable du texte, à savoir le rapport entre bonheur et morale, entre « pragmatique » (comment devenir heureux) et « morale » (comment devenir digne du bonheur). La morale vise-t-elle le bonheur ?
La réponse c est fausse : ce n'est pas du tout la question du texte. C'est même un contresens.

6 Identifier la thèse du texte

Réponse a.
La réponse a est la thèse du texte. La morale peut nous rendre malheureux, mais ce n'est pas son but. Son but est de nous « rendre dignes », c'est-à-dire de ne pas utiliser des moyens immoraux pour devenir heureux.
La réponse b est fausse. Non, la morale ne vise pas la satisfaction de nos penchants, au contraire ! Souvent le devoir moral interdit la satisfaction de nos penchants.
La réponse c n'est pas non plus la thèse du texte. À la question posée, l'auteur répond que si l'on fait son devoir, on mérite d'être heureux ; mais en devenir digne ne signifie pas qu'on devienne forcément heureux.

OBJECTIF BAC

7 Dissertation • Le bonheur est-il dans l'inconscience ?

Ce corrigé est sous la forme d'un plan détaillé. Les titres de partie sont donnés à titre indicatif mais ne doivent pas apparaître sur votre copie.

Introduction

[accroche] La question posée se présente comme une provocation. En effet, l'être humain se caractérise par la conscience et la responsabilité que cela lui donne, qui le placent au-dessus des bêtes. En même temps, il aspire au plus haut point au bonheur. **[problématique]** L'être humain doit-il être heureux à tout prix, ou digne du bonheur quitte à renoncer au bonheur ? Trouver le bonheur dans l'inconscience reviendrait à ravaler l'homme au rang des bêtes ou des enfants. Nous sommes devant un choix tragique : le bonheur dans l'inconscience ou une conscience malheureuse.

> **À NOTER**
> L'**accroche**, en début d'introduction, vise à attirer l'intérêt du lecteur. Ce peut être une citation, la référence à un événement historique, ou une remarque sur la formulation de la question.

[enjeux] Ce sujet nous fait nous interroger sur le statut moral de l'homme : c'est la conscience du bien et du mal, sa capacité à choisir l'un ou l'autre, qui l'élèvent à la dignité morale. Mais cette dignité, il la paie par un renoncement au bonheur parfait et à la paix de l'âme. C'est l'alternative posée par Kant : soit l'homme est avant tout un être moral, et le bonheur est secondaire ; soit la recherche du bonheur est l'essentiel, et il faut renoncer à la pureté morale.

[annonce du plan] Nous verrons d'abord en quoi l'inconscience facilite le bonheur, puis qu'on ne choisit pas l'inconscience, enfin que la conscience permet un bonheur plus riche.

I Le bonheur semble résider dans l'inconscience

1 Inconscience et insouciance

Souvent nos représentations du bonheur le confondent avec l'insouciance. Ainsi, on donne en exemple l'innocence de l'enfant, du sauvage ou du fou. Et cette inconscience est enviée par l'adulte conscient et responsable.

2 La conscience nous sépare du monde

En effet, la conscience est douloureuse ou malheureuse, elle nous sépare et nous exile du monde immédiat. La conscience nous fait perdre l'unité avec le monde, nous rend juges et critiques de notre vie. Par cette scission interne, dit Hegel, la conscience est nécessairement malheureuse.

3 La conscience est contraignante

Moralement, la conscience impose responsabilités et devoirs : la responsabilité et le devoir nous imposent une tension pénible de la volonté, ainsi que le sacrifice de nombreux plaisirs. Nietzsche note combien la conscience morale est une sorte de maladie qui empêche de jouir de la vie. Nous sommes alors tentés de chercher le bonheur dans l'inconscience, parfois au moyen de l'alcool ou de la drogue.

II Mais on ne choisit pas l'inconscience

1 La conscience s'impose à nous

Pour l'existentialisme, la conscience est une donnée essentielle de l'existence humaine. Qu'on le veuille ou non, elle nous rend libres et responsables de nos actes. Comme le dit Sartre, **nous sommes « condamnés » à être libres et conscients**.

2 Tout choix suppose la conscience

Choisir l'inconscience suppose la conscience, et les états d'inconscience artificielle sont le résultat d'un choix conscient : je choisis de m'enivrer ! **L'inconscience semble donc inaccessible à l'homme**. On ne peut choisir de retomber en enfance.

3 La conscience a besoin d'illusions

Selon Schopenhauer, la conscience invente le bonheur, afin de **donner un but à l'homme**. Dans la mesure où le bonheur n'existe pas, elle est obligée de ruser pour que l'espèce humaine ne risque pas de disparaître. Cela signifie-t-il que la conscience nous condamne au malheur ?

III Le bonheur conscient est-il supérieur ?

On peut objecter que le bonheur proprement humain suppose la conscience.

1 La conscience fait la dignité humaine

La supériorité et la dignité de l'homme sont dans la conscience morale et dans la connaissance de la vérité. Le bonheur ne peut venir d'un renoncement à soi-même, il vient d'un **perfectionnement de soi**.

2 La conscience est supérieure au bonheur

« Il vaut mieux être Socrate insatisfait qu'un imbécile satisfait », dit Mill. S'il fallait choisir, une conscience malheureuse serait préférable à un bonheur bestial. Un bonheur dans l'inconscience serait, pour l'homme, une déchéance.

3 Le vrai bonheur humain est dans la conscience

L'effort de conscience conduit à un **bonheur difficile mais authentique**, qui permet d'atteindre la perfection humaine par la raison.

Conclusion

L'inconscience est tentante. Mais l'animal ne sait pas qu'il est heureux. Alors à quoi bon ? L'homme, qui approche parfois du bonheur, en est au moins conscient ; et cela augmente considérablement ce bonheur.

Le bonheur humain est plus difficile à atteindre, mais la conscience lui donne une valeur supérieure.

3 La conscience

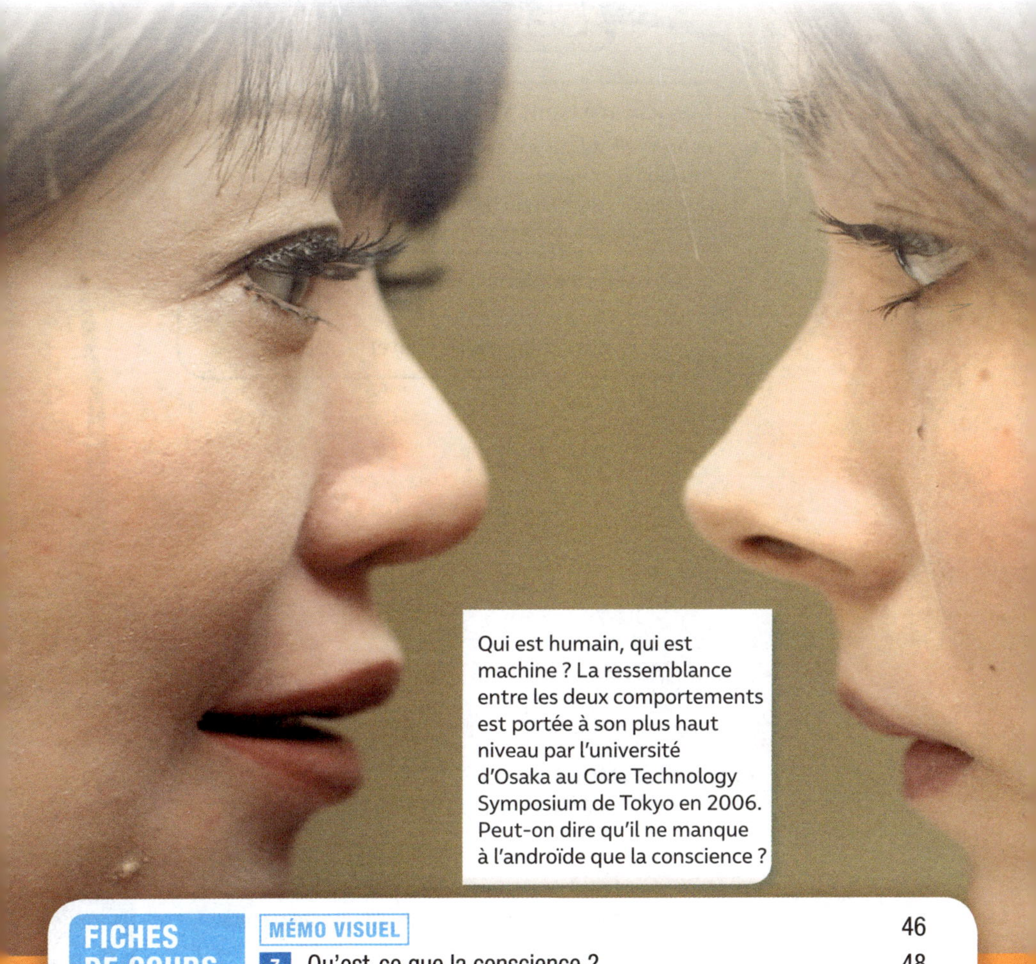

Qui est humain, qui est machine ? La ressemblance entre les deux comportements est portée à son plus haut niveau par l'université d'Osaka au Core Technology Symposium de Tokyo en 2006. Peut-on dire qu'il ne manque à l'androïde que la conscience ?

MÉMO VISUEL

DÉFINITIONS CLÉS

Conscience (sens 1)

Retour réflexif sur soi, sur ses idées et ses sentiments (du latin *cum-scire*), qui fonde l'unité psychique du moi, du sujet, et permet de dire *je*.

Conscience (sens 2)

Au sens moral, autorité intérieure, qui juge mes actes et ceux des autres selon le bien et le mal.

LA

Qu'est-ce que la conscience ? (→ p. 48)

Les repères utiles
identité/égalité/différence → p. 314

La réponse de Kant

La conscience est un « je pense » qui assure l'unité de mes représentations et m'érige en sujet de ma pensée. Sans elle, je ne serais qu'un chaos de perceptions sans lien.

« Le *je pense* doit pouvoir accompagner toutes mes représentations. »

La réponse de Hume

La conscience nous vient de l'expérience sensible. L'identité de l'individu est le produit de la mémoire.

CONSCIENCE

Comment se manifeste la conscience ? (→ p. 50)

Les repères utiles
objectif/subjectif/intersubjectif → p. 316

La réponse de Descartes

J'ai d'abord conscience de moi comme esprit, comme « substance pensante ».

« Mais qu'est-ce donc que je suis ? Une chose qui pense. »

La réponse de Husserl

La conscience n'est pas une chose refermée sur elle-même, mais une ouverture au monde. Toute conscience est une « visée » d'un objet.

La conscience fonde-t-elle la morale ? (→ p. 52)

Les repères utiles
origine/fondement → p. 316

La réponse de Kant

La morale suppose la liberté de choisir et la responsabilité qui s'ensuit. Le sujet, en tant que volonté libre, assure les conditions de la morale.

La réponse de Nietzsche

La conscience morale est une invention dirigée contre la vie et la volonté de puissance.

« L'humanité périrait par ses jugements absurdes, par ses divagations avec les yeux ouverts, par ses jugements superficiels et sa crédulité, en un mot par sa conscience. »

7 Qu'est-ce que la conscience ?

En bref *La conscience est une expérience humaine qui semble irrécusable : celle de ma personne comme sujet pensant. Mais quelle est la nature de ce sujet et ce dernier reste-t-il identique à travers la modification incessante des états de conscience ? Comment se fait l'unité du je et est-elle propre à l'homme ?*

I L'avènement du sujet : le cogito

1 La conscience comme unité d'une vie

L'une des caractéristiques les plus remarquables de la conscience est sa permanence : c'est parce que je ne cesse d'être conscient, c'est-à-dire présent à moi-même, que je peux affirmer l'identité du moi au-delà de tous ses changements. Quel rapport y a-t-il entre l'enfant que j'étais et l'homme mûr que je suis devenu ? Pourquoi relier la discontinuité de tous mes états en les rapportant à l'identité d'un moi, sinon parce que ma conscience, toujours, les accompagne ?

2 La conscience comme unité des connaissances

- Le « je pense », écrit Kant, doit accompagner toutes mes représentations. La conscience se définit comme la présence immédiate et constante de soi à soi.
- Descartes souligne avec force le caractère fondateur de cette présence. Le résultat du **doute méthodique** entrepris dans les *Méditations métaphysiques* est de faire apparaître la certitude absolue et préalable à toute autre du « je pense » (en latin *cogito*) : je ne peux essayer de douter de cette certitude sans la vérifier, puisque si je doute, je pense.
- Le sujet pensant et conscient de lui-même devient ce à partir de quoi s'ordonne toute vérité : il n'y a de connaissance possible du monde des objets que pour un sujet qui les pense et se saisit d'abord comme pensée – pour une conscience donc.

À NOTER
Il faut distinguer le **doute méthodique** de Descartes du doute sceptique. Tandis que le second prône une suspension définitive du jugement, le premier est au contraire provisoire : il est un moyen de mettre à l'épreuve les opinions, en vue d'établir des certitudes.

II Le produit de l'expérience

1 L'identité du moi substantiel est une illusion

- Selon Hume, l'identité du moi, comme celle du cogito cartésien, est une illusion métaphysique. Il n'existe, en effet, aucune impression, aucune idée du moi en dehors des sensations multiples.

■ L'esprit n'est « rien qu'un faisceau ou une collection de perceptions différentes qui se succèdent les unes aux autres avec une rapidité inconcevable et qui sont dans **un flux et un mouvement perpétuels**. » Comment alors expliquer l'unité et l'identité personnelles ?

2 La conscience est le résultat de l'expérience

■ Tandis que, pour Descartes, l'animal est une machine et n'a pas de conscience, Hume est moins catégorique. Il voit **une différence de degré**, et non de nature, entre l'animal et l'homme : « Les bêtes sont douées de pensée et de raison tout comme les hommes. »

■ **Tout nous vient de l'expérience sensible**, que ce soit pour les hommes ou pour les animaux. En effet, à partir des perceptions, des sensations de plaisir et de douleur, l'animal acquiert lui aussi une expérience, par exemple de ce qui est bon ou mauvais, de ce qu'il doit rechercher ou fuir.

■ Cette expérience sensible est **enregistrée dans la mémoire** qui assure ainsi une certaine unité à travers l'existence. La mémoire, sensible, affective et intellectuelle, produit l'identité empirique d'un individu en reliant les idées passées et présentes. Cela vaut, à des degrés différents, pour les plantes, les animaux et les hommes.

zoOm

Le dualisme cartésien

■ La première vérité qui résiste au doute est celle de l'existence du sujet pensant : « Je pense (*cogito*) donc je suis. » C'est une vérité absolument certaine : essayer d'en douter la confirme, puisque si je doute, je pense.

■ De l'évidence du cogito, Descartes déduit un dualisme entre l'âme, dont l'essence est la pensée, et le corps, qui est matière. L'homme est une substance double, âme et corps, pensée et matière. De même qu'il peut exister des corps sans âme (pour Descartes, les animaux-machines), il peut exister des esprits immatériels. L'âme n'a pas plus besoin du corps pour exister que le corps n'a besoin de l'âme.

D'après Frans Hals, *Portrait de René Descartes*, 1649.

8 Comment se manifeste la conscience ?

En bref *Quel est l'objet de la conscience ? La conscience est-elle un rapport immédiat de soi à soi, ou suppose-t-elle un détour par des personnes ou des objets extérieurs, une médiation ?*

I La conscience comme « visée de » ou « relation à »

1 Les limites de la conscience comme forme vide

■ Le sujet peut-il se saisir comme conscience, comme sujet pensant, par simple retour sur soi, par simple introspection, indépendamment de tout rapport aux choses ou à autrui ?

■ Ces questionnements soulignent la faiblesse d'une conscience fondée sur une simple **introspection** coupée du monde, d'une conscience isolée comme substance autosuffisante et comme forme vide.

■ Descartes sortira du doute grâce à la découverte de la véracité divine. Il pourra dès lors compléter sa conception première du cogito par la connaissance du monde.

MOT-CLÉ
L'**introspection** est une vue intérieure, le fait, pour un sujet, d'observer et d'analyser ses états de conscience en vue de se connaître lui-même.

2 La conscience comme intentionnalité

■ La conception chosifiante de la conscience est critiquée par la **phénoménologie** de Husserl. Si Descartes a eu raison de vouloir mettre le monde entre parenthèses pour redécouvrir le caractère fondateur de la conscience, son tort a été de considérer la conscience comme une chose pensante pouvant exister par elle-même, indépendamment des choses matérielles.

MOT-CLÉ
La pensée de Husserl (1859-1938) s'appelle une **phénoménologie** parce que, selon lui, la tâche de la philosophie est de décrire les phénomènes, c'est-à-dire ce qui apparaît à la conscience.

■ Pour Husserl, la conscience ne peut être une chose refermée sur elle-même : elle est une visée ou une relation ouverte. Elle n'est pas une substance, mais un acte, défini par son « intentionnalité ». Dans ses *Méditations cartésiennes*, Husserl écrit que « toute conscience [...] est conscience de quelque chose. »

II Les manifestations de la conscience

1 La conscience du monde par l'action

■ La conscience présuppose le monde, parce que nous nous reconnaissons d'abord dans nos actions sur les choses, à travers le langage et le travail. Loin d'être un présupposé, la conscience est un résultat, le produit d'une expérience de confrontation et de transformation du monde.

- Hegel insiste sur cette condition essentielle d'une conscience de soi véritable : **le monde est une médiation nécessaire** entre nous et nous-mêmes. En effet, il ne s'agit pas d'un monde brut et naturel, mais d'un monde transformé, que nous avons façonné et qui porte la marque de l'esprit.
- C'est une véritable « lutte pour la reconnaissance », un combat à mort que, d'après Hegel, l'homme mène pour s'imposer à l'autre comme conscience. La conscience de soi passe par le fait qu'autrui me reconnaît comme un être libre.

2 La conscience comme liberté

- Sartre s'oppose lui aussi à la chosification de la conscience. Les objets sont entièrement déterminés par leurs propriétés et ne peuvent rien être d'autre que ce qu'ils sont. Ils sont, comme dit Sartre, « **en-soi** ». **Leur essence précède leur existence.**
- Le sujet conscient, quant à lui, est un « **pour-soi** » : il peut toujours être différent, il n'est pas enfermé dans une définition. Parce qu'il est conscient, l'homme est projet, dit Sartre, et non objet. Il n'est pas produit passivement par sa naissance, sa famille ou la société, comme un animal ou un robot ; il est avant tout dans le choix conscient de sa vie. **L'existence de l'homme précède son essence.**
- Par la conscience, l'homme, seul, existe : car « ex-sister » c'est sortir de soi, être à distance de soi-même. Et par la conscience l'homme est libre dans sa possibilité de dépasser ce qu'il est.

zoOm

Lacan et le stade du miroir

- Selon le psychanalyste Lacan, la conscience de soi se constitue à travers le stade du miroir. C'est grâce à son reflet extérieur que le bébé prend conscience de son propre corps et de son identité personnelle. La conscience est donc médiatisée et construite à partir de son image.
- On peut faire le rapprochement avec le mythe de Narcisse contemplant son reflet dans l'eau.

9 La conscience fonde-t-elle la morale ?

En bref *Rabelais disait que « science sans conscience n'est que ruine de l'âme. » C'est dire que la connaissance seule n'a aucune valeur et peut servir au bien comme au mal. La conscience s'adjoint à la science pour la juger et la guider, comme elle le fait pour nos actes et ceux d'autrui. La conscience est-elle notre juge intérieur ?*

I La conscience comme juge moral

1 La conscience, un instinct divin

- « Conscience ! Conscience ! Instinct divin, immortelle et céleste voix ; guide assuré d'un être ignorant et borné, mais intelligent et libre ; juge infaillible du bien et du mal, qui rend l'homme semblable à Dieu », Rousseau célèbre en ces termes la conscience morale dans *Émile ou de l'éducation*.

- Dans la Bible, Caïn, après avoir tué son frère Abel, est poursuivi par la conscience de la faute commise. Elle prend la figure vengeresse de l'œil de Dieu, qui ne le quitte jamais : « L'œil était dans la tombe et regardait Caïn », écrit Hugo. Ce récit rappelle que la conscience est un juge intérieur auquel nous n'échappons pas et qui nous dit coupables ou innocents par-delà les lois humaines.

2 La conscience morale selon Kant

- Pour Kant, la conscience morale repose sur la raison et sur une bonne volonté.

- La raison nous dicte la loi, qui veut que toute action morale obéisse à une forme universelle. C'est l'impératif catégorique : « Agis uniquement d'après la **maxime** qui fait que tu peux vouloir en même temps qu'elle devienne une loi universelle » → FICHE 11.

- La bonne volonté choisit le bien. Elle consiste dans la pureté des intentions désintéressées qui dictent mon action.

MOT-CLÉ
La **maxime** est un principe subjectif de l'action. Elle traduit la loi morale, trop abstraite en elle-même, en l'appliquant à une situation particulière. Par exemple, je ne dois pas mentir à mon ami.

II La conscience morale affaiblit la vie

- Pour Nietzsche, la conscience morale consiste en des sentiments de culpabilité et de ressentiment qui affaiblissent les forts, en les convainquant que leur puissance est un mal.

- Nietzsche critique la mauvaise conscience liée au sentiment de culpabilité, qui conduit à retourner sa force contre soi-même. Elle produit l'idéal ascétique : une « morale d'esclaves » d'origine judéo-chrétienne, visant à inverser les valeurs et à voir comme un bien tout ce qui est faible et malade.

III La conscience comme produit d'un conditionnement

- Pour Durkheim, la conscience morale est le fruit de l'éducation, qui permet d'intégrer l'enfant à une société. La conscience est l'intériorisation des règles de fonctionnement social, elle peut donc être variable d'une société à l'autre.
- Pour Freud, la conscience morale est aussi le résultat d'une éducation qui inhibe et refoule les pulsions condamnées par la société, et qui intériorise les interdits, comme le tabou de l'inceste. Cette conscience est incarnée par ce que Freud appelle le moi, qui fait en quelque sorte tampon entre, d'une part, l'inconscient et, d'autre part, le **surmoi** → FICHE 17.
- Si la conscience morale est le fruit d'un conditionnement, elle devient contingente et relative. Elle perd alors l'exigence d'universalité que Kant exige d'elle.

MOT-CLÉ
Le **surmoi** est l'une des trois instances de la vie psychique, avec le ça et le moi. Il est l'autorité morale intériorisée, qui pose des normes et des règles, qui guide et juge l'action du moi.

zoOm

Hegel et la conscience malheureuse

- Hegel décrit les étapes de la conscience à travers l'histoire de l'humanité. La conscience n'est pas donnée une fois pour toutes, mais elle est le fruit d'une évolution depuis la conscience sensible, celle de l'enfant et de l'animal, jusqu'à l'esprit absolu.
- La conscience de soi nous sépare des objets et des autres. Elle nous fait sortir de la belle unité primitive, par une scission interne, par un exil intérieur entre soi et l'autre. Cette séparation rend la conscience malheureuse.
- Dans la lutte pour la reconnaissance, qui est une lutte à mort, chaque conscience tente de se faire reconnaître par les autres en tant que conscience libre, donc admise avec une égale dignité dans la communauté humaine.

SE TESTER QUIZ

Vérifiez que vous avez bien compris les points clés des **fiches 7 à 9.**

1 Qu'est-ce que la conscience ?

→ FICHE 7

1. Pourquoi le cogito est-il selon Descartes la première certitude indubitable ?

☐ **a.** parce que si je pense quelque chose, ce quelque chose existe nécessairement

☐ **b.** parce que douter que je pense, c'est déjà penser

☐ **c.** parce que penser empêche de douter

2. Pourquoi Hume pense-t-il que la conscience est partagée par les animaux ?

☐ **a.** parce que les animaux ont une âme

☐ **b.** parce que les animaux sont capables d'une conduite affectueuse

☐ **c.** parce que toute conscience vient de l'expérience sensible

2 Comment se manifeste la conscience ?

→ FICHE 8

1. Parmi les affirmations suivantes, laquelle est vraie ?

☐ **a.** D'après Husserl, la conscience est une substance.

☐ **b.** Sartre soutient que la conscience est une connaissance de soi.

☐ **c.** L'introspection est un moyen de se connaître par l'observation de ses états de conscience.

2. Pourquoi Husserl critique-t-il le cogito cartésien ?

☐ **a.** parce que la conscience est ouverture sur le monde

☐ **b.** parce que la conscience me rend libre

☐ **c.** parce que toute conscience suppose un rapport à Dieu

3 La conscience fonde-t-elle la morale ?

→ FICHE 9

1. Pourquoi la morale suppose-t-elle la conscience ?

☐ **a.** parce que la conscience me permet de juger mes actes selon le bien et le mal

☐ **b.** parce que la conscience me permet de connaître mes intérêts

☐ **c.** parce que la conscience me rend plus fort au sein de la nature

2. Selon Kant, qu'est-ce que la raison apporte à la conscience morale ?

☐ **a.** le fait de mieux se connaître soi-même

☐ **b.** le fait de réconcilier la morale et la science

☐ **c.** le fait d'exiger d'obéir à une loi universelle

S'ENTRAÎNER

4 Réviser le cours en 8 questions flash

1. En quoi la conscience nous permet-elle de dire *je* ?
2. À quelle substance Descartes rattache-t-il la conscience ?
3. Pourquoi Hume critique-t-il l'unité du moi ?
4. Comment Husserl nomme-t-il l'acte d'ouverture de la conscience au monde ?
5. Pourquoi Nietzsche critique-t-il la conscience morale ?
6. Quelle est la fonction de la conscience selon Durkheim ?
7. Chez Freud, l'inconscient remet-il en cause l'existence de la conscience ?
8. Qu'est-ce que la conscience malheureuse selon Hegel ?

5 Identifier la problématique et les enjeux

Pour moi, quand je pénètre plus intimement dans ce que j'appelle moi-même, je tombe toujours sur une perception[1] particulière ou sur une autre, de chaleur ou de froid, de lumière ou d'ombre, d'amour ou de haine, de douleur ou de plaisir. Je ne parviens jamais, à aucun moment, à me saisir moi-même sans une perception et je ne peux jamais rien observer d'autre que la perception.

Quand mes perceptions sont absentes pour quelque temps, quand je dors profondément, par exemple, je suis, pendant tout ce temps, sans conscience de moi-même et on peut dire à juste titre que je n'existe pas.

David Hume, *Traité de la nature humaine,* 1739, trad. Jean-Pierre Cléro © Flammarion, 2015.
Avec l'aimable autorisation de Flammarion.

1. Donnée sensible (image, sensation), qui est soit externe (vue, ouïe, odorat, toucher, goût), soit interne (douleur, plaisir, haine, etc.).

1. Dégagez la problématique du texte :

a. Soulignez les mots et les expressions qui reviennent et/ou qui vous paraissent importants. Repérez les différents types de perceptions.

b. Dégagez une opposition entre les deux parties du texte : quelles conséquences l'absence ou la présence de perceptions ont-elles sur le sujet ? Le sujet continue-t-il d'exister quand je ne suis pas conscient ?

c. À partir de vos observations et en vous appuyant sur votre cours, expliquez, en une ou deux lignes, ce que l'auteur veut démontrer et à quelles autres conceptions il s'oppose.

CONSEIL
Pour trouver la problématique, demandez-vous où est le débat et pourquoi il y a désaccord, quelles sont les positions en présence, avant de voir comment l'auteur se situe (la thèse).

2. La grande question philosophique abordée par ce texte est :

☐ **a.** l'origine de la conscience.

☐ **b.** l'origine des perceptions.

☐ **c.** le sentiment d'existence.

3. Quelle conception de la conscience est défendue ici ?

☐ **a.** La conscience est une substance indépendante.

☐ **b.** La conscience est dans nos perceptions sensibles.

☐ **c.** La conscience est un instinct divin.

4. Y a-t-il une spécificité humaine ?

☐ **a.** Non, puisque l'animal a aussi des perceptions.

☐ **b.** Oui, puisque seul l'homme a conscience de ses perceptions.

☐ **c.** Oui, car la conscience s'ajoute aux perceptions.

Méthode

Dégager la problématique et les enjeux philosophiques d'un texte

- **Identifiez la problématique**
  - La problématique part de la question à laquelle le texte tente de répondre. Elle comporte en général une question centrale, complétée par une ou deux autres questions liées. Elle se présente souvent sous forme d'une alternative entre des thèses opposées, l'auteur en défendant l'une d'entre elles.
  - Il peut être utile de partir de la thèse de l'auteur, souvent plus visible, pour remonter à la question, souvent implicite, à laquelle l'auteur répond.
- **Dégagez les enjeux philosophiques**
  Les enjeux philosophiques sont les retombées de la question traitée sur des débats plus généraux. Dans quelle mesure, par exemple, la thèse de Hume sur l'immanence de la conscience à la perception met-elle en cause l'unité du sujet, ou la distinction entre l'homme et l'animal ?

6 Présenter la problématique et les enjeux

En vous appuyant sur le texte de Hume, rédigez en quelques lignes la partie de l'introduction consacrée à la problématique et aux enjeux.

▶ Ce texte de Hume aborde le problème ....

....

OBJECTIF BAC

7 Dissertation • Puis-je savoir qui je suis ?

4 h

On s'interroge ici sur l'identité personnelle, sur ce qui fait l'unité du moi, mais plus encore sur la capacité de la conscience à être lucide sur elle-même.

LE SUJET

Puis-je savoir qui je suis ?

LA FEUILLE DE ROUTE

→ *Reportez-vous à la méthode générale de la dissertation p. 306.*

Étape 1 Analyser les termes du sujet

- La formule **puis-je** interroge à la fois la possibilité matérielle et les capacités du sujet : en a-t-il les moyens ? La tournure interrogative sous-entend que ce n'est pas évident : quels sont les obstacles et les difficultés à une telle connaissance ? Il est intéressant de distinguer trois degrés de difficultés : je peux immédiatement le savoir ; je peux le savoir progressivement ; je ne peux pas du tout le savoir.
- Que signifie **savoir** qui je suis ? Est-ce une intuition, une perception, un raisonnement, ou une connaissance détaillée de la totalité du moi ?
- De quel *je* s'agit-il ? **Qui je suis** renvoie-t-il au moi apparent, à mon apparence physique ? Ou à ma personnalité profonde ? Ou à ce qui fait mon identité, mon âme ?

Étape 2 Dégager la problématique et les enjeux du sujet

- Savoir qui je suis paraît évident. Mais suis-je le mieux placé pour me connaître ? Suis-je objectif vis-à-vis de moi-même ?
- En effet, je peux croire me connaître et me faire des illusions ou ignorer un aspect caché de ma personne. Quelle part du *je* puis-je connaître et quelle part reste obscure pour moi ?
- Les enjeux de la question sont de trois ordres. Tout d'abord **épistémologique** : qui est la condition de mes connaissances ? Ensuite **moral** : suis-je responsable de mes pensées et de mes actes ? Enfin **métaphysique**, quant à l'unité et l'identité du moi, ainsi que la possibilité d'un sujet conscient et maître de lui.

Étape 3 Élaborer le plan de la dissertation

1 Je peux savoir qui je suis

- Comment les autres savent-ils qui je suis ?
- Trouvez des exemples qui attestent de votre identité.
- Comment savoir qui je suis à travers les changements d'une vie ?

2 J'ignore au fond qui je suis

- Quelles illusions puis-je nourrir à mon propre sujet ?
- Pourquoi certains aspects de ma personnalité me sont-ils cachés ?
- Quand j'écris qu'au fond, j'ignore qui je suis, de quel « fond » s'agit-il ?
- Le moi n'est-il qu'illusion ?

3 L'expérience d'une vie

- Comment puis-je apprendre à mieux me connaître et à combattre mes illusions ?
- Savoir qui je suis, est-ce une donnée évidente ou le résultat d'un travail sur soi ?

Étape 4 Rédiger la dissertation → CORRIGÉ P. 60

CORRIGÉS

SE TESTER QUIZ

1 Qu'est-ce que la conscience ?

1. Réponse b. Le doute méthodique, pour Descartes, implique de douter de tout, même des mathématiques. Mais on ne peut douter qu'on pense quand on doute. Donc le cogito (je pense) est la première certitude.
2. Réponse c. Pour Hume, tout notre esprit vient de l'expérience sensible. Les animaux ont eux aussi des perceptions et une expérience qui produisent chez eux une pensée et une conscience à un moindre degré.

2 Comment se manifeste la conscience ?

1. Réponse c.
La réponse a est fausse. Pour Husserl, la conscience est un acte et non une substance comme chez Descartes.
La réponse b est fausse. Pour Sartre, la conscience est un projet d'existence libre et la liberté n'est pas un objet de connaissance.
La réponse c est vraie : l'**introspection**, ou regard intérieur, consiste à observer les modifications de sa vie psychique.

À NOTER

Auguste **Comte** critique l'**introspection** en disant qu'on ne peut être à la fois observateur et objet de l'observation. Une connaissance objective suppose une distinction entre le sujet et l'objet.

2. Réponse a. Husserl reproche au cogito cartésien d'être une chose refermée sur elle-même, alors que la conscience est intentionnalité dans la saisie des objets extérieurs, que sont les phénomènes.

3 La conscience fonde-t-elle la morale ?

1. Réponse a. La conscience est un juge intérieur de nos intentions et de nos actions selon le bien et le mal, ce qui est l'essence du jugement moral.
2. Réponse c. Pour Kant, la raison ne connaît que des lois universelles, ce qui, appliqué à la morale, lui permet d'échapper au relativisme des inclinations subjectives et des intérêts particuliers.

S'ENTRAÎNER

4 Réviser le cours en 8 questions flash

1. La conscience relie et réunit mes idées et mes perceptions en un tout personnel.
2. La conscience, ou cogito, chez Descartes appartient à la substance pensante (*res cogitans*), par opposition à la substance étendue (*res extensa*) dont relève le corps.
3. Pour Hume, notre esprit est composé d'idées multiples qui dérivent de perceptions. Or je n'ai aucune perception ni idée du moi.
4. Husserl nomme cet acte l'intentionnalité, signifiant par là qu'être conscient c'est se projeter vers les phénomènes pour les accueillir et les décrire au plus près.
5. Nietzsche voit dans la conscience morale une volonté des faibles de culpabiliser les forts pour les affaiblir et les faire renoncer à leur force.
6. Selon Durkheim, la première fonction de la conscience est de faire intérioriser par l'individu les règles sociales qui permettent son intégration à la société.
7. L'inconscient remet en cause l'illusion de maîtrise de la conscience. Mais il laisse une place au conscient (le moi) comme intermédiaire entre l'inconscient (le ça) et le surmoi.
8. Hegel voit la conscience malheureuse comme une étape de l'histoire de la conscience, où celle-ci est séparée du monde : elle n'est plus « chez elle ».

5 Identifier la problématique et les enjeux

1. a. Voici les mots et expressions importants : « moi-même » ; « perception » ; « rien d'autre » ; « quand je dors » ; « sans conscience » ; « je n'existe pas ». Les différents types de perceptions sont les perceptions externes (organes des sens) et internes (sentiments).
b. J'ai immédiatement conscience d'une perception présente, alors qu'en l'absence de perception je n'ai aucune conscience. En toute rigueur, le sujet n'existe donc plus sans perception, mais il est difficile d'accepter que je n'existe plus quand je dors.
c. L'auteur soutient que la conscience est dans la perception. Il s'oppose ainsi à Descartes et à Kant, pour qui la conscience précède l'expérience sensible.
2. Réponses a et c. Le texte pose la question du lien entre l'origine de la conscience et le sentiment d'exister d'une part, et les perceptions d'autre part.

3. Réponse b. L'auteur défend l'idée selon laquelle la conscience est tout entière contenue dans les perceptions et ne peut en être séparée. Les autres réponses sont celles de Descartes (substance indépendante) et de Rousseau (instinct divin).
4. Réponse a. Cela concerne tout être qui a des perceptions, donc aussi l'animal. Pour Hume, la conscience ne se distingue en aucun cas des perceptions.

6 Présenter la problématique et les enjeux

Ce texte de Hume aborde le problème du sujet et de la conscience. S'opposant à Descartes qui soutient que notre esprit réside dans l'idée innée d'un cogito détaché de l'expérience sensible, Hume défend l'idée selon laquelle la conscience est liée à la perception sensible. Il ne peut y avoir conscience séparée des perceptions.
[problématique] Cela pose la question de l'origine du sujet pensant. Tandis que pour Descartes et Kant le « je pense » précède et conditionne l'expérience sensible, pour Hume la pensée dérive de l'expérience.
[enjeux] Ce texte soulève le débat sur la formation de ma conscience, sur l'unité du sujet : sur quoi repose la conscience du moi ? Comment puis-je savoir que c'est *moi* qui pense, et non que *ça* pense ? Enfin, qui est responsable de mes actes, si l'on ne présuppose pas de sujet conscient ?

OBJECTIF BAC

7 Dissertation • Puis-je savoir qui je suis ?

Introduction

[accroche] La question semble saugrenue, voire provocatrice, tant il est évident que chacun sait qui il est, sauf peut-être les fous et les nourrissons. Pourtant, savoir qui l'on est ne peut se réduire à un nom, une date de naissance et des papiers d'identité. Et si l'on approfondit ce qu'on entend par « je » et par « savoir », la réponse ne va plus tellement de soi. **[enjeux]** « Je est un autre », disait Rimbaud, et il est vrai que le moi peut être changeant, à multiples facettes, apparent ou caché, et que je peux me demander parfois qui je suis vraiment, au-delà des apparences. Savoir qui je suis va bien plus loin que la simple déclinaison de mon identité. Savoir qui je suis, c'est me demander comment se construit mon identité, si elle est une ou multiple, ce que j'ai en commun avec l'enfant que j'ai été et le vieillard que je serai, ce qu'il y a en commun entre ma vie privée et mon personnage public et professionnel ; c'est enfin interpréter les profondeurs cachées du moi, mes rêves et mes désirs, mes obsessions, mes traumatismes et mes actes manqués, bref, mon *je* inconscient. **[problématique]** L'unité du moi est ici en question : à première vue, il s'agit de savoir si je peux me connaître, et si oui par quels moyens, ou si des obstacles m'en empêchent. Plus profondément, on demande si ce *je* existe vraiment, si cet objet que je prétends connaître a une consistance, s'il est un objet accessible ou une simple illusion. **[annonce du plan]** Cela engage non seulement les conditions de possibilité de nos connaissances, leurs limites, mais plus largement la connaissance et même l'existence d'un sujet conscient et maître de lui-même.

I Je peux savoir qui je suis : ma conscience est transparente et fiable

1 La société assure mon identité vérifiable

- Les supports objectifs donnés par l'état civil, les papiers d'identité, le témoignage de ma famille, constituent autant d'éléments qui permettent à un amnésique de retrouver qui il est.
- Les institutions m'aident à savoir qui je suis comme citoyen, propriétaire, père/mère ou chômeur. Car je ne suis pas isolé sur une île, mais intégré à une société qui, dès l'enfance, me fait savoir qui je suis, à travers différents statuts.

2 Sauf amnésie, ma mémoire conserve l'unité de ma vie

Les photos d'enfance, les souvenirs de famille, les petites anecdotes et les grands événements aident ma mémoire à tisser le lien entre les âges de ma vie, faisant de moi le même homme de la naissance à la mort.

3 Plus profondément, l'introspection me fait savoir qui je suis

Je peux faire honnêtement un examen de conscience, explorer mes désirs cachés, mes secrets, mes regrets et mes remords, mes projets inavoués. Je sais mieux que quiconque quelle est ma personnalité profonde derrière les apparences sociales.

[transition] Mais attention : l'introspection n'est pas gage d'objectivité. Je peux me faire des illusions sur moi, voire me mentir sur ce que je suis. Car la conscience n'est pas aussi transparente à elle-même que le cogito cartésien. Le moi, bien qu'il soit l'objet le plus intime, ou parce qu'il l'est justement, est sans doute ce qui est le plus difficile à connaître.

II J'ignore au fond qui je suis : les illusions et les profondeurs cachées de ma personnalité m'échappent

1 Ma mémoire est souvent défaillante ou reconstituée

Je crois avoir une vie cohérente et être une personnalité logique, mais la mémoire est souvent trafiquée, arrangée, interprétée pour fabriquer artificiellement une cohérence. Ainsi, la mémoire ne me dit pas qui je suis, mais qui j'aimerais être, en omettant ou en déguisant certains épisodes de ma vie. Ma mémoire fabrique un autre moi-même.

2 L'hypothèse de l'inconscient me rend étranger à moi-même

Par le rêve, le mot d'esprit, l'acte manqué, mais aussi des maladies mentales plus graves, Freud explique que nous ne sommes pas ce que nous croyons être consciemment, que le moi est comme « l'ambassadeur » vers le monde extérieur de la vraie puissance intérieure qu'est l'inconscient. Ce que je crois être consciemment n'est qu'une apparence trompeuse qui cache des pulsions refoulées inavouables.

3 La mauvaise foi me fait me mentir sur moi-même

Je suis persuadé que je suis victime d'une société injuste, alors que ce n'est qu'une lâche excuse pour me cacher à moi-même ma paresse. Pour Sartre, la mauvaise foi est une ruse cachant le refus d'assumer sa liberté et sa responsabilité absolue dans ses choix de vie et permettant de rejeter la faute sur d'autres. Ainsi, je m'ignore comme liberté radicale et je crois me connaître comme objet manipulé ou persécuté, comme victime.

[transition] Bien des expériences prouvent que la conscience n'est pas aussi transparente que nous le voudrions, que nous trichons ou dissimulons ce que nous sommes vraiment.

III Savoir qui je suis est l'expérience d'une vie

1 Si le moi recèle une part d'ombre, il n'est pas que mensonge

L'éducation aide à former l'unité d'un sujet qui, dès le « stade du miroir » théorisé par Lacan, peut se reconnaître et s'identifier comme distinct de sa mère et des autres. La conscience est bien séparation, mais aussi recueil de soi par soi, **réflexivité sur soi**.

2 Je peux travailler à mieux me connaître

Les défaillances de ma mémoire peuvent être corrigées par un recoupement de souvenirs, de témoignages et de preuves qui restituent mon passé. La mauvaise foi peut être combattue par un **effort de lucidité** sur les véritables motifs de mes actes.

À NOTER

La part inconsciente du moi peut être rendue consciente en partie par une psychanalyse à partir des symptômes (rêves, actes manqués, phobies, etc.).

3 Savoir qui je suis profondément est l'entreprise d'une vie

- Socrate reprenait la maxime de Delphes : « **Connais-toi toi-même !** » Ces mots m'invitent non seulement à connaître mes limites, à intégrer que je ne suis ni une bête ni un dieu, mais aussi à explorer mes profondeurs, mes passions et ma raison, ce qui fait que je suis moi, différent des autres. En somme, cette maxime incite à mener un travail d'introspection.
- Mais la conscience de soi n'est-elle pas une histoire, comme chez Hegel, une **lente prise de conscience contradictoire**, toujours en butte aux forces obscures qui nous cachent à nous-mêmes ?

Conclusion

[synthèse] Je peux savoir qui je suis, mais jamais complètement, ni définitivement. Se connaître soi-même suppose de s'en donner les moyens, en commençant par la conscience de tout ce qui obscurcit la conscience. Ce travail exige la lucidité quant à ce qui me trompe et me ment, en commençant par les ruses entre moi et moi. Ne pas me mentir, c'est commencer à savoir qui je suis. Mais je dois aussi renoncer à un idéal de maîtrise et de transparence totale, admettre que ma liberté et mon désir me rendent imprévisible et incompréhensible. **[ouverture]** Au fond, savoir qui je suis est peut-être la quête même qui fait l'unité de ma conscience et de ma vie.

4 Le devoir

L'État rend hommage à ses serviteurs, policiers ou soldats, tombés « en faisant leur devoir ». Le sens du devoir prend des formes extrêmes quand il conduit au sacrifice de soi, comme ce fut le cas des résistants face au nazisme. Cela traduit la difficulté, parfois héroïque, du devoir, qui exige un effort de la volonté pour dépasser les besoins et les plaisirs élémentaires.

MÉMO VISUEL

DÉFINITIONS CLÉS

Devoir (sens 1)

Au sens courant, action à venir et qui obéit à une obligation ou à une règle (« ce que l'on doit faire »).

Devoir (sens 2)

Au sens moral, action qui vise le bien et qui suppose un effort de la volonté.

Le devoir est-il une contrainte ou une obligation ? (→ p. 66)

Les repères utiles
obligation/contrainte → p. 316

La réponse de Kant

Le devoir est une obligation. Le devoir moral dépend de ma volonté libre. Il dépend de moi d'y obéir ou pas.

La réponse de Nietzsche

Le devoir moral est vécu comme la soumission à une contrainte. Il impose une souffrance.

« L'impératif catégorique a un relent de cruauté. »

Le devoir est-il absolu ou relatif ? (→ p. 68)

Les repères utiles
absolu/relatif → p. 310

La réponse de Kant

L'impératif catégorique est un devoir absolu : le « tu dois » applique une loi universelle.

La réponse des stoïciens

Il faut distinguer le devoir moral absolu et les devoirs relatifs à une situation, appelés convenables.

« Celui qui est dénué de moralité accomplit certaines actions convenables. » (Philon)

EVOIR

Est-ce l'intention ou le résultat qui compte ? (→ p. 70)

Les repères utiles
idéal/réel → p. 314

La réponse de Kant

Pour la morale, seule l'intention compte, car le résultat ne dépend pas de nous.

La réponse de Hegel

L'intention ne suffit pas. L'action humaine se juge à ses conséquences concrètes.

« La conscience vit dans l'angoisse de souiller la splendeur de son intériorité par l'action. »

10 Le devoir est-il une contrainte ou une obligation ?

En bref *Le devoir présente une ambiguïté : « Je dois toujours dire la vérité » n'a pas le même sens que « la comète de Halley doit repasser tous les 76 ans. » Dans le premier cas, il s'agit d'un devoir moral, l'acte d'une volonté libre déterminée par la seule idée du bien ou de la loi. Dans le second cas, il s'agit d'une anticipation, d'un phénomène à venir soumis à la nécessité.*

I Le devoir comme contrainte

1 Une contrainte sociale

Le devoir est généralement vécu comme une **contrainte** institutionnalisée : l'élève doit faire ses devoirs avant d'aller jouer ; le salarié doit travailler pour gagner sa vie ; le commerçant doit voyager pour trouver des clients.

MOT-CLÉ
Une **contrainte** désigne l'exercice d'une force extérieure qui impose ou empêche une action ou un mouvement.

2 Une contrainte physique

Le devoir désigne ici une nécessité : c'est une contrainte objective qui s'impose à moi. Je suis matériellement déterminé, tout comme une pierre jetée en l'air doit retomber. Dans cette perspective, le devoir n'a aucun sens moral. C'est ce que Kant nomme l'hétéronomie, c'est-à-dire le fait d'obéir à une loi extérieure à sa volonté.

II Le devoir comme obligation morale

- Tandis qu'on se soumet à une contrainte, on obéit librement à une obligation. Dans le second cas, le devoir résulte d'un libre choix. C'est ce que Kant nomme l'autonomie – du grec *auto* (« soi ») et *nomos* (« loi ») –, qui désigne l'obéissance à sa propre loi.
- Le verbe « devoir » vient du latin *debere* (« être en dette »), ce qui inscrit le devoir dans un échange et une rétribution. Faire son devoir exige d'aller contre ses désirs égoïstes et ses sentiments intéressés. Le devoir implique souvent l'idée de sacrifice au nom d'un idéal supérieur, du bien ou d'une loi universelle. C'est pourquoi Nietzsche dit du devoir kantien que « l'impératif catégorique a un relent de cruauté » → FICHE 11. Il y voit l'origine de la culpabilité et de la faute en morale.

À NOTER

Sartre présente le cas d'un jeune homme qui veut, sous l'Occupation, rejoindre la Résistance, ce qui l'oblige à abandonner sa vieille mère.

- Il en ressort que le devoir moral doit être distingué des contraintes matérielles ou sociales ; qu'il s'oppose au plaisir et qu'il suppose un libre choix de la volonté.

III Le devoir moral comme résistance au désir

1 L'homme n'est ni ange ni bête

■ Le devoir moral suppose une résistance à un désir. Il est **une mise à l'épreuve de la volonté** et quelqu'un sans tentation ni désir ignorerait tout du devoir, donc de la moralité.

■ L'animal ne connaît pas le devoir moral non plus, car il a bien des instincts, mais qui ne sont limités que par la nécessité extérieure (un rival plus fort par exemple), et non par une volonté libre intérieure.

2 Le devoir exprime un conflit intérieur

■ L'épreuve du devoir suppose une double nature humaine, un conflit intérieur entre une volonté raisonnable et des désirs honteux, entre ce que Kant appelle une **nature intelligible** d'une part et une **nature pathologique** d'autre part, laquelle subit les passions.

■ L'expérience du devoir passe par **le sentiment de honte**, qui signale ce qu'on ne doit pas faire. À l'inverse, l'absence de honte signale l'absence de tout sens moral, supprimant toute limite et tout interdit à l'action et conduisant à l'amoralité. Cette dernière signifie une indifférence au bien et au mal, qu'il ne faut pas confondre avec l'immoralité, qui désigne le choix de violer les devoirs moraux.

zoOm

Ulysse et l'épreuve de la tentation

Bernard Buffet, *Ulysse et les sirènes*, 1993.

■ Dans un épisode célèbre de *L'Odyssée* d'Homère, Ulysse se fait attacher au mât du navire pour entendre le chant des sirènes sans succomber à leur charme et se faire engloutir par les flots.

■ Le devoir moral de résister à la tentation devient ici une contrainte (les liens), dans la mesure où Ulysse connaît la faiblesse de sa volonté, que la contrainte pallie.

11 Le devoir est-il absolu ou relatif ?

En bref *Tantôt contrainte, tantôt obligation, le devoir varie selon la situation et la forme de la volonté. On peut se demander si le devoir moral est absolu ou s'il tolère des degrés d'obligation, selon la situation et le sujet concerné. Peut-on distinguer différents types de devoirs ?*

I Kant : le devoir comme impératif catégorique

1 Un devoir formel, universel et inconditionné

- Agir par devoir, c'est supposer que tous puissent agir comme moi et réciproquement. Par exemple, si je m'interdis de mentir (devoir de véracité), je peux exiger que tous également disent la vérité. Réciproquement, si j'exige que les autres me disent la vérité, je dois aussi l'exiger de moi-même.

- Tout devoir possède un contenu particulier qui doit pouvoir prendre une forme d'obligation universelle. Qu'il s'agisse du **mensonge**, du vol, du meurtre ou encore de l'indécence, l'interdit doit être universalisable pour être moral.

> **MOT-CLÉ**
> Le **mensonge**, pour Kant, est le mal radical. Mentir revient à traiter autrui en objet et non en personne libre. Mentir détruit la confiance indispensable aux relations morales.

- D'où la formulation kantienne de l'impératif catégorique : « Agis uniquement d'après la maxime qui fait que tu peux vouloir en même temps qu'elle devienne une loi universelle. »

- Cet impératif est **catégorique** : il est sans condition, c'est-à-dire inconditionné, et aucune excuse ne doit m'empêcher d'y obéir.

> **MOT-CLÉ**
> Le terme **catégorique** s'oppose à « hypothétique ». Est hypothétique un devoir soumis à condition, par exemple : « Je dirai la vérité si l'on me paie. » Aucun *si* dans l'impératif catégorique : « Je fais mon devoir parce que c'est mon devoir ! »

2 Le *katortoma* des stoïciens

- Les stoïciens, comme Chrysippe ou Épictète, appellent *katortoma* le devoir proprement moral, qui est absolu : il s'applique à toutes les situations, à travers l'effort de bien faire, peu importe le contenu de l'action. Aussi, d'un point de vue strictement moral, une faute d'orthographe est aussi grave qu'un meurtre.

- Cette rectitude morale est le propre du sage. Mais, disent les stoïciens, il n'est pas certain qu'un sage ait un jour existé, tant la pureté exigée paraît surhumaine.

II Les devoirs relatifs

1 Le *kathêkonta* des stoïciens

■ Les stoïciens différencient du *katortoma* les *kathêkonta,* ou **devoirs d'état**, comme le devoir des parents d'éduquer leur enfant, ou le devoir du soldat de défendre son pays. Il s'agit là de devoirs sociaux liés à un rôle et à une responsabilité particuliers. Ils sont donc **relatifs**.

■ Ces devoirs relatifs **recherchent le préférable** ou le convenable et fuient ce qui est nuisible. Par exemple, j'ai le devoir de protéger ma santé et je dois éviter les amis qui me trahissent.

■ Entre les préférables et les nuisibles, les stoïciens situent **les indifférents**, qui ne sont pas objets de devoir : il m'est indifférent d'avoir des cheveux en nombre pair ou impair, je n'ai donc aucun devoir en la matière.

2 Le devoir selon la sociologie

■ Ces devoirs relatifs ne dépendent pas d'un bien ou d'un mal absolu. Ils intéressent davantage la sociologie que la morale, il s'agit plus de **ce qu'il *convient* de faire**, selon le lieu et le moment, que de ce qu'on *doit* faire universellement.

■ Le sociologue Durkheim estime que les devoirs sont **l'intériorisation des règles de la société**, en particulier au moyen de l'éducation. Ils sont donc relatifs à chaque société. Par exemple, on peut considérer que le devoir de respecter le bien d'autrui correspond à l'exigence d'une société fondée sur la propriété privée.

zoOm

Morale et éthique

■ Tandis que la morale exige absolument et universellement, l'éthique déduit des règles et des lois plus ou moins générales en se fondant sur l'étude des façons de vivre (habitudes, exercices, conduites réglées, etc.) des hommes. Elle vise le bonheur, alors que la morale vise la seule vertu.

■ L'éthique de Spinoza repose sur l'observation de la nature humaine et en déduit sa tendance à se perfectionner (le *conatus*). La raison peut ainsi progresser de la tristesse à la joie, jusqu'à la béatitude qui est, pour Spinoza, la fusion de l'esprit humain avec Dieu.

■ Kant est le principal théoricien de la morale, Aristote et Spinoza les principaux philosophes de l'éthique.

Portrait de Spinoza, vers 1665.

12 Est-ce l'intention ou le résultat qui compte ?

En bref *Comment juger le devoir moral ? Selon quel critère l'évaluer ? Pour les uns, la vertu est dans l'intention, et peu importe le résultat. Pour d'autres, l'intention ne suffit pas, et la morale ne peut pas se désintéresser des conséquences de nos actions.*

I La vertu est dans l'intention

1 Le devoir est désintéressé

■ Si le devoir est désintéressé, comme le veut Kant, peu importe le résultat. Ainsi, mon devoir est de porter secours à quelqu'un qui se noie. N'écoutant que mon devoir, je plonge et tente de toutes mes forces de le sauver, mais le courant est trop fort, le corps trop lourd… j'échoue. Il reste que j'aurai fait tout mon possible, et je peux considérer que j'ai fait mon devoir.

■ La valeur morale du devoir ne dépend pas de la réussite ou de l'échec. Elle réside dans l'intention et dans l'effort de la volonté pour réaliser cette intention. Mais l'effort doit réellement accompagner l'intention, sans quoi nous nous contentons d'une bonne conscience, pleine de bonnes intentions mais qui ne fait rien.

2 Ce qui dépend de nous et ce qui ne dépend pas de nous

■ Cette distinction stoïcienne réserve à la morale la part de notre action qui dépend de nous. Ainsi, la valeur morale de l'action et le devoir purement moral (le *katortoma*) résident uniquement dans la droiture de la volonté non dans le résultat. Il dépend de l'archer de bien viser, mais atteindre la cible ne dépend pas de lui, car un coup de vent peut détourner la flèche.

■ Notons que, pour les stoïciens, les biens extérieurs, y compris notre corps, ne dépendent pas de nous, mais du hasard ou du destin. Par conséquent, nous n'avons ni pouvoir ni responsabilité morale sur eux.

II La vertu est dans les conséquences

1 L'éthique objective de Hegel

■ Hegel reproche à Kant le « formalisme » du devoir abstrait, qui renonce à agir sur le monde extérieur. Cette morale abstraite se coupe de l'extériorité et s'oppose à la politique et à l'histoire. C'est ce qu'il nomme ironiquement « **la belle âme** ».

MOT-CLÉ

La belle âme, ou bonne conscience, résume la critique par Hegel de la morale kantienne. Hegel raille le devoir pour le devoir, qui méprise le monde corrompu et qui, pour rester pur, se désintéresse du résultat de son action.

■ Pour lui, le devoir doit **se juger aussi aux résultats objectifs**. Ainsi, la morale doit se prolonger dans le droit et la politique, et viser à changer le monde. La liberté doit se réaliser dans l'histoire, et non rester purement subjective et intérieure.

■ **L'intention ne suffit pas**, si elle ne se donne pas les moyens de réussir. Le devoir doit accepter de « se salir les mains » par la prise en compte de la réalité extérieure : dans certains cas, la fin justifie les moyens.

2 | L'utilitarisme

■ L'utilitarisme de Bentham et John Stuart Mill soutient que **la valeur morale de l'action dépend de son utilité**, donc de ses conséquences pour le bonheur de l'individu et de la société.

■ De bonnes intentions peuvent produire des catastrophes. Inversement, on peut faire le bien avec des intentions malhonnêtes, comme le trafiquant qui enrichit son pays, faisant le bien (économique) à un certain niveau.

■ « Les vices privés font la vertu publique », écrivait Mandeville, signifiant par ces mots que les passions égoïstes favorisent la prospérité de tous. De même, Hegel évoque une « ruse de la raison » à propos du rôle moteur des passions immorales, comme l'ambition ou la cupidité, dans le progrès de la liberté en histoire.

■ On appelle **conséquentialistes** les doctrines qui jugent de la moralité d'un acte à ses conséquences. Mais ici le risque est grand que « la fin justifie les moyens », ce que refuse la morale.

zoOm

Les mains sales, de Sartre (1948) : la fin justifie-t-elle les moyens ?

■ *Les mains sales* met en scène un groupe qui, pour faire avancer sa cause révolutionnaire, prépare un assassinat politique. Un débat s'instaure entre les personnages sur la légitimité des moyens criminels au regard de la fin.

■ Cela revient à opposer une conception kantienne, qui veut que chaque action soit vertueuse en soi, à une conception hégélienne, pour laquelle d'un mal peut naître un bien.

■ La politique doit-elle être morale au risque d'être impuissante ? La morale doit-elle être au service de la politique au risque d'être trahie par cynisme ?

Philippe Sireuil, *Les mains sales*, 2014.

SE TESTER QUIZ

Vérifiez que vous avez bien compris les points clés des **fiches 10 à 12.**

1 Le devoir est-il une contrainte ou une obligation ? → FICHE 10

1. L'étymologie du mot « devoir » signifie :

☐ **a.** prévision.

☐ **b.** dette.

☐ **c.** doute.

2. Pour Nietzsche, le devoir est :

☐ **a.** une contrainte.

☐ **b.** une souffrance.

☐ **c.** une obligation.

2 Le devoir est-il absolu ou relatif ? → FICHE 11

1. Pour Kant, que dit l'impératif catégorique ?

☐ **a.** « Tu dois... »

☐ **b.** « Il convient de... »

☐ **c.** « Il est prudent de... »

2. Pour les stoïciens, tous les devoirs sont :

☐ **a.** relatifs. ☐ **b.** absolus.

3 Est-ce l'intention ou le résultat qui compte ? → FICHE 12

1. Pourquoi Kant refuse-t-il de faire du résultat de l'action un critère moral ?

☐ **a.** parce qu'il ne dépend pas de ma volonté

☐ **b.** parce que le résultat peut contredire l'intention

☐ **c.** parce que la morale est désintéressée

2. Comment appelle-t-on une doctrine qui fait du résultat d'une action le critère de moralité ?

☐ **a.** un eudémonisme

☐ **b.** un idéalisme

☐ **c.** un conséquentialisme

3. Qu'est-ce qui, selon Kant, distingue la morale de l'éthique ?

☐ **a.** La morale impose un devoir absolu.

☐ **b.** La morale étudie les mœurs humaines.

☐ **c.** La morale ne vise pas le bonheur.

S'ENTRAÎNER

4 Réviser le cours en 8 questions flash

1. Que signifie l'hétéronomie dans la pensée kantienne ?
2. Qu'est-ce qui distingue la contrainte de l'obligation ?
3. Pourquoi la tentation est-elle une épreuve morale ?
4. En quel sens Kant affirme-t-il que l'impératif moral doit être catégorique ?
5. À quel autre impératif s'oppose l'impératif catégorique ?
6. Quel est le point commun entre l'impératif catégorique kantien et le *katortoma* stoïcien ?
7. Qu'est-ce que Hegel entend par « la belle âme » qu'il reproche à Kant ?
8. Pour quels auteurs les vices privés peuvent-ils servir le bien public ?

5 Cerner la problématique et les enjeux d'un sujet

Sujet : La nature nous donne-t-elle des devoirs ?

1. Dégagez la problématique du sujet.

Définition des mots-clés	• Nature : .... • Devoirs : ....
Mise en relation des mots-clés	Le verbe « donner » ....
Paradoxe du sujet	....

CONSEIL
Pour déterminer si un sujet est paradoxal, posez-vous les questions suivantes : la question est-elle surprenante ? Pourquoi peut-on s'étonner de cette hypothèse ?

2. Dégagez les enjeux philosophiques du sujet.

Cette hypothèse :
- ☐ a. met en cause la liberté.
- ☐ b. divinise la nature.
- ☐ c. fonde la morale sur la science.

Quel rapport cette hypothèse instaure-t-elle entre morale et nature ?
- ☐ a. La morale suit la nature.
- ☐ b. La morale peut être contre-nature.
- ☐ c. La morale est supérieure à la nature.

Méthode

Dégager la problématique et les enjeux d'un sujet de dissertation

La problématique

- Elle développe et précise la **question posée** par le sujet. Elle comporte souvent une question centrale, à laquelle s'ajoutent une ou deux questions complémentaires. Elle prend souvent la forme d'une opposition entre une affirmation ou une hypothèse, d'une part, et des objections ou des réserves, d'autre part. Ce peut être une aide pour le plan.
- Commencez par repérer les **termes importants**, leur **mise en relation** par le verbe, et tentez de reformuler la question pour montrer que vous n'êtes pas hors sujet.
- La question peut avoir une **forme paradoxale**. Cherchez en quoi l'hypothèse avancée contredit le bon sens ou l'hypothèse normalement attendue. La question suscite souvent un étonnement, et il faut se demander pourquoi.

Les enjeux philosophiques

- Ce sont **les retombées de la question traitée sur des débats plus généraux**. En quoi, par exemple, un sujet sur le devoir engage-t-il une interrogation plus large sur la nature humaine ou sur le rapport entre morale et politique ?
- Dégager les enjeux philosophiques suppose d'être un minimum informé des grands débats philosophiques. Les repères y aident. Par exemple, un sujet sur le devoir peut s'inscrire dans l'opposition transcendant/immanent, ou dans les notions universel/général/particulier/singulier, ou encore dans le couple idéal/réel.

6 Rédiger la problématique et les enjeux

Sujet : Désobéir peut-il être un devoir ?

1. Repérez parmi les reformulations suivantes celles qui conviennent :

☐ **a.** La morale nous commande-t-elle de toujours désobéir pour préserver notre liberté et résister à l'oppression ?
☐ **b.** La morale commande d'obéir au devoir, de « faire son devoir ». Y a-t-il certains devoirs auxquels il faut désobéir ?
☐ **c.** Au cas par cas, la morale nous commande-t-elle tantôt d'obéir, tantôt de désobéir ?

2. Rédigez un paragraphe présentant la problématique et les enjeux du sujet en vous appuyant sur votre choix.

OBJECTIF BAC

7 Explication de texte • Épictète, *Entretiens*

4 h

Ce texte d'Épictète questionne le rapport entre liberté et destin : le destin supprime-t-il toute liberté, ou la liberté réside-t-elle dans la volonté qui dépend de nous, non dans nos actes ?

LE SUJET

Homme, tu possèdes par nature une volonté qui ne connaît ni obstacles ni contraintes : voilà ce qui est écrit dans ces entrailles[1]. Je te le ferai voir d'abord à propos de l'assentiment. Y a-t-il quelqu'un qui puisse t'empêcher d'adhérer à la vérité ? Personne. Et quelqu'un qui puisse te forcer d'admettre l'erreur ? Personne ; tu vois bien que, en cette matière, ta volonté ne rencontre ni contrainte ni obstacle, ni empêchement. Eh bien ! en est-il autrement dans le cas des désirs et des tendances ? Qui peut vaincre une tendance, sinon une autre tendance ? un désir ou une aversion, sinon un autre désir ou une autre aversion ? Si l'on me menace de mort, dis-tu, on me contraint ? Ce n'est pas cette menace qui te contraint d'agir, c'est l'opinion que tel ou tel acte est préférable à la mort ; c'est donc bien encore ton jugement qui t'y oblige ; c'est la volonté qui oblige la volonté. Si cette partie de nous-mêmes, que Dieu a émise de lui pour nous la donner, avait été rendue par lui sujette aux obstacles et aux contraintes venus de lui ou d'un autre être, il ne serait plus Dieu, il ne serait plus pour nous l'être providentiel qu'il doit être. Voilà ce que je trouve dans les victimes ; voilà les signes qu'elles donnent. Si tu le veux, tu es libre ; si tu le veux, tu n'auras ni reproche ni réprimande à adresser à personne ; tout sera selon ta volonté, qui est aussi celle de Dieu.

Épictète, « Entretiens », traduit par Émile Bréhier, révisée par P. Aubenque, in *Les Stoïciens*, Bibliothèque de la Pléiade © Éditions Gallimard.

1. Il s'agit des entrailles des victimes, que les haruspices (devins), dans l'ancienne Rome, examinaient pour en tirer des présages.

LA FEUILLE DE ROUTE

→ *Reportez-vous à la **méthode générale** de l'explication de texte p. 308.*

Étape 1 Repérer le thème et la thèse du texte

- Cet extrait traite-t-il de morale ou de religion ? Dans quelle mesure les propos énoncés s'appliquent-ils au devoir ? Quel est le rôle de la volonté ?
- Épictète soutient la thèse selon laquelle mon devoir dépend de moi.

Étape 2 Dégager la problématique et les enjeux du texte

- Le texte permet de concilier destin et liberté. Pourquoi le devoir moral suppose-t-il la liberté ?
- En quoi le devoir n'est-il pas une contrainte ?

Étape 3 Identifier les étapes de l'argumentation

1 Ma volonté est libre (l. 1 à 2)

- Exposez la thèse de l'auteur, en vous appuyant sur le début du texte et sur la fin qui la reformule.
- Définissez les notions d'obstacle et de contrainte. Comment se positionnent-elles par rapport à la notion de liberté ?

2 Mes désirs dépendent de moi (l. 2 à 12)

- Dans quelle perspective l'auteur utilise-t-il la notion d'assentiment pour appuyer sa thèse ?
- Dans quelle mesure suis-je libre de mes jugements et de mes désirs ?

3 Ma volonté est divine (l. 12 à 18)

- Quelle vision l'auteur a-t-il de Dieu ?
- Quel est le rapport entre l'origine divine et le caractère libre de ma volonté ?

Étape 4 Rédiger l'explication → CORRIGÉ P. 79

CORRIGÉS

SE TESTER QUIZ

1 Le devoir est-il une contrainte ou une obligation ?

1. Réponse b. Le mot « devoir » vient du latin *debere*, qui signifie « être en dette ». Le devoir contient donc l'idée de rétribution dans le cadre d'un échange.

2. Réponses a et b. Pour Nietzsche, le devoir est une souffrance résultant de la contrainte et de la peur, infligées par celui qui dicte le devoir (le « créancier »).

2 Le devoir est-il absolu ou relatif ?

1. Réponse a. L'impératif prend la forme d'un commandement absolu. Il se différencie des conseils ou des recommandations, qui relèvent des convenances ou de la prudence, non de la morale.

2. Aucune réponse. Pour les stoïciens, à côté des devoirs d'état (*kathêkonta*) qui sont relatifs, existe le *katortoma* qui est le devoir proprement moral et absolu.

3 Est-ce l'intention ou le résultat qui compte ?

1. Réponses a et c. Le résultat d'une action ne dépend pas de moi, donc il ne comporte aucun mérite moral. C'est pourquoi le devoir est **désintéressé**. On ne tient pas compte du résultat, quel qu'il soit.

MOT-CLÉ

Désintéressé, chez Kant, qualifie non seulement un acte qui ne vise pas un but extérieur à l'action, mais aussi un acte qui n'est pas mû par des désirs ou des intérêts. Un tel acte pur n'a sans doute jamais existé, mais il faut y tendre.

2. Réponse c. Le conséquentialisme retient les conséquences ou le résultat bon ou mauvais d'une action pour juger de sa moralité. Il s'oppose à l'intentionnalisme (Kant) pour qui seule compte l'intention.
3. Réponses a et c. Selon Kant, le devoir moral est absolu et ne vise pas le bonheur, puisqu'il est désintéressé. L'éthique est l'étude et la régulation des mœurs.

S'ENTRAÎNER

4 Réviser le cours en 8 questions flash

1. Chez Kant, l'hétéronomie signifie obéir à une loi extérieure qui m'est imposée. Elle s'oppose à l'autonomie, qui signifie obéir à la loi que je me suis donnée.
2. La contrainte induit une soumission à une force extérieure ; l'obligation suppose la libre obéissance à un devoir.
3. La tentation consiste en la résistance de la volonté face à un désir. La moralité est dans cette tension proprement humaine. Elle évalue l'effort et le sacrifice qui font le mérite moral du devoir.
4. Pour Kant, l'impératif moral est catégorique au sens où il n'admet aucune réserve ou condition. Autrement dit, il est inconditionné.
5. Toujours selon Kant, l'impératif catégorique s'oppose à l'impératif hypothétique qui est soumis à condition : « Je lui rendrai son argent s'il me le demande. »
6. L'impératif catégorique et le *katortoma* sont tous deux des devoirs au sens absolu, qui ne dépendent pas des circonstances ni du résultat, mais de la volonté droite.
7. Pour Hegel, le devoir désintéressé selon Kant revient à assurer la pureté morale au prix d'un renoncement à agir sur le monde, puisqu'on fait abstraction du résultat.
8. Pour Mandeville et Hegel, les intérêts et les passions égoïstes et immoraux contribuent, par une « ruse de la raison » (Hegel), au bien public et au progrès en histoire.

5 Cerner la problématique et les enjeux d'un sujet

1.

Définition des mots-clés	• Nature : notre corps, notre esprit, le monde extérieur connu par les sciences naturelles • Devoirs : les actes à faire que nous dicte la volonté
Mise en relation des mots-clés	Le verbe « donner » signifie dicter ou imposer à notre volonté des ordres ou des règles.
Paradoxe du sujet	• La nature ne veut rien et ne dit rien. Comment peut-elle donner des devoirs ? • On peut s'étonner, car les lois de la nature sont descriptives, non prescriptives : un corps jeté en l'air « doit retomber », mais c'est une anticipation, non une prescription. • Pourtant, il semble bien qu'il y ait des « devoirs naturels » comme s'alimenter, se soigner, se défendre, protéger ses enfants, etc.

2. Réponses a et c. Si la nature donne des devoirs, nous devons « suivre la nature » et lui obéir. Mais alors que devient la liberté de choisir sa vie ? De plus, comme nous connaissons la nature par la science, c'est la science qui dicterait la morale au nom de la nature. Par contre, cela n'oblige nullement à diviniser la nature.
Réponse a. Dans ce cas, la morale doit suivre la nature et lui obéir, comme le voulaient les Grecs. Et la morale ne pourrait s'opposer à la nature. On pourrait soutenir que la nature « veut » les guerres, la violence ou l'impudeur, que la morale ne pourrait plus interdire.

6 Rédiger la problématique et les enjeux

1. Réponses b et c.
2. [problématique] La question peut surprendre en ce que la notion de devoir implique généralement l'obéissance. Un « devoir de désobéissance » paraît donc contradictoire ou paradoxal.
Pourtant, si l'obéissance au devoir est la règle, il peut arriver de devoir désobéir à certains ordres ou certaines lois quand ceux-ci nous paraissent injustes ou illégitimes. Nous avons ainsi une sorte de conflit de devoirs et de légitimité, lorsque nous devons désobéir à un devoir au nom d'un devoir supérieur, par exemple mentir pour sauver une vie.
Autrement dit, désobéir devient un devoir dans les cas où nous sommes confrontés à des devoirs injustes. La question est alors non seulement de savoir ce qui permet de distinguer un devoir légitime d'un devoir illégitime, mais aussi de savoir au nom de quelle légitimité nous « pouvons » avoir le droit de désobéir.
[enjeux] Cette question soulève le problème d'une hiérarchie des devoirs et des instances de légitimité, pour savoir quels devoirs sont supérieurs aux autres.
Cela interroge également la distinction entre les devoirs relatifs et le devoir absolu : sur quels critères puis-je reconnaître le devoir absolu qui m'oblige à désobéir ?
Enfin, cela pose le problème des rapports entre morale, droit, politique et religion, car toutes ces autorités donnent des devoirs qui peuvent se contredire. Comment alors choisir de désobéir à certains, et en ai-je le droit ?

OBJECTIF BAC

7 Explication de texte • Épictète, *Entretiens*

Introduction

[thème] Dans ce texte, Épictète présente une situation inattendue : son interlocuteur va consulter un devin pour qu'il lui prédise l'avenir. Surprenante situation qui semble s'apparenter plus à la superstition ou à la religion qu'à la philosophie. La personne se pose la question suivante : « Que va-t-il m'arriver, et, plus précisément, que dois-je faire ? » **[problématique]** Ce faisant, elle s'interroge sur le destin et la liberté, ainsi que sur la place laissée au devoir moral : suis-je encore libre de choisir mon devoir si tout est déjà inscrit dans le destin ?

[thèse] La réponse de l'auteur, un brin ironique, est que ce qui est inscrit dans le destin, c'est que je suis libre, donc responsable de mon devoir. La thèse soutenue ici permet de réconcilier destin et liberté, en ramenant le devoir à ma seule volonté libre, qui détermine mes jugements et mes opinions. **[annonce du plan]** Je suis donc libre de choisir le bien ou le mal, d'accepter ou de refuser ce qui se présente. Cette thèse conduit à cantonner la morale à l'intériorité de la volonté et de l'intention subjective, laissant le monde extérieur soumis au destin et, donc, ne dépendant pas de moi.

I Ma volonté est libre

- Le texte s'ouvre sur une consultation d'un **devin** censé prédire l'avenir. Or la surprise est que le devin répond que **le destin ne s'applique pas à la volonté** : la volonté est sans contrainte ni obstacle, elle est totalement libre et indéterminée. Je ne peux pas faire ce que je veux, car le destin commande mes actions, mais je peux vouloir ce que je veux.

> **MOT-CLÉ**
> Dans l'Antiquité un **devin** est souvent consulté avant de prendre une décision. Ce sont soit des haruspices qui observent des entrailles de poulet pour en tirer des présages, soit les augures qui interprètent les signes célestes.

- **La liberté est dans la seule volonté**, qui dépend de nous, et non dans les actions et le monde extérieur, qui ne dépendent pas de nous. Si ma volonté est libre, alors je peux faire mon devoir, qui est de bien user de cette liberté.

II Mon assentiment et mes désirs dépendent de moi

1 Mon assentiment est libre

- Mon premier devoir est de **bien juger**. Assentir, c'est accepter une idée ou une représentation comme vraie. On me propose un poison, je suis libre de juger s'il est bon ou mauvais pour ma santé. Je suis libre de refuser la vérité ou d'accepter l'erreur. Je suis donc libre et responsable de mes opinions et de mes jugements.
- Mon premier devoir est de **faire bon usage de cette liberté d'assentir**, en acceptant le vrai et en refusant le faux. Je n'y suis pas déterminé, mais j'ai le libre devoir d'assentir au vrai.

2 Je peux modifier mes désirs

- On objectera que ma volonté est soumise à mes désirs : je ne suis pas libre d'être alcoolique ou débauché, je ne choisis pas ma tendance à la paresse. Ma volonté est impuissante face à ce que Kant appelle ma **nature pathologique** et les devoirs moraux sont illusoires.
- Épictète répond que là aussi ma volonté est libre. D'abord, je peux vouloir combattre ma tendance à la paresse en m'imposant un devoir d'exercice quotidien. Je peux combattre une mauvaise tendance par une tendance contraire. C'est le rôle du devoir de combattre le plaisir facile et nuisible par une activité contraire, difficile mais salutaire. C'est cet exercice que les stoïciens nomment **l'ascèse**.
- Ensuite, je combats les mauvais désirs en **changeant mes représentations** : j'ai un désir pour l'alcool parce que je trouve cela bon. Je peux agir sur mon opinion en cherchant tout ce que l'alcool a de mauvais et, ainsi, changer mon désir en aversion.

■ « C'est la volonté qui oblige la volonté » : cette phrase résume la thèse de l'auteur. Elle définit le devoir comme obligation morale. Je peux obéir ou désobéir, accepter ou refuser ; ma volonté n'est contrainte à rien, mais s'oblige elle-même. C'est ce que Kant appelle l'autonomie : **obéir à la loi qu'on se donne.**

III Ma volonté est divine

■ Le dieu stoïcien est le *logos* ou la raison, qui gouverne le monde et le destin. La volonté et la raison humaine sont une part de Dieu placée en chaque être humain. Ainsi, l'homme peut connaître l'œuvre divine, le destin, et en même temps être libre comme Dieu en voulant ce destin. **La volonté humaine accompagne et accomplit le destin** en collaborant avec Dieu.

■ Mon devoir n'est donc pas de lutter contre le destin, car il est impossible de combattre la nécessité, mais de le connaître et de vouloir lui obéir. Le devoir stoïcien est d'aimer le destin, grâce à ma volonté libre. Là est tout le **mérite moral**, par opposition au fou qui croit pouvoir s'opposer au destin.

■ Mon devoir n'est donc pas de changer le monde, mais de « **changer [l'ordre de] mes désirs** », comme dira Descartes, pour obéir à l'ordre du monde.

Conclusion

Le destin de l'homme est d'être libre. Destin paradoxal grâce à cette volonté d'origine divine qui me rend libre de mes choix et responsable de mes devoirs, par la seule orientation de ma volonté : « Si tu le veux, tu es libre. »

Cette liberté m'oblige à suivre la raison. Il ne s'agit pas de vouloir n'importe quoi, mais de vouloir ce qui est vrai et rationnel. Ce n'est pas le libre arbitre indifférent, mais un devoir orienté auquel je choisis ou non d'obéir, sans contrainte extérieure. Le monde est soumis au destin ou à la nécessité des causes et des effets : je ne peux empêcher le feu de brûler, mais je peux choisir d'en faire un usage utile ou nuisible. Par-delà le destin et le déterminisme, cette doctrine laisse une place à la liberté, au devoir et à la responsabilité morale, et évite « l'argument paresseux » d'une résignation et d'une soumission totales au destin.

5 L'État

L'État démocratique permet aux citoyens d'exercer leur souveraineté par l'intermédiaire de représentants élus. Comment expliquer alors la défiance des citoyens à l'égard de l'État ?

MÉMO VISUEL

DÉFINITIONS CLÉS

État

Puissance organisée qui fait autorité sur un territoire donné.

Politique

1. Au sens large, activité par laquelle les hommes déterminent les valeurs et les règles qui prévalent dans l'organisation d'une société.
2. Au sens strict, art de gouverner, fondé à la fois sur la conquête et la conservation du pouvoir et sur l'élaboration d'un corpus d'idées et de valeurs à défendre.

L'ÉTAT

Peut-on vivre en société sans État ? (→ p. 84)

Les repères utiles
en droit/en fait → p. 313

La réponse de Proudhon

L'État usurpe le pouvoir pour satisfaire des intérêts particuliers : on peut vivre en paix sans État.

« La plus haute perfection de la société se trouve dans l'union de l'ordre et de l'anarchie. »

La réponse de Hobbes

L'institution de l'État est le meilleur rempart contre la violence et la crainte.

L'État fait-il obstacle à ma liberté ? (→ p. 86)

Les repères utiles
obligation/contrainte → p. 316

La réponse de Rousseau

L'État démocratique constitue la condition de possibilité de ma liberté.

« L'impulsion du seul appétit est esclavage, et l'obéissance à la loi qu'on s'est prescrite est liberté. »

La réponse d'Arendt

L'État devient une menace pour la liberté lorsqu'il absorbe toute la sphère politique et dessaisit les citoyens du débat démocratique.

L'État peut-il faire le bonheur des citoyens ? (→ p. 88)

Les repères utiles
public/privé → p. 317

La réponse d'Engels

L'État est un instrument de domination politique et sociale qui fait le bonheur de quelques-uns au détriment des autres.

La réponse de Kant

Le bonheur est avant tout une affaire privée. Mais l'État doit assurer à chacun les conditions de possibilité d'une quête individuelle du bonheur.

13 Peut-on vivre en société sans État ?

En bref *L'État exerce une autorité qui contraint notre liberté d'action dans le but d'organiser la vie des hommes en société. Pourrait-on se passer d'une telle autorité ? Est-ce la nature violente et belliqueuse des hommes qui rendrait nécessaire l'instauration de l'État ?*

I Penser une société sans État

1 Des lois imparfaites

- L'opinion commune déplore en de nombreuses occasions l'exercice du pouvoir de l'État. Les lois, au moyen desquelles l'État impose les règles de fonctionnement de la société, seraient toujours imparfaites voire injustes; surtout lorsqu'elles exigeraient de nous ce que nous n'avons pas nécessairement envie de faire. Pensons au respect strict du Code de la route, à l'acquittement des impôts et des taxes, etc.
- Mais cette critique naïve de l'autorité étatique ne peut suffire à fonder une remise en cause profonde de l'État, car elle est d'abord guidée par un intérêt particulier et non par le bien commun.

2 La critique anarchiste

Ce sont les penseurs anarchistes qui ont formulé la critique la plus radicale de l'État. Pour Proudhon par exemple, l'autorité de l'État est par nature illégitime, dans la mesure où les hommes sont spontanément capables de vivre en paix et en harmonie. Autrement dit, si nous sommes foncièrement bons et sociables, capables de bienveillance à l'égard de nos semblables, rien ne peut justifier qu'une autorité supérieure nous impose des règles de vie en société. Il ne nous resterait donc qu'à nous débarrasser de l'État. La société anarchiste n'a ainsi rien d'un chaos social : elle serait « le plus haut degré d'ordre et de liberté auquel l'humanité puisse parvenir. »

II L'État, rempart contre la violence

Peut-on se satisfaire de cette représentation de la nature humaine ? Pourquoi paraît-il si difficile de se passer de l'autorité de l'État ?

1 À l'état de nature, les hommes vivent dans la crainte et la violence

- Hobbes, dans le *Léviathan*, conceptualise la situation qui précède l'instauration de l'État : on parle d'**état de nature**. Les hommes y vivent sans lois et dans une égalité parfaite : chacun jouit du même droit à disposer de toute chose.

> **À NOTER**
> L'**état de nature** est une expérience de pensée qui n'a pas de valeur ni de réalité historique : inutile d'en parler au passé! Sa fonction est heuristique : il nous permet de réfléchir à ce que doit être le rôle de l'État.

■ Rien n'empêche donc le vol ou le meurtre, et les hommes se livrent une **guerre perpétuelle** pour posséder le plus de biens possible.

■ Cet état semble **peu désirable** : les hommes emploient en effet leur temps à se protéger et à protéger leurs biens dans la crainte d'une mort violente. S'ils sont doués de passions – ce qui leur fait désirer de toujours accroître leur puissance –, les hommes sont aussi doués de raison – ce qui leur fait comprendre que l'état de nature n'est pas le meilleur possible. Ils sont donc conduits à **s'unir par un pacte** qui les prémunira de la violence d'autrui.

2 | Le rôle de l'État serait donc d'assurer la sécurité des citoyens

■ Pour éviter de se nuire les uns aux autres, les hommes délèguent leur droit naturel et leur puissance d'agir à une **autorité supérieure**. Seule cette puissance souveraine, à la tête de l'État, pourra se montrer violente, en vue d'assurer la sécurité de tous. De fait, le Souverain n'aliène son droit naturel à personne : il subsiste en dehors du contrat. L'institution de l'État repose donc sur un acte de soumission.

■ Pour Hobbes, le passage de l'état de nature à l'état civil, grâce à la mise en place d'un État, permet donc aux hommes de se libérer de leurs penchants belliqueux pour vivre en paix. Dans l'état civil, ce n'est pas la possession du plus grand nombre de biens qui fait le bonheur des hommes, mais la **tranquillité d'une vie réglée par des lois** et par la crainte de la sanction que ces lois inspirent.

zoOm

American Nightmare : une image de l'état de nature

■ Dans une société minée par la criminalité et la surpopulation carcérale, l'État décide d'autoriser une fois par an toutes les activités criminelles, y compris le meurtre. Le but n'est plus de vivre mais de survivre à cette nuit de «purge» où se déchaînent les pulsions violentes des hommes, dont il n'est pas facile de savoir s'ils sont amis ou ennemis.

■ Ce film de James DeMonaco manifeste la difficulté à se donner une règle du bien et du mal sans recourir à la loi : pouvons-nous être justes sans État ?

James DeMonaco, *American Nightmare*, 2013.

14 L'État fait-il obstacle à ma liberté ?

En bref *Parce qu'il dispose du droit d'imposer la loi, l'État apparaît généralement comme une force contraignante et parfois liberticide. Mais les lois ne nous aident-elles pas aussi à être libres ?*

I L'État juste fonde et protège la liberté du citoyen

■ L'État peut faire obstacle à ma liberté s'il a pour seule finalité la sécurité. Les citoyens courent alors le risque de se voir privés de toutes leurs libertés, au nom de la sécurité, et de devenir prisonniers d'un État autoritaire.

■ Dans *Du contrat social*, Rousseau montre que l'État ne peut pas se contenter d'assurer la protection des citoyens : « On vit tranquille aussi dans les cachots ; en est-ce assez pour s'y trouver bien ? »

■ La thèse défendue par Rousseau repose sur la possible conciliation de l'autorité de l'État et de la liberté du citoyen. Le but de l'institution de l'État n'est autre que la fondation et la préservation de la liberté des citoyens : autrement, nous perdrions ce qui est au cœur de notre humanité.

CITATION

« Renoncer à sa liberté, c'est renoncer à sa qualité d'homme » (Rousseau, *Du contrat social*).

II L'idéal démocratique permet l'affirmation d'une liberté civile

1 Les conditions d'institution de la démocratie

■ Pour Rousseau, les hommes doivent s'associer les uns aux autres avant de se soumettre à une autorité politique. En s'unissant, ils forment le peuple de la **démocratie**. Autrement dit, chaque citoyen est à la fois sujet et souverain : il participe aux décisions politiques et ces décisions s'appliquent aussi à lui.

■ En concluant un tel pacte, les hommes échangent leur liberté naturelle contre une liberté civile garantie par les institutions : nul ne peut les priver de leurs droits sans subir la contrainte du corps politique tout entier.

MOT-CLÉ

Le mot **démocratie** vient du grec ancien *demos* (« le peuple ») et *cratos* (« le pouvoir »). Il faut distinguer la démocratie directe, où tous les citoyens prennent part à l'élaboration des lois, de la démocratie indirecte, qui implique l'élection de représentants.

2 La volonté générale comme expression libre de la volonté du peuple

■ Mais comment la liberté individuelle peut-elle se satisfaire des décisions du peuple ? En réalité, lorsqu'ils votent les lois, les citoyens doivent se placer du point de vue de l'ensemble du corps social : c'est ce que Rousseau appelle la volonté générale.

■ Autrement dit, lorsque nous nous soumettons aux lois, nous le faisons parce que nous comprenons qu'elles défendent l'intérêt de la société entière. En s'acquittant de ses impôts, le citoyen sait par exemple qu'il permet le fonctionnement des institutions et des services publics. Ainsi, **la loi n'est plus une contrainte mais une obligation**, une règle que le citoyen se donne à lui-même.

III Les dérives de la démocratie

■ Dans l'entre-deux-guerres émergent des **systèmes politiques totalitaires** qui s'emploient à nier la liberté des citoyens et à absorber l'ensemble de la sphère sociale. Or ces régimes se sont développés au sein du cadre démocratique, en s'appuyant notamment sur des victoires électorales. Comment les citoyens en viennent-ils à se déposséder eux-mêmes de leur liberté ?

■ D'après Arendt, le totalitarisme n'est pas tant une exacerbation du pouvoir étatique que le signe d'un **dépérissement du corps politique**. La naissance d'une société de masse, l'isolement des citoyens et l'absence de débat public ont permis la naissance de ces organisations politiques totales.

■ Si la démocratie permet en droit l'expression de la liberté de chaque citoyen, ce n'est en fait possible que si les citoyens se saisissent du cadre démocratique pour **participer activement à la vie politique** et débattre des valeurs et des règles qui doivent régir la société.

zoOm

1984 : la négation radicale de la liberté politique

Michael Radford, *1984*, 1984.

Ce roman de George Orwell publié en 1949 met en scène une dystopie politique. Sous la domination de Big Brother, les citoyens deviennent progressivement des automates à la solde d'un système qui prétend tout contrôler, jusqu'à leur retirer leur liberté de penser : toute opinion contraire à l'idéologie du parti est poursuivie par la Police de la Pensée. Elle devient un «crime de la pensée» et ses auteurs sont éliminés.

15 L'État peut-il faire le bonheur des citoyens ?

En bref *L'action publique est-elle étrangère à la sphère privée ? Le bonheur a-t-il une dimension politique ?*

I L'autorité de l'État peut entraver le bonheur des citoyens

- Toutes les formes étatiques ne permettent pas l'expression de la liberté individuelle. Certaines peuvent même aller jusqu'à priver les citoyens des conditions minimales du bonheur : le droit de préserver leur vie et de poursuivre la satisfaction de leurs désirs et de leurs aspirations privés.
- Quand il défend des intérêts particuliers et non le bien du peuple, l'État devient un obstacle au bonheur. Plus précisément, il fait alors le bonheur des uns au détriment de celui des autres. Pour Engels, l'État est l'instrument par lequel les classes bourgeoises dominantes policent et répriment les classes ouvrières pour les mettre au service de leur propre bonheur. Dans cette perspective, c'est seulement en renversant l'État capitaliste que la classe ouvrière pourrait envisager une vie heureuse.

II L'État doit permettre à chacun de chercher le bonheur

1 Le bonheur est avant tout une affaire privée

- Kant nous invite à ne pas confondre ce qui relève de la sphère publique et de la sphère privée. On ne peut pas attendre de l'État qu'il fasse notre bonheur, car cela ne relève pas de ses prérogatives.
- L'État qui prétendrait légiférer les affaires privées au point d'être la condition nécessaire et suffisante de notre bonheur serait ainsi « le plus grand despotisme que l'on puisse concevoir. » En accordant aux hommes le bonheur, l'État les priverait aussi de la liberté de le chercher et de le définir pour eux-mêmes.

2 Le rôle de l'État est de ne pas empêcher la poursuite individuelle du bonheur

- Si l'État ne peut pas faire le bonheur des citoyens sans tomber dans une forme de gouvernement paternaliste qui les prive de leur **autonomie**, il n'est pas pour autant purement étranger à ce bonheur individuel.
- L'État doit permettre à chacun de chercher à être heureux sans priver autrui du même droit à tendre au bonheur.

MOT-CLÉ
On appelle **autonomie** la capacité de l'homme à se déterminer rationnellement sans se conformer à une autorité extérieure. L'autonomie est le plus haut degré de la liberté.

III La recherche du bonheur ne doit pas conduire au délaissement de la sphère publique

■ Tocqueville étudie au XIXe siècle le développement de la démocratie américaine. Or, s'il reconnaît que les citoyens américains jouissent des droits et des libertés propres au régime démocratique, il y voit aussi la **naissance d'un nouveau danger politique**. En assurant la sécurité des hommes et en les enjoignant à se consacrer uniquement à leurs intérêts privés, l'État américain devient une **puissance « tutélaire »** qui vide la démocratie de son contenu.

■ Tocqueville rappelle que c'est le débat démocratique et l'intérêt des citoyens qui fondent la vitalité du tissu politique. En abandonnant cette besogne à quelques hommes qui finissent par concentrer d'immenses pouvoirs, les citoyens s'exposent à un **despotisme « doux »**, qui leur garantit la jouissance individuelle mais les prive de leur souveraineté.

■ Si l'État ne doit pas entraver la recherche individuelle du bonheur, il ne faut pas penser en retour que le bonheur privé soit plus estimable que la participation à la sphère publique, sous peine d'**abandonner sa liberté politique**.

zoOm

The Truman Show : la représentation d'une dictature du bonheur

Peter Weir, *The Truman Show*, 1998.

■ Né sous X, Truman est élevé dans une téléréalité sans le savoir. Entouré par des comédiens qu'il prend pour des parents et des amis, il vit en étant scruté par des millions de spectateurs.

■ Le producteur de l'émission prétend pourtant œuvrer au bonheur de Truman, à la manière d'un État tutélaire qui maîtriserait tous les aspects de sa vie. Mais que vaut le bonheur d'un homme qu'on voudrait contraindre à être heureux ?

SE TESTER QUIZ

Vérifiez que vous avez bien compris les points clés des **fiches 13 à 15**.

1 Peut-on vivre en société sans État ?

→ FICHE 13

1. Qu'est-ce que l'état de nature ?

☐ **a.** un moment historique ☐ **b.** une expérience de pensée

☐ **c.** l'état dans lequel se trouvent les hommes avant la naissance de l'État

2. Pourquoi les anarchistes prônent-ils l'abolition de l'État ?

☐ **a.** parce qu'ils veulent établir la loi du plus fort

☐ **b.** parce qu'ils pensent à leurs intérêts particuliers

☐ **c.** parce qu'ils estiment que l'autorité de l'État n'est pas légitime

2 L'État fait-il obstacle à ma liberté ?

→ FICHE 14

1. Parmi les affirmations suivantes, laquelle est vraie ?

☐ **a.** D'après Rousseau, l'État doit garantir la liberté du citoyen.

☐ **b.** La démocratie empêche l'expression de ma liberté.

☐ **c.** La volonté générale est l'intérêt de la majorité.

2. Complétez le texte avec les mots qui conviennent.

En s'unissant, les hommes forment un .... qui détient l'autorité politique appelée .... Dans le modèle rousseauiste, tous les citoyens participent à l'élaboration des lois : c'est une démocratie .... La liberté individuelle est ainsi protégée par l'ensemble du corps politique et social : à travers le pacte social, l'homme échange sa liberté .... contre une liberté ....

3 L'État peut-il faire le bonheur des citoyens ?

→ FICHE 15

1. Pourquoi Engels pense-t-il nécessaire d'abolir l'État capitaliste ?

☐ **a.** parce qu'il n'a pas de fonction sociale

☐ **b.** parce qu'il défend les intérêts de certains au détriment des autres

☐ **c.** parce qu'il est trop faible pour défendre les citoyens

2. Qu'est-ce que l'autonomie ?

☐ **a.** le fait de gagner sa vie par soi-même

☐ **b.** le fait de réfléchir et de se déterminer sans se soumettre à autrui

☐ **c.** le fait d'être libre et heureux

3. Quelle est la thèse de Tocqueville ?

☐ **a.** La démocratie américaine peut devenir un despotisme «doux».

☐ **b.** La démocratie américaine est menacée par l'individualisme.

☐ **c.** Il ne peut pas y avoir de despotisme démocratique.

S'ENTRAÎNER

4 Réviser le cours en 8 questions flash

1. Comment appelle-t-on les penseurs qui refusent l'autorité de l'État ?
2. Chez Hobbes, pourquoi les hommes à l'état de nature se querellent-ils ?
3. Comment l'homme peut-il rester libre à l'état civil ?
4. Qu'est-ce qu'une démocratie ?
5. Peut-on critiquer la démocratie ?
6. Pourquoi faut-il limiter les pouvoirs de l'État ?
7. La recherche du bonheur peut-elle être un obstacle à la vie politique ?
8. D'après Kant, peut-on tout attendre de l'État ?

5 Identifier l'enjeu de chaque partie d'un texte

Si l'homme, dans l'état de nature, est aussi libre que j'ai dit, s'il est le seigneur absolu de sa personne et de ses possessions, égal au plus grand et sujet à personne; pourquoi se dépouille-t-il de sa liberté et de cet empire, pourquoi se soumet-il à la domination et à l'inspection de quelque autre pouvoir ?

Il est aisé de répondre, qu'encore que, dans l'état de nature, l'homme ait un droit, tel que nous avons posé, la jouissance de ce droit est pourtant fort incertaine et exposée sans cesse à l'invasion d'autrui. Car tous les hommes étant Rois, tous étant égaux et la plupart peu exacts observateurs de l'équité et de la justice, la jouissance d'un bien propre, dans cet état, est mal assurée, et ne peut guère être tranquille.

C'est ce qui oblige les hommes de quitter cette condition, laquelle, quelque libre qu'elle soit, est pleine de crainte, et exposée à de continuels dangers, et cela fait voir que ce n'est pas sans raison qu'ils recherchent la société, et qu'ils souhaitent de se joindre avec d'autres qui sont déjà unis ou qui ont dessein de s'unir et de composer un corps, pour la conservation mutuelle de leurs vies, de leurs libertés et de leurs biens; choses que j'appelle, d'un nom général, propriétés.

John Locke, *Second Traité du gouvernement civil*, trad. David Mazel © Flammarion, 2010.

CONSEIL
Prêtez une attention particulière à la question posée dans la première partie. Montrez en quoi elle permet d'identifier un problème.

Expliquez la fonction de chacune des parties du texte identifiées.

«Si l'homme [...] autre pouvoir ?»	....
«Il est aisé [...] être tranquille.»	....
«C'est ce qui oblige [...] propriétés.»	....

Méthode

Repérer les étapes argumentatives d'un texte

- Les étapes argumentatives du texte correspondent au **plan linéaire que vous suivrez**. Ce découpage n'est pas arbitraire, il suit le mouvement par lequel l'auteur tente de vous convaincre de sa thèse.
- Une fois la thèse du texte identifiée, cherchez la manière dont l'auteur présente les arguments qui la défendent.
  - Relevez les **liens logiques** (d'opposition, de cause, de conséquence, etc.). L'auteur cherche-t-il : à critiquer la thèse adverse? à justifier sa thèse par les conséquences qu'elle implique? à identifier des causes nécessaires?
  - Identifiez la **fonction** de chaque partie du texte : est-elle positive (l'auteur affirme une idée) ou négative (l'auteur conteste une idée)? S'agit-il d'exposer la thèse, de fournir un argument, de l'illustrer par un exemple?
  - Interrogez la pertinence de l'**enchaînement des idées**. Pourquoi les arguments et les exemples sont-ils exposés dans cet ordre précis? Est-ce efficace?
- Enfin, reformulez l'idée de chacune des parties du texte. À l'aide de vos propres mots et des concepts du texte, exprimez **le sens et la fonction** des étapes de l'argumentation.

6 Annoncer le plan de l'explication

Rédigez, en quelques lignes, la partie de l'introduction consacrée à l'annonce du plan de l'explication.

▶ Dans un premier moment du texte, Locke ....

....

....

CONSEIL
N'annoncez pas toutes les idées en une seule phrase. Chaque idée doit être exprimée en une ou plusieurs phrases.

OBJECTIF BAC

7 Dissertation • L'État est-il un mal nécessaire ?

4 h

Dans le sujet suivant, vous êtes invité à justifier ou à nier le bien-fondé de l'État. Il s'agit donc de montrer l'intérêt de l'institution de l'État et d'en suggérer les limites.

LE SUJET

L'État est-il un mal nécessaire ?

LA FEUILLE DE ROUTE

→ Reportez-vous à la méthode générale de la dissertation p. 306.

Étape 1 Analyser les termes du sujet

- L'**État** est une puissance organisée qui fait autorité sur un territoire donné. Il fait usage de la force pour faire régner l'ordre et respecter la loi.
On comprend donc pourquoi il pourrait être un **mal** : il est susceptible d'exercer une certaine violence à l'encontre des sujets ou des citoyens.
- On peut dire d'un fait ou d'un concept qu'il est **nécessaire** en deux sens :
1. en un **sens absolu**, la nécessité est ce à quoi on ne peut se soustraire, ce qui ne peut pas ne pas être ;
2. en un **sens relatif**, est nécessaire ce qui est exigé en vue de la satisfaction d'une certaine fin.

Étape 2 Dégager la problématique et les enjeux du sujet

- Ici, c'est le second sens de la nécessité qui paraît nous intéresser et qui nous permet de reformuler ainsi le sujet : à quoi sert l'institution de l'État ? L'État n'est-il rien d'autre qu'un pouvoir arbitraire qui prive les hommes d'une liberté totale ?
- Spontanément, nous aurions tendance à répondre que l'État est un mal : il exerce une autorité qui paraît profiter seulement à quelques-uns et contraindre les autres par la force.
- Mais il semble que les hommes ne s'organisent pas facilement en société, et que l'autorité de l'État sert à garantir à la fois la sécurité et la liberté des citoyens.
- Les régimes démocratiques impliquent la participation active des citoyens à la vie politique. Dans ce cas, peut-on encore opposer les intérêts de l'État et ceux du citoyen ? Si l'État est un mal, quelle est alors la responsabilité du citoyen ?

Étape 3 Élaborer le plan de la dissertation

1 L'État est un mal non nécessaire

- Quel mal l'État peut-il infliger au citoyen ?
- En quelles occasions souhaitons-nous nous soustraire à l'autorité de l'État ?
- Intéressez-vous à la thèse anarchiste.

2 L'État est la condition de possibilité de notre sécurité

- Qu'est-ce que l'état de nature ?
- Définissez les modalités du pacte social chez Hobbes.
- Quels avantages les hommes trouvent-ils à vivre sous l'autorité de l'État ?

3 Si l'État est juste, il est un bien nécessaire

- Quelle est la fin première de l'institution de l'État pour Rousseau ?
- Intéressez-vous au fonctionnement des régimes démocratiques.
- Quels sont dès lors les devoirs du citoyen ?

Étape 4 Rédiger la dissertation → CORRIGÉ P. 97

CORRIGÉS

SE TESTER QUIZ

1 Peut-on vivre en société sans État ?

1. Réponses b et c. L'état de nature n'est pas un moment de l'histoire : c'est une expérience de pensée qui permet de justifier la nécessité de l'État, en imaginant ce qu'était la vie humaine avant son institution.

2. Réponse c. Les anarchistes défendent l'idée selon laquelle les hommes, naturellement bons, sont capables de vivre en harmonie sans l'État : dès lors, plus rien ne fonde la légitimité de l'État.

2 L'État fait-il obstacle à ma liberté ?

1. Réponse a.

La réponse a est vraie. C'est la liberté et non la sécurité qui constitue la fin de l'État pour Rousseau.

La réponse b est fausse, car la démocratie donne aux citoyens le pouvoir d'exprimer leur liberté.

La réponse c est fausse : la volonté générale est l'expression de l'intérêt du corps social comme unité et non l'agrégat d'intérêts particuliers (même majoritaires).

À NOTER

Même l'unanimité ne se confond pas avec la volonté générale. Si tous les hommes poursuivent le même intérêt particulier, cela ne signifie pas qu'ils le font en vue du bien commun.

2. En s'unissant, les hommes forment un peuple qui détient l'autorité politique appelée souveraineté. Dans le modèle rousseauiste, tous les citoyens participent à l'élaboration des lois : c'est une démocratie directe. La liberté individuelle est ainsi protégée par l'ensemble du corps politique et social : à travers le pacte social, l'homme échange sa liberté naturelle contre une liberté civile.

3 L'État peut-il faire le bonheur des citoyens ?

1. Réponse b. Selon Engels, l'État capitaliste sert à défendre les intérêts des bourgeois au détriment des prolétaires, déshumanisés et privés de la recherche du bonheur.
2. Réponse b. L'autonomie est la capacité à penser et à se gouverner soi-même, et non la capacité à subvenir à ses besoins (appelée indépendance).
3. Réponses a et b. Pour Tocqueville, la démocratie américaine peut devenir un despotisme « doux », car elle permet aux hommes de satisfaire leurs intérêts privés. Ce faisant, elle les isole les uns des autres et les conduit à renoncer à leur liberté politique : c'est le danger de l'individualisme.

CITATION

« Chacun d'eux, retiré à l'écart, est comme étranger à la destinée de tous les autres, ses enfants et ses amis particuliers forment pour lui toute l'espèce humaine [...] il n'existe qu'en lui-même et pour lui seul, et s'il lui reste encore une famille, on peut dire du moins qu'il n'a plus de patrie » (Tocqueville, *De la démocratie en Amérique*).

S'ENTRAÎNER

4 Réviser le cours en 8 questions flash

1. Il s'agit des penseurs anarchistes. Le terme vient du grec *anarché* signifiant « sans commandement ».
2. À l'état de nature, les hommes qui cherchent sans cesse à accroître leurs biens se livrent une guerre perpétuelle, chacun disposant du même droit à les posséder.
3. Pour rester libre tout en abandonnant sa liberté naturelle, l'homme doit recevoir une nouvelle liberté à l'état civil. Il doit pouvoir agir librement dans les limites des lois.
4. La démocratie est un régime politique mettant en œuvre la souveraineté du peuple et garantissant un corpus de libertés et de droits fondamentaux.
5. La démocratie apparaît comme le meilleur régime possible, car il permet à tous de prendre part à la vie politique. Mais les institutions ne suffisent pas, les citoyens doivent s'emparer de la chose publique.
6. L'État n'est pas une fin mais un simple moyen de garantir la liberté et la sécurité des citoyens. Si ses pouvoirs sont illimités, les hommes deviennent esclaves d'une puissance autoritaire.
7. Comme l'explique Tocqueville, la recherche du bonheur peut détourner les hommes de la vie politique et menacer ainsi leur liberté et leur souveraineté.
8. Selon Kant, il ne faut pas tout attendre de l'État, autrement nous ne serions que les enfants d'un État paternaliste qui nous priverait de notre autonomie. Or c'est l'autonomie qui fonde notre humanité.

5 Identifier l'enjeu de chaque partie d'un texte

« Si l'homme [...] autre pouvoir ? »	La première partie du texte consiste à **poser le problème** suivant : si l'homme vit libre et heureux à l'état de nature, comment justifier qu'il se soumette volontairement à une autorité supérieure ?
« Il est aisé [...] être tranquille. »	La deuxième partie du texte **conteste le présupposé du problème** : elle a une fonction négative, c'est-à-dire qu'elle critique l'idée selon laquelle la liberté naturelle serait une liberté pleine et entière. À l'état naturel, rien n'empêche autrui de me faire du mal ou de me voler mes biens.
« C'est ce qui oblige [...] propriétés. »	La troisième partie **donne une réponse au problème** et permet à Locke d'**affirmer sa thèse**, à savoir que c'est seulement en se soumettant à l'État que l'homme peut être véritablement libre. Il trouve donc un intérêt à obéir à la puissance politique.

6 Annoncer le plan de l'explication

Dans un premier moment du texte, Locke présente un état de fait en apparence problématique : les hommes jouissent d'une liberté naturelle et abandonnent pourtant cette liberté dès lors qu'ils acceptent d'obéir à la puissance supérieure d'un État. Toutefois, il explique dans une deuxième partie les limites de cette liberté naturelle : celle-ci peut sans cesse être entravée par celle d'autrui. En conséquence, les hommes préfèrent s'unir et se soumettre à une puissance supérieure qui, tout en limitant leur liberté naturelle, permet à chacun de vivre en sécurité et de protéger sa vie et ses biens. C'est la thèse que Locke défend dans la dernière partie du texte.

CONSEIL

Il ne faut pas se contenter de reformuler le texte, mais il faut faire clairement apparaître sa structure. Pour montrer que vous l'avez identifiée, n'hésitez pas à désigner explicitement la fonction de chaque partie en utilisant le vocabulaire adapté (thèse, problème, type d'argument, exemple, etc.).

OBJECTIF BAC

7 Dissertation • L'État est-il un mal nécéssaire ?

Introduction

[accroche] De nombreux hommes déplorent les contraintes imposées par l'autorité étatique. **[définition]** Si l'on définit la liberté comme le pouvoir de faire ce que l'on veut, il est manifeste que l'État nous prive de liberté. **[problématique]** Mais pourquoi tant d'hommes décident-ils alors de s'organiser en communautés politiques sous la direction d'un État ? Il n'est pas certain qu'une vie sans État soit plus enviable ni même plus libre.

De fait, les hommes montrent certains penchants à la violence et à la malveillance et c'est l'État qui nous protège des autres en concentrant la force commune. Si, par eux-mêmes, les hommes sont incapables de vivre harmonieusement, il faut reconnaître la nécessité de l'État. La nature humaine prescrit-elle de se soumettre à un État pour pouvoir assurer la sécurité et la liberté au sein de la société ?

I L'État est un mal non nécessaire

1 L'État s'affirme en usant de la force à l'encontre des citoyens

L'État dispose du « monopole de la violence physique légitime », comme l'explique Max Weber. Cette légitimité ne signifie pas ici que la violence est juste, mais qu'elle est acceptée et reconnue par les citoyens. L'État est donc susceptible de violence et concentre les moyens de son exercice.

2 Mais cette violence n'est pas légitime

Elle sert l'intérêt des hommes à la tête de l'État au détriment des autres. On peut considérer que l'État est l'instrument dont se servent certains hommes pour satisfaire leurs intérêts particuliers et écraser les autres. L'État serait l'expression d'intérêts de classes, contre lesquels il serait juste de se rebeller.

3 En réalité, les hommes pourraient se passer de l'État

L'État serait donc une entrave au juste fonctionnement de la société. Comme l'expliquent les penseurs anarchistes, les hommes seraient capables de se montrer naturellement bienveillants à l'égard de leurs semblables. L'État est donc un mal dont nous pourrions nous passer.

[transition] L'exemple du mythe de Gygès nous montre que derrière l'apparence de la bienveillance se cache parfois le désir d'une domination sans bornes. Il faut remettre en question l'idée selon laquelle les hommes seraient naturellement bons les uns à l'égard des autres.

II Toutefois, la violence de l'État ne fait que répondre à la violence des hommes : elle est nécessaire à leur sécurité

1 À l'état de nature, les hommes vivent dans l'insécurité et la crainte

En dehors de la vie civile, on peut s'imaginer un état de nature où chacun aurait le même droit à disposer de toute chose. Les hommes toujours insatisfaits mèneraient une « guerre de tous contre tous » (Hobbes) pour la possession des biens.

2 L'institution de l'État procède donc d'un calcul rationnel

Pour échapper à la violence de l'état de nature et ne plus se nuire mutuellement, il est nécessaire que les hommes **aliènent leurs droits naturels** à une puissance supérieure qui seule pourra faire usage de la force.

3 L'État permet ainsi d'assurer la sécurité de tous

Le rôle premier de l'État consiste donc à faire régner l'ordre pour permettre à chaque homme de **vivre dans la tranquillité**, d'après Hobbes. Pour parvenir à cette fin, nous ne pouvons pas nous passer de l'État. **[transition]** L'État est-il condamné à rester un mal nécessaire ? L'État doit-il se contenter de garantir la sécurité du citoyen ?

> **MOT-CLÉ**
> L'**aliénation** désigne le fait de rendre quelque chose étranger à soi, de le transférer à quelqu'un d'autre. En ce sens l'aliénation peut-être synonyme de servitude quand le sujet perd son droit à décider et à se gouverner lui-même au profit d'un autre.

III Si l'État est juste, il est un bien nécessaire

1 L'État est nécessaire, mais il n'est pas un mal

Comme l'explique Rousseau, le contrat social permet à l'homme de **se libérer de la crainte et** de **se perfectionner** en s'adonnant à de nouvelles activités (la pratique des arts par exemple), tout en développant de nouvelles valeurs morales.

2 L'État permet au citoyen de jouir d'une liberté proprement humaine

Si l'homme renonce à son droit naturel, c'est pour recevoir en retour une **liberté civile** qui lui permet de se développer. Le système démocratique permet ainsi de concilier sécurité et liberté, puisque c'est le peuple lui-même qui est souverain. Le citoyen est invité à penser par lui-même les conditions de la vie commune dans l'horizon de la volonté générale.

3 Mais la simple existence de l'État n'est pas suffisante

Cela implique de la part du citoyen qu'il **participe activement à la vie politique**. Les institutions ne se suffisent pas à elles-mêmes : pour que l'État démocratique reste un bien, il faut que les citoyens ne délaissent pas la vie publique au profit de la sphère privée. C'est le danger que pointe Tocqueville, qui craint l'avènement d'un despotisme « doux ».

Conclusion

Imaginer une société sans État nous invite à nous méfier du penchant humain à la violence et à la domination. Pour assurer la sécurité de tous les citoyens, il semble nécessaire de concentrer toute la force commune dans une puissance supérieure. Toutefois, la sécurité n'est pas la fin de l'État : elle doit seulement être pensée comme le moyen de garantir à tous une égale liberté. On peut donc soutenir qu'un État juste est un bien nécessaire à la préservation d'une vie libre et proprement humaine.

6 L'inconscient

Au début du XXe siècle, le médecin viennois Sigmund Freud découvre l'existence de l'inconscient en essayant de soigner des maladies mentales, comme les névroses et les psychoses. Ces troubles psychiques sont, selon lui, les symptômes de traumatismes oubliés que la psychanalyse doit ramener à la conscience pour les guérir.

MÉMO VISUEL

DÉFINITIONS CLÉS

Inconscient psychique
Au sens freudien, désirs et pulsions primitives de la vie psychique, qui font l'objet d'un refoulement car ils sont incompatibles avec les exigences morales et sociales.

Inconscient corporel
Habitudes et automatismes du corps et des organes. Le fonctionnement spontané du corps échappe à la conscience, comme la respiration ou la digestion, sauf en cas de problème ou de maladie.

L'INCONSCIE

Peut-on connaître l'inconscient ? (→ p. 102)

Les repères utiles
médiat/immédiat → p. 315

La réponse de Leibniz
Le corps et la sensibilité causent dans notre esprit des petites perceptions dont nous n'avons pas conscience.

« Il y a à tout moment une infinité de perceptions en nous, mais sans aperception et sans réflexion. »

La réponse de Freud
Des symptômes, comme le rêve ou l'acte manqué, doivent être interprétés comme des manifestations visibles et médiatisées de désirs inconscients.

L'inconscient ruine-t-il la morale ? (→ p. 104)

Les repères utiles
obligation/contrainte → p. 316

La réponse de Sartre

L'inconscient nie la liberté et rend l'homme irresponsable de lui-même.

« L'inconscient n'est que la mauvaise foi personnifiée. »

La réponse de Freud

L'inconscient me détermine, mais je peux me libérer par la connaissance des désirs cachés.

Quelles objections à l'inconscient ? (→ p. 106)

Les repères utiles
théorie/pratique → p. 318

La réponse d'Alain

L'inconscient est un « fantôme mythologique », incompatible avec la liberté de l'esprit. Admettre son existence est à la fois une erreur théorique et une faute morale.

La réponse de Levinas

L'hypothèse de l'inconscient conduit à déposséder chacun du sens de ses paroles et de ses actes.

« On ne peut plus parler, car personne ne peut commencer son discours sans témoigner aussitôt de tout autre chose que de ce qu'il dit. Psychanalyse et sociologie guettent les interlocuteurs. »

16 Peut-on connaître l'inconscient ?

En bref *La conscience peut-elle connaître l'inconscient qui, par définition, lui échappe ? Il nous faut soit admettre avec les cartésiens que l'inconscient est une hypothèse fausse, soit reconnaître que certains phénomènes psychiques ne peuvent s'expliquer médiatement que par des causes inconscientes.*

I Un inconscient sensible

1 Les « petites perceptions » de Leibniz

■ « Pour entendre [l]e bruit [de la mer] comme l'on fait, il faut bien qu'on entende les parties qui composent ce tout, c'est-à-dire les bruits de chaque vague, quoique chacun de ces petits bruits ne se fasse connaître que dans l'assemblage confus de tous les autres ensembles. » Leibniz admet ici l'existence de perceptions infraconscientes, qui échappent à l'aperception ou conscience car elles sont « trop petites et en trop grand nombre ou trop unies », et qui composent nos représentations conscientes.

■ Par ce subconscient sensible, Leibniz suppose que nous avons une expérience du monde beaucoup plus riche que ce que la seule conscience nous fait croire.

2 L'inconscient corporel

« La santé c'est la vie dans le silence des organes », disait le médecin René Leriche. Au quotidien, notre corps fonctionne inconsciemment. Par des automatismes et des habitudes, nous agissons sans y penser pour nous rendre la vie plus facile.

3 L'inconscient mémoriel

■ Bergson figure la mémoire comme un cône inversé dont la pointe touche la ligne de l'action. N'arrivent alors à la conscience que les souvenirs qui nous aident à agir.

■ Les autres souvenirs peuvent être dits préconscients ou virtuels, prêts à être actualisés selon les besoins de l'action. Bergson distingue ainsi la « mémoire-habitude », disponible pour l'action, et la « mémoire-souvenir », qui s'intéresse au passé pour lui-même.

II Un inconscient psychique révélé par des symptômes

1 Des symptômes incompréhensibles ?

■ Selon Freud, qui est médecin, il existe des représentations et des actes irrationnels qui échappent au contrôle de la conscience : les délires, les obsessions, les manies, les angoisses, les dépressions, les actes manqués, les lapsus et, bien sûr, les rêves.

■ Freud voit le rêve comme la réalisation imaginaire de désirs refoulés car interdits : « L'interprétation des rêves est la voie royale qui mène à la connaissance de l'inconscient ». Nous avons le choix entre renoncer à comprendre cette face obscure du psychisme, ou essayer de guérir ces sources de souffrance.

■ Aussi la psychanalyse freudienne est-elle d'abord une thérapie visant à soigner les maladies mentales, comme les psychoses et les névroses. Elle est ensuite une technique d'interprétation, qui a utilisé l'hypnose avant de se tourner vers la libre association d'idées. Enfin, elle est une hypothèse scientifique : celle de l'existence d'un inconscient qu'on ne peut prouver qu'indirectement par ses manifestations.

2 | Le résultat du refoulement des pulsions

■ L'inconscient ne décrit pas seulement des représentations en sommeil, mais des désirs et des **pulsions** primitifs de la vie psychique (le « ça » selon Freud). Ces derniers font l'objet d'un refoulement, car ils sont incompatibles avec les exigences morales et sociales intériorisées par le sujet (le « surmoi »).

> **MOT-CLÉ**
> La **pulsion** désigne une force psychique, souvent issue du corps, qui cherche à se satisfaire au moyen d'actes conscients ou manqués.

■ Les pulsions inconscientes ne connaissent ni le temps ni la réalité, mais elles sont constamment actives et ne peuvent se satisfaire qu'en trompant la censure de la conscience, sous forme déguisée dans les **symptômes**.

> **MOT-CLÉ**
> Le **symptôme** est un terme médical désignant la manifestation visible d'une maladie. Il doit être interprété pour trouver sa cause cachée. La toux ou des plaques rouges, par exemple, sont des symptômes.

zoom

Les deux topiques freudiennes

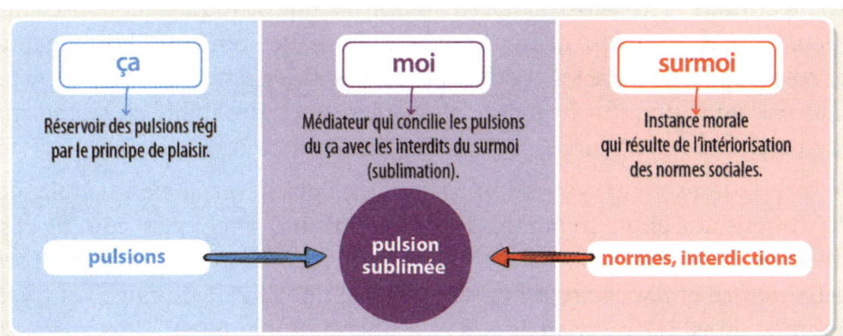

Après avoir organisé le psychisme en trois instances, à savoir l'inconscient, le préconscient et le conscient, Freud remplace, en 1920, cette conception par une autre topique : celle du ça, du moi et du surmoi.

17 L'inconscient ruine-t-il la morale ?

En bref *La théorie freudienne met à mal l'idée, héritée de Descartes, d'un sujet pensant qui serait le véritable centre de commandes de l'activité psychique. L'existence de l'inconscient nous rendrait définitivement opaques à nous-mêmes. Mais elle pose aussi des problèmes moraux : qu'en est-il de la responsabilité de nos actes, et finalement de notre liberté ?*

I L'inconscient nie la liberté

1 L'inconscient choque la morale

- L'inconscient conduit-il à l'inconscience et à l'irresponsabilité ? Cette conséquence immorale est souvent reprochée à la psychanalyse freudienne.
- La nature même des désirs inconscients choque le sens moral. Le désir incestueux d'un enfant pour sa mère, le désir de meurtre du père, le déguisement de désirs honteux, sont autant de signes de l'immoralité de l'inconscient. De fait, l'inconscient ignore la morale, comme il ignore les contraintes de temps et d'espace.

À NOTER
Le **complexe d'Œdipe** désigne, chez le tout jeune garçon de trois ou quatre ans, le désir d'inceste avec sa mère. Œdipe, dans la tragédie grecque, est un héros qui tue son père Laïos, roi de Thèbes, et qui épouse sa mère Jocaste, sans savoir qu'ils sont ses parents.

2 L'inconscient nous détermine

- La psychanalyse construit la théorie d'un sujet décentré par rapport à lui-même : « Le moi n'est pas maître dans sa propre maison » (Freud, *Introduction à la psychanalyse*). Ce qui signifie que le moi conscient est déterminé par des forces inconscientes qui le rendent opaque à lui-même et porteur d'illusions, comme celle de la liberté.
- Sartre critique cette perte de liberté. Il affirme que seul un sujet conscient est donneur de sens. La liberté définit l'existence humaine, rendant l'homme totalement responsable de ses actes et de ses pensées. Refuser cette liberté est un acte de « mauvaise foi », un refus hypocrite d'assumer sa responsabilité en se cherchant des excuses.
- Le tort de la psychanalyse, selon Sartre, est d'objectiver la vie mentale, de la traiter comme une chose soumise à des déterminismes psychiques, comme l'est le monde à des déterminismes naturels. Le déterminisme est une conception selon laquelle tout ce qui arrive se produit en vertu d'une chaîne de causes et d'effets nécessaires. Ainsi, la psychanalyse nie la liberté de l'homme, alors même que l'homme n'est pas un objet parmi les autres, mais une pure subjectivité, ce que Sartre appelle un « pour-soi ».

II La connaissance de l'inconscient nous libère

1 Comprendre les causes qui nous déterminent

Selon Spinoza, la liberté n'est pas le libre arbitre, qui est illusoire, mais la connaissance de la nécessité → FICHE 6. Elle nous permet de nous libérer des illusions et d'agir en connaissance de cause. C'est en ce sens que nous pouvons dire que la connaissance de notre détermination par l'inconscient nous libère.

2 Comprendre l'inconscient nous guérit

Connaître notre inconscient peut aussi nous libérer des maladies psychiques, nous soulager des souffrances mentales. Par exemple, la psychanalyse prétend guérir en aidant le patient névrotique à se remémorer les traumatismes enfouis dans l'inconscient, lesquels sont à l'origine de ses troubles.

3 Le surmoi nous donne les normes morales

Si l'inconscient est largement immoral, une autre instance, elle aussi inconsciente, équilibre le psychisme en apportant une autorité morale : le surmoi. Ce dernier intériorise, à travers l'éducation, les valeurs et les normes morales. Il propose un « idéal du moi » qui sert de modèle positif à ma conduite, pour devenir « celui que je rêve d'être ». Ainsi, le surmoi surplombe le moi pour le juger et lui donner des repères moraux qui alimentent la censure exercée sur les pulsions inconscientes.

MOT-CLÉ

La **censure** est un mécanisme inconscient qui empêche des désirs de devenirs conscients et de se réaliser, car ils sont contraires aux normes sociales. Ces désirs censurés sont alors « refoulés ».

zoOm

Les trois blessures narcissiques de l'humanité

- Narcisse est un personnage mythologique qui admirait, dans l'eau, le reflet de sa beauté. Freud appelle « narcissisme » ce besoin fondamental de tout être humain de se sentir aimé et admiré.
- Une blessure narcissique est une déception dans la satisfaction de ce besoin. L'humanité dans son ensemble s'est longtemps prise pour le sommet de la Création. Mais le progrès des sciences l'a fait descendre de son piédestal à travers trois « blessures » : la révolution copernicienne, l'évolutionnisme darwinien, l'inconscient freudien.

18 Quelles objections à l'inconscient ?

En bref *L'inconscient est une hypothèse qui explique bien des effets, mais ne peut être directement prouvée, d'où sa faiblesse épistémologique. De plus, la psychanalyse comme interprétation permet de guérir, mais crée aussi un rapport de pouvoir et de dépossession du sens. Enfin, l'inconscient aliène le sujet humain, en faisant de lui le jouet de forces souterraines.*

I Alain : l'inconscient est faux et inutile

■ La contestation la plus frontale de la pensée freudienne vient du philosophe qui, au xxe siècle, se présente comme un disciple de Descartes : Alain. « L'inconscient est une méprise sur le Moi, c'est une idolâtrie du corps », écrit-il dans les *Éléments de philosophie*.

■ Selon lui, l'inconscient est un « fantôme mythologique », incompatible avec la liberté de l'esprit. Admettre son existence est à la fois une erreur théorique et une faute morale. Une erreur théorique car il est absurde de dire qu'il existe des pensées auxquelles on ne pense pas : toute pensée requiert un sujet qui les pense. Une faute morale car, comme pour Sartre, le recours à l'inconscient revient à nous déresponsabiliser, à excuser toutes nos inconduites (« C'est plus fort que moi »).

■ Le seul inconscient qui existe, pour Alain, c'est le corps, qu'il considère avec Descartes comme une machine : les mécanismes corporels sont certes inconscients, mais c'est parce qu'en eux il n'y a aucune pensée. Il est absurde et dangereux d'affirmer l'existence de pensées inconscientes.

II Levinas : l'inconscient dépossède le sujet

■ Levinas soutient que l'existence humaine est liberté et responsabilité morale envers l'autre. Il reproche aux sciences humaines, en particulier à la psychanalyse et à la sociologie, de confisquer le sens du discours en prétendant interpréter le « vrai » sens caché à la conscience du locuteur.

■ Ceux qu'on a appelés les philosophes du soupçon (Marx, Nietzsche et Freud) soutiennent en effet que la conscience est aliénée par des illusions et que seuls des interprètes peuvent révéler le sens caché de ses croyances. Ces interprètes acquièrent de ce fait un pouvoir de vérité.

■ Pour Levinas, l'inconscient freudien réduit l'homme à être le produit de son passé. L'homme devient dès lors un objet de connaissance scientifique, et donc une chose aliénée, fermée sur elle-même. Au contraire, l'homme se libère dans le souci de l'autre, non dans le repli sur soi et ses besoins égoïstes.

II Popper : la psychanalyse est une fausse science

- Popper adresse une **critique épistémologique** à la théorie freudienne : c'est une fausse science, car tous les cas, même contradictoires, sont toujours vérifiés par la même hypothèse de l'inconscient. Qu'un patient guérisse ou non à la fin d'une cure, on peut toujours expliquer ces deux issues contraires par des mécanismes inconscients. La psychanalyse n'est donc pas « falsifiable » ou réfutable.

- Popper distingue les vraies et les fausses sciences au moyen du critère de « **falsifiabilité** ». Les vraies sciences doivent pouvoir être réfutées → FICHE 39. Les fausses sciences, comme l'astrologie, le marxisme ou la psychanalyse, sont quant à elles toujours vérifiées : que la révolution ait ou non lieu, que le patient soit ou non guéri. Ce sont plus des « **visions du monde** » que des sciences.

MOT-CLÉ

La **falsifiabilité**, ou réfutabilité, est la possibilité dans une théorie scientifique d'imaginer une expérience cruciale où la théorie serait réfutée. Ce critère s'oppose à la conception inductive qui veut qu'une science ne soit qu'une accumulation d'expériences vérifiées.

zoOm

L'inconscient et le surréalisme

- Dans les années 1920, le mouvement surréaliste s'inspire largement de la psychanalyse.
- André Breton s'exerce à l'écriture automatique censée lever la censure du conscient. Luis Buñuel au cinéma, Salvador Dali en peinture, s'inspirent des images oniriques et défient les règles de la logique et de la bienséance.
- L'art prétend ici, comme le rêve, trouver la voie de l'inconscient par le dérèglement des mécanismes conscients.

Salvador Dali, *La Girafe en feu*, 1937.

SE TESTER QUIZ

Vérifiez que vous avez bien compris les points clés des **fiches 16 à 18.**

1 Peut-on connaître l'inconscient ?

→ FICHE 16

1. Quelle est, selon Freud, la « voie royale » vers l'inconscient ?

☐ **a.** la conscience ☐ **b.** le rêve ☐ **c.** les petites perceptions

2. Pourquoi les pulsions inconscientes sont-elles refoulées ?

☐ **a.** parce qu'elles sont contraires à la morale

☐ **b.** parce qu'elles sont trop violentes

☐ **c.** parce qu'elles sont irréalistes

3. Comment Leibniz appelle-t-il l'activité sensible qui échappe à la conscience ?

☐ **a.** le subconscient ☐ **b.** les petites perceptions

☐ **c.** l'habitude

2 L'inconscient ruine-t-il la morale ?

→ FICHE 17

1. Parmi les affirmations suivantes, lesquelles sont vraies ?

☐ **a.** Sartre soutient que l'inconscient est une forme de « mauvaise foi ».

☐ **b.** La psychanalyse tente de nous libérer des maladies mentales.

☐ **c.** La censure, pour Freud, nous interdit de penser librement.

2. Pourquoi reproche-t-on à l'inconscient de nier la liberté ?

☐ **a.** parce qu'il détermine notre conscience et nos actes

☐ **b.** parce qu'il déforme nos rêves

☐ **c.** parce qu'il provoque des maladies mentales

3 Quelles objections à l'inconscient ?

→ FICHE 18

1. Quand Alain affirme que l'inconscient c'est le corps, de quel philosophe s'inspire-t-il ?

☐ **a.** Husserl ☐ **b.** Descartes ☐ **c.** Nietzsche

2. Pourquoi Levinas reproche-t-il à la psychanalyse de déposséder le sujet ?

☐ **a.** parce qu'elle rend le moi étranger à lui-même

☐ **b.** parce qu'elle lui vole son âme

☐ **c.** parce que le sujet ne sait pas vraiment ce qu'il dit

3. Pourquoi Popper reproche-t-il à la psychanalyse d'être infalsifiable ?

☐ **a.** parce que l'hypothèse de l'inconscient explique tout et son contraire

☐ **b.** parce que la psychanalyse prétend prédire l'avenir

☐ **c.** parce qu'on ne peut pas réfuter l'inconscient

S'ENTRAÎNER

4 Réviser le cours en 8 questions flash

1. Par quels signes sait-on que l'inconscient existe ?
2. Comment la psychanalyse prétend-elle guérir ?
3. Qu'est-ce qu'un symptôme ?
4. Qu'est-ce que le « surmoi » chez Freud ?
5. En quoi la psychanalyse peut-elle choquer la morale ?
6. En quoi l'inconscient semble-t-il contredire la liberté ?
7. Quelles sont les trois grandes blessures narcissiques de l'humanité, selon Freud ?
8. Pour Freud, la psychanalyse est-elle une science ou une médecine ?

Méthode

Mobiliser des références philosophiques

Utilisez bien vos références

- Les références ne sont pas « décoratives ». Elles viennent renforcer un argument et elles doivent être rares. Elles sont en rapport indispensable avec la notion traitée : Freud pour l'inconscient, Kant pour le devoir etc. Elles sont ce qu'on peut appeler des « **incontournables** ».
- Une référence n'est **jamais un argument d'autorité** ! Elle vient compléter un argument, non le remplacer. Ne dites pas : « L'inconscient détermine nos pensées », mais plutôt : « Certaines de nos pensées paraissent involontaires. L'hypothèse de l'inconscient peut aider à le comprendre. »
- Une référence ne vaut pas pour elle-même, elle doit être **commentée et expliquée** avec vos propres mots, pour montrer qu'elle est bien comprise : « À travers cette idée, l'auteur veut dire que… »

Variez les types de références

- **Un auteur** : la référence peut être allusive : « Comme le soutient Spinoza… » ; ou plus précise : « Comme l'affirme Spinoza au livre I de l'*Éthique*… ». Plus la référence est précise, mieux c'est.
- **Une doctrine** : par exemple, « La psychanalyse met en cause l'autonomie de la conscience et la liberté du sujet » ; ou bien : « Le stoïcisme propose un idéal de sagesse. »
- **Une notion ou un repère** : par exemple, « La substance est une réalité qui existe par elle-même » ; ou bien : « Un phénomène est une apparence par laquelle une chose se manifeste aux sens. »
- **Une citation** : elle doit être exacte et, si possible, accompagnée de la mention du livre dont elle est extraite. Une citation ne vaut que si elle est expliquée et reliée à l'argument qu'elle prolonge.

5 Choisir une référence philosophique pertinente

Sujet : L'inconscient permet-il autant que la conscience de définir l'homme ?

Quel auteur réfute cette hypothèse ?

☐ **a.** Aristote, pour qui l'intelligence et la connaissance sont la finalité parfaite de l'homme

☐ **b.** Nietzsche, pour qui notre conscience obéit à la volonté de puissance

☐ **c.** Freud, qui pense que, par la conscience, l'inconscient peut se réaliser partiellement

CONSEIL
Toute dissertation implique débat et opposition de thèses. Choisissez une référence par position, par exemple une citation pour la thèse (pour), une autre pour l'antithèse (contre).

6 Exploiter une référence philosophique

Sujet : L'hypothèse de l'inconscient rend-elle l'homme irresponsable ?

1. Quelles citations confirment cette hypothèse ?

☐ **a.** « Je est un autre » (Rimbaud).

☐ **b.** « Une pensée vient quand elle veut et non quand je veux » (Nietzsche).

☐ **c.** « Le moi n'est pas maître dans sa propre maison » (Freud).

2. Rédigez en quelques lignes l'explication de la citation de Freud.

OBJECTIF BAC

7 Explication de texte • Freud, *L'interprétation des rêves*

4 h

Dans ce texte, l'auteur défend l'intérêt scientifique de l'interprétation des rêves.

LE SUJET

Les pensées du rêve et le contenu du rêve nous apparaissent comme deux exposés des mêmes faits en deux langues différentes : ou mieux, le contenu du rêve nous apparaît comme une transcription des pensées du rêve, dans un autre mode d'expression, dont nous ne pourrons connaître les signes et les règles que quand nous aurons comparé la traduction et l'original. Nous comprenons les pensées du rêve d'une manière immédiate dès qu'elles nous apparaissent. Le contenu du rêve nous est donné sous forme de hiéroglyphes, dont les signes doivent être successivement traduits dans la langue des pensées du rêve. On se trompera évidemment si on veut lire ces signes comme des images et non selon leur signification conventionnelle. Supposons que je regarde un rébus : il représente une maison sur le toit de laquelle on voit un canot, puis une lettre isolée, un personnage sans tête qui court, etc. Je pourrais déclarer que ni cet ensemble, ni ses diverses parties n'ont de sens. Un canot ne doit pas se trouver sur le toit d'une maison et une personne qui n'a pas de tête ne peut pas courir.

Je ne jugerai exactement le rébus que lorsque je renoncerai à apprécier ainsi le tout et les parties, mais m'efforcerai de remplacer chaque image par une syllabe ou par un mot qui, pour une raison quelconque, peut être représenté par cette image. Ainsi réunis, les mots ne seront plus dépourvus de sens, mais pourront former quelque belle et profonde parole. Le rêve est un rébus, nos prédécesseurs ont commis la faute de vouloir l'interpréter en tant que dessin. C'est pourquoi il leur a paru absurde et sans valeur.

Sigmund Freud, *L'interprétation des rêves*, 1900, trad. I. Meyerson

▸▸▸ LA FEUILLE DE ROUTE

→ *Reportez-vous à la méthode générale de l'explication de texte p. 308.*

Étape 1 Repérer le thème et la thèse du texte

- Cet extrait traite-t-il des névroses ou du sens du rêve ?
- Quelle est la question à laquelle il répond ? Est-ce : peut-on distinguer le rêve et la réalité ? Ou : les rêves sont-ils absurdes ?
- Quelle réponse apporte Freud à cette question ?

Étape 2 Dégager la problématique et les enjeux du texte

- Quelle est l'utilisation que l'on doit faire du rêve ? Peut-on s'en souvenir ?
- Comprendre le sens d'un rêve relève-t-il d'une curiosité gratuite ou cela a-t-il des effets sur la vie humaine ? Cela n'encourage-t-il pas la superstition ?

Étape 3 Identifier les étapes de l'argumentation

1 Les deux langues du rêve (l. 1 à 6)

- Expliquez la distinction entre contenu et pensées du rêve.
- Comment l'auteur appelle-t-il d'une part ce dont nous avons conscience dans le rêve, d'autre part le niveau inconscient ?

2 Le déchiffrement (l. 6 à 8)

- Expliquez les images de la traduction, des hiéroglyphes, du rébus.
- De quelles activités langagières relèvent ces images et quel est leur point commun ?

3 L'erreur des prédécesseurs (l. 8 à 20)

- Expliquez la conclusion et le reproche fait aux prédécesseurs.
- Pourquoi interpréter le rêve comme un dessin est une erreur ?

Étape 4 Rédiger l'explication → CORRIGÉ P. 114

CORRIGÉS

SE TESTER QUIZ

1 Peut-on connaître l'inconscient ?

1. Réponse b. Le rêve est le meilleur moyen de comprendre l'inconscient, car son interprétation dévoile les désirs inconscients et les mécanismes de déformation.
2. Réponse a. La plupart des désirs inconscients sont censurés et refoulés, car ils sont contraires à la morale, comme dans le cas du désir incestueux.
3. Réponse b. Les petites perceptions inconscientes (de chaque vague, par exemple) composent de grosses perceptions (le bruit de la mer) dont nous avons conscience.

2 L'inconscient ruine-t-il la morale ?

1. Réponses a et b.
La réponse **a** est vraie. Pour Sartre, la mauvaise foi consiste à se chercher des excuses, en disant par exemple : « Ce n'est pas de ma faute, c'est l'inconscient… »
La réponse **b** est vraie, dans la mesure où la psychanalyse est avant tout une thérapie visant à soigner les maladies psychiques.
La réponse **c** est fausse. En effet, la censure empêche l'inconscient d'envahir la conscience pour lui permettre justement de penser librement.
2. Réponse a. L'inconscient détermine la conscience et lui apporte toute son énergie pulsionnelle. Ce déterminisme nie la liberté entendue comme libre arbitre, mais non la liberté au sens spinoziste de connaissance de la nécessité.

3 Quelles objections à l'inconscient ?

1. Réponse b. Alain, en disciple de Descartes, considère que toute pensée est nécessairement consciente et que seuls les mécanismes corporels sont inconscients.
2. Réponses a et c. Pour Levinas, en affirmant, comme le fait Freud, que le moi est étranger dans sa propre maison, le psychanalyste nous rend incompréhensibles à nous-mêmes et dépendants d'interprètes censés détenir le vrai sens de nos paroles et de nos actes.
3. Réponses a et c. Pour Popper, la psychanalyse ne permet pas de distinguer le vrai du faux dans la mesure où elle explique également par l'inconscient des phénomènes contraires. On ne peut donc pas la réfuter par une expérience cruciale.

CITATION

« La liberté consiste à savoir que la liberté est en péril » (Levinas, *Totalité et infini*).

S'ENTRAÎNER

4 Réviser le cours en 8 questions flash

1. On connaît l'inconscient par ses effets déformés et irrationnels, comme le rêve, le lapsus, l'acte manqué, le délire ou la manie, qui échappent à la volonté consciente.

2. La psychanalyse prétend guérir en remontant des symptômes aux causes inconscientes, grâce à l'interprétation des rêves et des paroles du patient qui prend ainsi conscience du traumatisme.

3. Un symptôme est un signe visible d'une maladie cachée. Il est interprété par un médecin qui doit identifier la maladie pour trouver le remède.

4. Freud appelle « surmoi », dans sa seconde topique, l'instance inconsciente qui intériorise les normes et les interdits de sorte à refouler les désirs inconscients immoraux.

5. La psychanalyse choque la morale en affirmant que, même chez l'enfant, nos volontés conscientes dissimulent, par la **sublimation**, des désirs scandaleux, comme celui de l'inceste ou du meurtre du père.

6. L'inconscient détermine nos pensées et nos actes. Nous sommes donc aliénés à des causes qui nous échappent, ce qui rend notre liberté illusoire.

7. La fin du géocentrisme, avec Copernic ; la théorie de l'évolution des espèces, de Darwin ; et la psychanalyse de Freud. Ces trois découvertes « blessent » l'illusion de l'homme d'être le centre du monde.

8. Pour Freud, la psychanalyse est d'abord une médecine, mais l'hypothèse de l'inconscient a une valeur scientifique prouvée par les cas de guérison.

> **À NOTER**
> La **sublimation** est la transformation d'un désir honteux en activité noble, acceptable socialement. Par exemple, l'énergie sexuelle peut être « sublimée » en création artistique.

5 Choisir une référence philosophique pertinente

Réponse a.

La réponse a est vraie. Chez Aristote, on ne trouve aucune trace d'inconscient. La perfection humaine se situe dans l'intelligence consciente.

La réponse b est fausse. En effet, Nietzsche nie totalement la lucidité de la conscience. La volonté de puissance, chez Nietzsche, désigne des forces inconscientes qui nous dirigent à notre insu pour accroître notre puissance de vivre.

La réponse c est fausse. Freud définit l'homme autant par l'inconscient que par la conscience.

6 Exploiter une référence philosophique

1. Réponses b et c.

La réponse a est trop vague et ne concerne pas forcément l'inconscient.

La réponse b est juste, car l'irresponsabilité résultant de l'inconscient peut se référer à la citation de Nietzsche, qui dit l'impuissance du moi conscient.

La réponse c est juste également, pour la même raison que celle de Nietzsche.

2. Dans la tradition rationaliste et cartésienne, le cogito, le « je pense » conscient, contrôle nos pensées et nos actes. Il en est responsable, car il est considéré comme « maître chez soi ».
Avec l'inconscient freudien, le moi conscient voit sa maîtrise devenir illusoire, puisqu'il est agi par des pulsions qui lui échappent. Cette prise de contrôle par un étranger souterrain déstabilise le moi, qui perd le contrôle de soi à travers le rêve, le lapsus ou l'acte manqué. Il a alors le sentiment, comme le dit Freud, de « n'être pas maître dans sa propre maison ». Cette image suggère un renversement de domination, comme si des domestiques prenaient le pouvoir sur leur maître. Ainsi, le moi perd son pouvoir sur soi et sa responsabilité, puisqu'il n'est plus l'auteur véritable de ses actes.

OBJECTIF BAC

7 Explication de texte • Freud, *L'interprétation des rêves*

Introduction

[thèse] Dans ce texte, tiré de *L'interprétation des rêves* publiée en 1900, Freud explique pourquoi il soutient que le rêve est la voie royale pour connaître l'inconscient. Il fait du rêve le moyen principal de sa nouvelle science, la psychanalyse.
[problématique] Le rêve nous paraît souvent absurde, bizarre, incompréhensible, car il méprise les règles logiques de la réalité. Comme le rébus, il présente une succession d'images incohérentes, à l'instar des montages de peintres surréalistes, tels que Dali ou Magritte. Pourtant Freud soutient que le rêve a un sens, mais un sens caché et déguisé qu'il faut interpréter en traduisant les images apparentes pour retrouver les pensées cachées.
[enjeux] À travers l'interprétation des rêves, l'auteur défend une approche scientifique du psychisme humain, qui doit trouver un sens logique dans des comportements qui semblent absurdes. Outre la portée thérapeutique de certains troubles, cette conception s'oppose à la tradition rationaliste qui soutient la maîtrise consciente de soi.

I Les deux langues du rêve

1 Le contenu et les pensées

- L'hypothèse est que le « contenu » apparent du rêve, absurde et incohérent, n'est qu'une ruse : c'est la langue autorisée pour dire des choses interdites et refoulées. Le « contenu » désigne ici ce que Freud appelle ailleurs le « contenu manifeste ».
- Les « pensées du rêve » désignent quant à elles le contenu appelé « latent » du rêve, c'est-à-dire les désirs cachés qui ne peuvent pas s'exprimer directement et se déguisent dans le rêve manifeste.

2 Deux expressions d'une même réalité

Les pensées latentes et le contenu manifeste sont donc les deux expressions d'une même réalité, d'un même contenu de sens, qui est la satisfaction de désirs inconscients. Il faut donc traduire la langue manifeste en langue latente, trouver les désirs cachés derrière les images apparentes.

II Le déchiffrement

1 La traduction

Elle se fait **dans les deux sens** : les pensées inconscientes se traduisent en signes et en images conscients pour franchir la **censure** qui est en veille durant notre sommeil, donc plus facile à tromper.

> **MOT-CLÉ**
> Contrairement à la censure de la presse, cette **censure de l'inconscient** est elle-même inconsciente.

2 Les hiéroglyphes

- Le signe entretient un rapport arbitraire avec la chose : il n'y a aucune ressemblance entre le mot « mouton » et l'animal. Le hiéroglyphe n'est donc pas un simple signe, mais bien plutôt un **symbole**, car il ressemble à l'objet désigné – comme la balance qui est le symbole de la justice.
- Les hiéroglyphes sont des **images** qui symbolisent et représentent des choses. Il y a un hiéroglyphe pour l'oiseau, un autre pour l'homme.
- Le rêve nous donne des images symboliques que nous devons déchiffrer. Par exemple, rêver de parapluie ou de poteau électrique cache des pensées érotiques en lien avec le sexe masculin.

3 Le rébus

- L'image du rébus insiste sur l'apparente suite incohérente du rêve, qui juxtapose des signes sans rapport directement lisible. En réalité, le rêve, comme le rébus, est une suite de symboles qui, une fois déchiffrée, livre **un récit « logique »** autour de la manifestation d'un désir refoulé.
- L'auteur livre un exemple de rébus : un canot sur un toit de maison, un homme qui court sans tête, une lettre. Cette composition semble absurde, juxtaposant des signes et des images sans aucun lien apparent. C'est le principe même du rébus qui suppose un sens caché. C'est ce que Freud appelle le « travail du rêve », qui consiste à **exprimer un désir caché derrière un récit incohérent**.
- À l'inverse, le travail de la psychanalyse est de **traduire ces images en mots** et d'en tirer une phrase qui ait un sens. Cette traduction s'appuie sur le déchiffrement des symboles (que peut signifier un canot ou un homme qui court sans tête ?) et sur le contexte (le vécu ou la mémoire du rêveur) qui propose des liens entre ces symboles.

III L'erreur des prédécesseurs

1 Une surface absurde

Freud reproche à ceux qui l'ont précédé de **ne pas avoir voulu voir au-delà du contenu manifeste du rêve** qui paraît absurde. Ils en sont restés à la surface absurde (le « dessin »), car ils n'avaient pas l'hypothèse de l'inconscient qui donne la clé de l'origine et de l'interprétation des rêves.

2 Une interprétation rationnelle

D'autres ont trouvé un sens aux rêves, en les interprétant comme des prédictions. C'est l'interprétation magique ou superstitieuse, qui faisait des rêves des signes envoyés par les dieux ou par Dieu dans notre sommeil. Freud n'en parle pas ici, mais son interprétation se veut rationnelle, **fondée sur le retour du refoulé passé**, et non sur le fait de deviner l'avenir.

Conclusion

Avec l'interprétation des rêves, Freud relève le défi d'une approche scientifique et rationnelle de l'un des phénomènes les plus mystérieux du psychisme humain. On a vu la fonction anticipatrice attribuée au rêve. Le rêve symbolise aussi l'illusion et la difficulté à distinguer songe et réalité, grand thème baroque. Enfin, son apparence absurde est, avec la folie, le plus grand défi opposé à la raison. En proposant une traduction logique des rêves, Freud nous oblige à reconnaître la part cachée de notre psychisme, et sa puissance, tout en donnant une sorte de revanche à la raison, capable de trouver le sens caché, donc de comprendre finalement ce qui lui échappe en principe.

7 La justice

La notion de justice climatique pose le problème de l'égalité des hommes devant leurs conditions de vie et la qualité de leur environnement. Existe-t-il un devoir de préserver la nature ?

MÉMO VISUEL

DÉFINITIONS CLÉS

Justice (sens 1)

Caractère de ce qui est juste par conformité :
1. au droit positif particulier d'une communauté (légalité) ;
2. à un idéal universel d'ordre et d'égalité (légitimité).

Justice (sens 2)

Pouvoir judiciaire. Ensemble des institutions qui font appliquer le droit positif et sanctionnent sa transgression.

LA

La justice est-elle toujours une affaire d'intérêts ?
(→ p. 120)

Les repères utiles
universel/général/particulier/singulier → p. 319

La réponse de Montesquieu

La justice ne doit profiter à aucun citoyen plus qu'à un autre : celle-ci doit être indépendante. C'est le principe de séparation des pouvoirs.

« Pour qu'on ne puisse abuser du pouvoir, il faut que par la disposition des choses le pouvoir arrête le pouvoir. »

La réponse de Nietzsche

Il n'y a de justice que dans la loi, indifféremment de l'intérêt des particuliers.

Toutes les inégalités sont-elles des injustices ? (→ p. 122)

Les repères utiles
en fait/en droit → p. 313

La réponse de Calliclès

Les faibles tentent injustement de dominer les forts en les soumettant à la loi : il faut en réalité se conformer aux inégalités instituées par la nature.

La réponse de Rawls

Les différences de traitement doivent conduire à l'égalité des chances pour être justes.

JUSTICE

La justice peut-elle être injuste ? (→ p. 124)

Les repères utiles
légal/légitime → p. 315

La réponse de Hegel

Même lorsqu'elle punit, la justice n'est pas injuste : elle présuppose la liberté et la conscience des hommes.

« Le châtiment fait honneur au criminel. »

La réponse de Thoreau

Lorsque la loi est injuste, il est de notre devoir de désobéir. Le droit positif n'est pas toujours conforme au principe universel de justice.

19 La justice est-elle toujours une affaire d'intérêts ?

En bref *La justice est à la fois une institution politique et un idéal, selon lequel chacun obtient ce qu'il mérite. Mais la justice peut-elle encore être juste si elle défend des intérêts?*

I La nécessité de l'impartialité et de l'indépendance

- Lorsque nous souhaitons que justice soit faite, nous exigeons que l'affaire soit tranchée par une instance extérieure qui n'a intérêt à favoriser personne. On dit d'ailleurs qu'il ne faut pas être « à la fois juge et partie », c'est-à-dire être engagé dans un procès dans lequel on endosse pour soi-même la position de juge.
- Nous supposons que les sentiments et les intérêts particuliers sont susceptibles de nuire à la justice : ils affecteraient notre clairvoyance et nous inclineraient tantôt à la clémence tantôt à la sévérité, sans que cela soit nécessairement fondé en raison.
- Dans *De l'esprit des lois*, Montesquieu montre que c'est la séparation des pouvoirs qui constitue le fondement de la démocratie. Cette séparation garantit l'indépendance de la justice.
- Si le pouvoir exécutif pouvait interférer dans les décisions de justice, alors il ne serait plus possible de contrôler l'action publique, qui serait toujours au-dessus des lois. Les hommes politiques pourraient faire de la justice l'instrument de préservation de leur propre intérêt et non le principe du bien commun.

À NOTER

- Le **pouvoir législatif** est détenu par le peuple qui vote la loi par l'intermédiaire de ses représentants.
- Le **pouvoir exécutif** est détenu par le gouvernement qui met en œuvre l'exécution des lois.
- Le **pouvoir judiciaire** est détenu par les juges qui sanctionnent le non-respect de la loi.

II La justice défend l'intérêt de la communauté politique

La justice n'est pas indifférente à la notion d'intérêt : elle a une utilité et une fonction. Elle défend l'intérêt de la communauté et non pas celui de quelques-uns de ses membres.

1 Il faut dépasser le point de vue particulier

- Nietzsche, dans la *Généalogie de la morale*, étudie le développement des systèmes de justice. Il explique que la justice a dû s'élever au-dessus des passions qui aliènent l'homme, à l'image du ressentiment. Il s'agit d'une passion réactive : elle ne se détermine que contre quelque chose qui a déjà été commis. Au contraire, Nietzsche invite l'homme à déployer des forces actives : elles s'affirment sans nier ce qui est.

MOT-CLÉ

Le **ressentiment** est une forme de rancune, qui se rapporte à un acte commis par un autre et sur lequel le sujet n'a plus de prise : on se contente de déplorer et de souffrir de ce que l'on ne peut plus changer.

■ L'institution de la loi permet de se détourner du simple sentiment d'injustice et transforme toute offense en **crime contre la justice elle-même**, et non plus contre un particulier. Comme l'écrit Nietzsche : « Après l'établissement de la loi, [la justice] considère toute infraction et tout acte arbitraire, individuel ou collectif, comme crime contre la loi, comme rébellion contre elle-même, et détourne ainsi l'attention des sujets du dommage immédiat causé par ces crimes. »

■ C'est donc la loi qui nous permet de considérer les méfaits de manière « plus impersonnelle » et de nous départir du ressentiment. La justice ne repose sur aucune détermination passionnelle : elle est simplement ce que la loi énonce.

2 La justice n'a en vue que l'intérêt général

■ Il faut distinguer strictement la justice de la vengeance. Lorsque le juge rend son verdict, il ne venge pas la victime : il se contente de **protéger la société** tout entière des agissements du délinquant ou du criminel. C'est au nom de la communauté qu'il peut exiger la réparation d'un dommage ou la condamnation d'un citoyen.

■ C'est pour cette raison que les peines attribuées à ceux qui ne respectent pas la loi dépendent de la **gravité du tort commis**, mais aussi de leur **propension à récidiver**, c'est-à-dire de la menace future qu'ils représentent pour la société.

zoOm

10e chambre : au cœur de la justice

Raymond Depardon, *10e chambre*, 2004.

■ Raymond Depardon montre la justice en train de se faire : il est autorisé en 2003 à filmer les audiences de la 10e chambre correctionnelle de Paris. Conduite en état d'ivresse, harcèlement, violences : le documentaire dresse le portrait de douze hommes et femmes qui tentent de se défendre en usant de stratégies argumentatives diverses.

■ C'est le travail du juge qui est ici central : écouter sans se laisser aller au sentiment, pour garantir l'impartialité de la justice.

20 Toutes les inégalités sont-elles des injustices ?

En bref *On peut penser que la loi implique la stricte égalité de traitement entre les citoyens : c'est ce qui garantirait le fonctionnement de la justice. Mais n'est-il pas juste de traiter aussi chacun selon son mérite ou ses besoins ?*

I Les inégalités naturelles ne semblent pas être des injustices

■ Le constat selon lequel certains semblent bien lotis par la naissance peut nous scandaliser : certains sont plus vifs, d'autres plus forts, certains pourvus de talents et d'autres non. Mais ne faut-il pas plutôt reconnaître qu'il existe nécessairement des inégalités ? Que les hommes ne sont pas égaux par nature ?

■ Dans le *Gorgias* de Platon, le sophiste Calliclès soutient que l'injustice est ce qui fait violence à l'ordre de la nature. En empêchant les plus forts d'exprimer leur force, la loi défend l'intérêt des plus faibles et contrevient à la domination des forts sur les faibles.

■ Si l'on considère comme Calliclès que la justice est « une institution de la nature », il n'y a plus de différence entre le droit et le fait : tout ce que la nature permet devient juste et légitime. Si je peux voler, tuer, commander, c'est que la nature m'y autorise parce qu'elle m'a pourvu des attributs nécessaires et qu'elle en a privé les autres. Ce ne sont pas les inégalités qui constitueraient ainsi une injustice mais l'égalité imposée par le droit : la loi ne doit pas se substituer à la nature. Le droit du plus fort doit l'emporter.

CITATION

« [Calliclès] À consulter la nature, [...] les bœufs et tous les autres biens des faibles et des petits appartiennent de droit au plus fort et au meilleur » (Platon, *Gorgias*).

II Il est toutefois juste de lutter contre les inégalités

1 L'insuffisance du droit du plus fort

■ Comment être certain que c'est bien la nature qui s'exprime, et non pas les structures de notre communauté politique et sociale ? Si certains sont plus riches, est-ce seulement parce qu'ils le méritent ? Ou bien parce qu'ils ont disposé, par la naissance ou par la chance, des moyens de s'enrichir plus que les autres ?

■ L'homme a en propre sa capacité à penser et à critiquer les valeurs sur lesquelles est fondée la société. Celle-ci est dynamique et non pas statique : elle n'est pas commandée par l'instinct naturel. Il nous revient donc d'établir par nous-mêmes ce qui paraît bon et juste. Nous ne pouvons nous satisfaire des inégalités qui ne seraient justifiées que par la nature.

2 | Il faut travailler à réduire les inégalités

Marx explique que les inégalités sociales n'ont pas pour origine des différences de mérite mais simplement des **différences sociales**. Les hommes qui naissent en possédant le capital, c'est-à-dire qui ont la propriété des moyens de production, s'enrichissent au détriment des autres. Or ces inégalités ne sont pas légitimes. Il faut dès lors réclamer l'égalité réelle entre les individus.

III L'équité peut constituer une juste inégalité

- Il faut distinguer la stricte égalité de l'équité : l'égalité consiste à donner la même chose à chacun, l'équité implique de **traiter les citoyens différemment**, justement en vue de leur égalité. Cela implique de reconnaître que tous n'occupent pas la même position sociale. C'est le but des mécanismes de redistribution des richesses par exemple.
- John Rawls explique que les inégalités de traitement économiques et sociales doivent **bénéficier aux plus désavantagés** pour être justes. Il ne s'agit pas de modifier ou de compenser les différences naturelles, mais plutôt de donner à chacun la chance de ne pas subir sa situation sociale, c'est-à-dire de pouvoir exprimer ses mérites.

zoOm

Simone de Beauvoir : à l'épreuve des inégalités de genre

Simone de Beauvoir, en 1953.

- Comme l'affirme Simone de Beauvoir, «on ne naît pas femme : on le devient» (*Le deuxième sexe*).
- Cette affirmation, étendard des luttes féministes, montre que les inégalités de genre ne sont pas naturelles mais socialement construites. L'assignation des femmes aux tâches ménagères ou les inégalités salariales n'ont rien de légitime en elles-mêmes : elles supposent que le travail d'une femme vaut moins que celui d'un homme. Or cette représentation n'est pas fondée en raison et repose seulement sur des préjugés de genre.

21 La justice peut-elle être injuste ?

En bref *Comment fonder la légitimité de la justice? Faut-il toujours obéir à la loi même lorsque celle-ci nous semble injuste?*

I Les deux fondements de la justice : droit positif et droit naturel

■ Il faut distinguer le droit **positif**, qui désigne l'ensemble des lois d'une communauté politique, du droit naturel. Ce dernier repose sur les normes et les valeurs idéales propres à la nature de l'homme, indépendamment de toute détermination temporelle ou spatiale. En ce sens, le droit naturel est universel (il est le même pour tous les hommes), tandis que le droit positif est particulier (il ne vaut que pour une communauté déterminée).

À NOTER
Le terme **positif** n'a pas ici de valeur morale : le droit positif n'est pas le bon droit par opposition à un droit nuisible. Cela signifie seulement qu'il a été posé, c'est-à-dire institué, et donc qu'il ne vaut que pour les membres d'une communauté donnée.

■ L'enjeu est alors de savoir si le droit positif est toujours conforme aux règles du droit naturel. Si la coïncidence est parfaite, alors il n'est pas possible que l'institution judiciaire soit injuste : en faisant appliquer le droit positif, elle ne contreviendrait jamais au droit naturel. Mais si au contraire certaines lois ne respectent pas le bien commun, comment la justice pourrait-elle encore être juste ?

■ Il ne faut donc pas confondre la légalité et la légitimité. Ce qui est injuste du point de vue du droit positif ne l'est pas toujours du point de vue de la morale.

II L'institution judiciaire doit aider à bien agir

1 La loi nous guide dans la connaissance du juste

■ Les règles du droit définissent ce qui est permis et défendu, en sorte de permettre à chaque citoyen d'exercer sa liberté sans entraver les autres. En ce sens, la loi doit instituer les règles permettant à la société de vivre en harmonie.

■ Étymologiquement, le terme « droit » vient du latin *rectus*, nous renvoyant à la rectitude, c'est-à-dire à l'honnêteté et au bien. Alors que nous serions enclins à agir égoïstement en négligeant autrui, la loi nous aide à savoir ce qui est juste.

2 Punir rend justice à la liberté du citoyen

■ Lorsque le citoyen transgresse la loi, il est puni par la justice qui le condamne au nom de la société. Hegel explique que « le châtiment fait honneur au criminel ». La punition n'a donc rien d'une injustice ! Elle invite l'homme à réfléchir au sens et aux conséquences de son action.

- Si l'on considérait que l'homme ne pouvait ni changer ni penser par lui-même, les punitions ou les récompenses seraient privées de signification et de légitimité. L'exercice de la justice repose sur la reconnaissance du citoyen comme **conscience libre** capable de se représenter le bien et le mal.

III Mais elle ne peut être juste si la loi est injuste

- Nous l'avons vu, ce qui est légal n'est pas toujours légitime. Certaines lois sont injustes parce qu'elles instituent des différences de traitement fondées non pas sur le mérite des citoyens, mais, par exemple, sur des **distinctions de genre, de couleur de peau, etc.** Autrement dit, elles supposent que certains auraient par nature plus de droits et de libertés que d'autres.
- L'institution judiciaire qui ferait appliquer de telles lois ne pourrait alors qu'être injuste. L'homme juste est au contraire celui qui se soustrait à la loi pour refuser de se faire complice de l'injustice. Thoreau invite ainsi le citoyen à ce qu'il appelle la « **désobéissance civile** » : il refusa par exemple de payer ses impôts pour ne pas financer les guerres.

zoOm

Rosa Parks : un exemple de désobéissance civile

Rosa Parks, en 1956.

- Le 1er décembre 1955, dans la ville de Montgomery aux États-Unis, Rosa Parks, couturière noire de quarante-deux ans, refuse de céder sa place à un passager blanc. Elle désobéit ce jour-là aux lois de ségrégation raciale : elle est donc interpellée et emprisonnée.
- Par son geste, Rosa Parks contribue à l'éveil de la conscience politique et sociale : elle désobéit dans le but de rétablir la justice, montrant par là que c'est l'institution qui est injuste. Près d'un an plus tard, la Cour suprême américaine interdit la ségrégation raciale dans les bus.

SE TESTER QUIZ

Vérifiez que vous avez bien compris les points clés des fiches 19 à 21.

1 La justice est-elle toujours une affaire d'intérêts ? → FICHE 19

1. Qu'est-ce que l'impartialité ?

☐ **a.** le fait de ne pas entendre toutes les parties

☐ **b.** le fait de ne pas avoir d'intérêt à l'affaire

☐ **c.** le fait d'être corrompu

2. Pourquoi la justice punit-elle ?

☐ **a.** pour venger la victime

☐ **b.** pour protéger l'intérêt de la société

☐ **c.** pour éviter la récidive

2 Toutes les inégalités sont-elles des injustices ? → FICHE 20

1. Parmi les affirmations suivantes, laquelle est vraie ?

☐ **a.** D'après Calliclès, le droit du plus fort doit l'emporter.

☐ **b.** Les inégalités sont toujours naturelles.

☐ **c.** L'équité exige de donner la même chose à chacun.

2. Complétez le texte avec les mots qui conviennent.

Les hommes ne naissent pas tous .... du point de vue de leur constitution et de leur position sociale. Le philosophe .... montre ainsi que toutes .... de traitement entre les citoyens doivent profiter aux plus ....
Le but est de permettre à chacun de réaliser ses aspirations individuelles quelle que soit sa situation sociale : c'est ce que l'on appelle l'égalité des ....

3 La justice peut-elle être injuste ? → FICHE 21

1. Qu'est-ce que le droit positif ?

☐ **a.** le droit qui permet de défendre le bien, par opposition au droit négatif

☐ **b.** le droit qui est constitué des lois d'une communauté déterminée

☐ **c.** le droit qui repose sur un sentiment inné de justice

2. Qu'est-ce que la désobéissance civile ?

☐ **a.** le fait de désobéir à la loi pour poursuivre son intérêt particulier

☐ **b.** le fait de désobéir à la loi parce qu'on la juge injuste en elle-même

☐ **c.** le fait de ne jamais obéir à la loi

S'ENTRAÎNER

4 Réviser le cours en 8 questions flash

1. Quels sont les deux sens du terme « justice » ?
2. Qu'est-ce que le principe de séparation des pouvoirs ?
3. D'après Nietzsche, pourquoi faut-il lutter contre le ressentiment ?
4. Quelles conditions déterminent l'attribution d'une peine ?
5. Qu'est-ce que le droit du plus fort ?
6. L'équité est-elle étrangère à l'égalité ?
7. Comment distinguer ce qui est légal de ce qui est légitime ?
8. Pourquoi désobéir à la loi ?

5 Construire l'introduction d'une explication de texte

Quand, par suite, la loi pose une règle générale, et que là-dessus survient un cas en dehors de la règle générale, on est alors en droit, là où le législateur a omis de prévoir le cas et a péché par excès de simplification, de corriger l'omission et de se faire l'interprète de ce qu'eût dit le législateur lui-même s'il avait été présent à ce moment, et de ce qu'il aurait porté dans sa loi s'il avait connu le cas en question. De là vient que l'équitable est juste, et qu'il est supérieur à une certaine espèce de juste, non pas supérieur au juste absolu, mais seulement au juste où peut se rencontrer l'erreur due au caractère absolu de la règle. Telle est la nature de l'équitable : c'est d'être un correctif de la loi, là où la loi a manqué de statuer à cause de sa généralité.

Aristote, *Éthique à Nicomaque*, trad. Jules Tricot, 1990

Remplissez le tableau suivant en vous appuyant sur votre lecture :

Le thème du texte	....
La problématique	....
La thèse du texte	....

CONSEIL
Formulez la problématique en sorte qu'apparaisse la difficulté que tente de résoudre Aristote. Vous pouvez utiliser la structure suivante : « Comment… alors même que… ? »

Méthode

Introduire l'explication de texte

- Une attention toute particulière doit être prêtée à la rédaction de l'introduction : elle témoigne de votre **compréhension globale du texte**. Rédigez-la d'abord au brouillon.
- L'introduction doit permettre de souligner le **caractère problématique du texte** : il faut montrer que l'auteur tente d'apporter une solution à un problème précis. Vous devez donc rendre compte de l'architecture argumentative du texte : quelle idée l'auteur veut-il défendre ? Pourquoi cela ne va-t-il pas de soi?
- Pour dégager la problématique, il faut relever **ce que le texte comporte d'étonnant**. S'il n'y avait là qu'une suite d'évidences, l'auteur n'aurait pas pris la peine de l'écrire. Vous ne devez donc pas vous contenter de rapporter ce que vous connaissez éventuellement de l'auteur ou de l'ouvrage. Demandez-vous plutôt quels sont les enjeux de la position spécifique défendue par le texte.
- L'introduction présente dans cet ordre : le thème, le problème du texte, la thèse de l'auteur et le plan de l'argumentation, qui est également le plan de votre explication. Précisez explicitement le découpage du texte en indiquant les lignes.

6 Rédiger l'introduction d'une explication de texte

Rédigez l'introduction à l'explication du texte d'Aristote.

▶ Dans cet extrait de l'*Éthique à Nicomaque*, Aristote cherche à définir l'équité ....

....

....

CONSEIL
Faites des phrases courtes qui expriment très clairement vos idées. Ne laissez subsister aucune ambiguïté quant à votre compréhension de la thèse du texte.

OBJECTIF BAC

7 Dissertation • Suffit-il d'obéir aux lois pour être juste ?

4 h

Le sujet suivant vous invite à rendre compte du rapport entre la loi et la justice. L'obéissance à la loi est-elle une condition suffisante pour garantir la justice ?

LE SUJET

Suffit-il d'obéir aux lois pour être juste ?

▶▶▶ LA FEUILLE DE ROUTE

→ *Reportez-vous à la **méthode générale de la dissertation** p. 306.*

Étape 1 Analyser les termes du sujet

■ Les lois définissent pour une société donnée ce qui est permis et ce qui est interdit, conformément aux valeurs de justice d'une certaine communauté politique. Elles constituent le droit positif qui se distingue du droit naturel.

■ L'obéissance implique la soumission à une autorité : il s'agit de se conformer à une règle d'action déterminée. L'obéissance peut être aveugle ou réfléchie : nous pouvons obéir aux lois sans nécessairement nous interroger sur leur bien-fondé. C'est tout l'enjeu du sujet.

■ Mais que signifie être juste ? Est-ce seulement ne rien commettre d'illégal ? Il faut bien montrer que la justice est une exigence plus large que ce que commande ou interdit la loi : dans les affaires privées par exemple, aucune loi ne peut me dire ce qui est juste, ni me condamner si je trahis un ami ou si je mens à autrui. Autrement dit, ce n'est pas parce qu'une action n'est pas illégale qu'elle est nécessairement légitime.

Étape 2 Dégager la problématique et les enjeux du sujet

■ Spontanément, nous considérons que la loi peut servir de guide sur le chemin de la justice : en respectant le droit, nous tentons de respecter la liberté de chacun pour permettre à tous de vivre en harmonie.

■ Mais il semble aussi que certaines lois n'aient pas été établies en vue du bien commun : elles discriminent injustement certains citoyens. L'homme juste ne peut donc pas obéir aveuglément à la loi.

Étape 3 Élaborer le plan de la dissertation

1 L'obéissance à la loi : gage de justice

- Explicitez le lien entre la loi et la justice.
- Avez-vous déjà eu le sentiment que la loi vous aidait à être juste ? Si oui, dans quelles circonstances ?
- En quoi la punition permet-elle de défendre la société ?

2 Obéir à la loi ne suffit pas à être juste

- Quelles sont les raisons pour lesquelles nous obéissons à la loi ?
- Quelle est la différence entre légalité et légitimité ?
- Citez un cas concret dans lequel vous trouvez que la loi est injuste.

3 Être juste, c'est réfléchir plus qu'obéir

- De quels moyens la société dispose-t-elle pour corriger les imperfections de la loi ?
- Corriger la loi est-il à la portée de l'individu ? Illustrez votre thèse par un exemple précis.

Étape 4 Rédiger la dissertation → CORRIGÉ P. 132

CORRIGÉS

SE TESTER QUIZ

1 La justice est-elle toujours une affaire d'intérêts ?

1. Réponse b. L'impartialité de la justice implique que le juge n'a pas intérêt à favoriser l'une ou l'autre des parties, mais qu'il rend sa décision dans l'intérêt de la communauté au regard de la loi.

2. Réponses b et c. La punition infligée par la justice n'est pas une vengeance : elle n'a pas de dimension passionnelle. Elle veut protéger la société du risque que représente le coupable à l'avenir, en transgressant par exemple la loi à nouveau.

2 Toutes les inégalités sont-elles des injustices ?

1. Réponse a.

La réponse a est vraie. La justice est pour Calliclès l'ordre institué par la nature qui distingue les forts et les faibles.

La réponse b est fausse, car certaines inégalités proviennent de la structure sociale : elles ne sont pas naturelles mais héritées.

La réponse c est fausse : l'équité implique de traiter les hommes différemment en fonction de leurs besoins ou de leurs mérites.

À NOTER

Le sociologue **Bourdieu**, dans son ouvrage *La distinction*, montre que les inégalités sociales sont reproduites au sein des structures sociales. La trajectoire sociale des individus ne dépendrait pas uniquement de leur mérite.

2. Les hommes ne naissent pas tous **égaux** du point de vue de leur constitution et de leur position sociale. Le philosophe **John Rawls** montre ainsi que toutes **les inégalités** de traitement entre les citoyens doivent profiter aux plus **désavantagés**. Le but est de permettre à chacun de réaliser ses aspirations individuelles quelle que soit sa situation sociale : c'est ce que l'on appelle l'égalité des **chances**.

3 La justice peut-elle être injuste ?

1. Réponse b. Le droit *positif* désigne le corpus de lois instituées et donc *posées* au sein d'une société donnée. Il est particulier et non universel.

2. Réponse b. La désobéissance civile ne consiste pas à désobéir parce que la loi est contraire à notre intérêt particulier : elle repose sur un examen critique et rationnel de la loi nous conduisant à penser que celle-ci est injuste pour tous ceux à qui elle s'applique.

S'ENTRAÎNER

4 Réviser le cours en 8 questions flash

1. La justice est à la fois une institution douée du pouvoir judiciaire et un idéal d'ordre et d'égalité qui guide l'action.

2. La séparation des pouvoirs implique de distinguer ceux qui font la loi (législateurs) de ceux qui l'exécutent (gouvernement) et la font respecter (juges). Elle garantit l'indépendance de la justice.
3. Le ressentiment est pour Nietzsche une force réactive qui aliène l'homme : il survient en réaction à un acte qui ne dépend pas de moi et contre lequel je ne peux rien.
4. La peine est proportionnelle au mal commis et dépend de la menace que le coupable représente pour la société.
5. Le droit du plus fort est l'ordre qui résulterait de l'exercice de la violence et de la ruse, sans l'institution de la loi.
6. L'équité consiste à traiter inégalement les citoyens, mais elle a pour but le rétablissement de l'égalité. Elle n'est donc pas contraire à la justice.
7. Ce qui est légal est ce qui est simplement conforme à la loi d'un État déterminé, d'une communauté donnée. Ce qui est légitime est conforme à l'idéal de justice qui transcende les lois particulières.
8. On peut justifier la désobéissance à la loi si elle ne poursuit pas un but égoïste, mais manifeste le refus de se soumettre à une loi injuste : c'est la désobéissance civile.

5 Construire l'introduction d'une explication de texte

Le thème du texte	L'équité
La problématique	Comment l'équité peut-elle être juste alors qu'elle implique de traiter les citoyens différemment ?
La thèse du texte	L'équité n'est pas une injustice : elle empêche au contraire l'injustice que causerait le respect strict de la loi.

6 Rédiger l'introduction d'une explication de texte

Dans cet extrait de l'*Éthique à Nicomaque*, Aristote cherche à définir l'équité et plus précisément le rapport que celle-ci entretient avec la justice. On considère généralement que le traitement juste des citoyens implique la plus stricte égalité : la loi doit s'appliquer à tous sans distinction. Or Aristote suggère ici que l'équité est une forme plus haute de justice dans la mesure où la loi ne peut justement pas garantir l'égalité véritable. Mais comment l'équité peut-elle être juste alors qu'elle implique de traiter les citoyens différemment ? Aristote défend la thèse selon laquelle l'équité n'est pas une injustice. Elle corrige au contraire les insuffisances de la loi.
Il faut d'abord montrer que la loi, puisqu'elle doit valoir pour le plus grand nombre de cas possible, est par nature générale. Si l'on se contente de l'appliquer aveuglément sans s'intéresser à la spécificité de certains cas particuliers, on se rend coupable d'injustice. C'est la raison pour laquelle nous expliquerons ensuite que l'équité vise à établir la justice au regard des conditions d'exercice particulières de la loi. Les distinctions fondées sur l'équité ne favorisent pas certains citoyens au détriment des autres, elles empêchent plutôt que certains ne soient lésés.

OBJECTIF BAC

7 Dissertation • Suffit-il d'obéir aux lois pour être juste ?

Introduction

[accroche]Nous estimons spontanément que celui qui est condamné par la justice est un homme injuste : il a transgressé la loi et, ce faisant, il a manqué au respect qu'il doit à tous les citoyens. **[définition]** De fait les lois, qui constituent le droit positif valant dans une communauté donnée, entendent guider les hommes sur le chemin de l'honnêteté et de la justice. **[annonce du plan]** Contre notre égoïsme, elles feraient valoir ce qui est bon et moral, permettant à chacun d'obtenir ce qu'il mérite. Mais pouvons-nous nous satisfaire d'une obéissance aveugle à la loi ? D'une part, il faut peut-être se méfier de l'idée selon laquelle les lois sont toutes justes et voir que la légalité ne se confond pas toujours avec la légitimité. D'autre part, il faut se demander pourquoi nous obéissons à la loi. Obéir à la loi, est-ce d'abord craindre la sanction et donc être juste malgré soi ? L'homme juste n'est-il pas celui qui réfléchit plutôt en lui-même le sens de la justice ?

I L'obéissance à la loi semble être un gage de justice

1 La loi définit la justice

- La loi est le moyen par lequel le corps social se protège de la violence et de l'égoïsme des hommes, de telle sorte que personne ne soit lésé. En respectant la loi, le citoyen reconnaît à chacun le droit de vivre libre et en sécurité.
- Nietzsche soutient qu'en dehors de la loi, il n'y a rien qui soit juste ou injuste. Dans la nature, nous ne pouvons pas observer de règle ou de loi qui indique ce que peut être la justice humaine. Nous devons nous en tenir au droit positif.

CITATION

« Parler de justice et d'injustice en soi n'a pas de sens, en soi l'infraction, la violation, l'exploitation, la destruction ne peuvent évidemment pas être *injustes*, puisque la vie procède essentiellement, c'est-à-dire dans ses fonctions élémentaires, par infraction, violation, exploitation, destruction » (Nietzsche, *Généalogie de la morale*).

2 Il n'est alors pas injuste de punir celui qui transgresse la loi

En désobéissant à la loi, l'homme se rend coupable d'injustice à l'égard de tous les autres citoyens. C'est en leur nom, et non pas en celui de la victime seule, que le juge, dépositaire du pouvoir judiciaire, le condamne à une peine proportionnelle au tort commis et à la menace qu'il représente pour la société.

[transition] L'obéissance à la loi suffit-elle en elle-même à garantir la justice ? Toutes les lois sont-elles véritablement justes ? Comment expliquer alors les évolutions du droit positif ?

II Obéir à la loi ne suffit pas à être juste

1 Il est possible d'obéir à des lois justes sans être un homme juste

■ C'est l'enseignement que nous pouvons tirer du **mythe de Gygès**, rapporté par Glaucon dans *La République* de Platon. Celui qui obéit à la loi par lâcheté et par crainte de la sanction n'est pas un homme juste!

■ Seule **l'impunité** pourrait permettre de déterminer la juste obéissance à la loi. L'attitude de Gygès montre que les hommes tentent de se soustraire à la loi dès qu'ils ne risquent plus d'être punis – ici grâce à l'anneau d'invisibilité. Cela signifie *a contrario* que seule l'obéissance à la loi par adhésion libre et volontaire témoignerait de la justice de celui qui obéit.

> **À NOTER**
> Gygès était un berger qui vivait dans le respect des lois : chacun pensait de lui qu'il était un homme juste. Mais lorsqu'il découvre par hasard un anneau d'invisibilité, il l'utilise pour voler, puis tuer le roi et prendre sa place. Il institue une tyrannie.

2 Il est parfois juste de désobéir à la loi

■ Ce qui est légal n'est pas toujours légitime : dans ce cas, l'homme juste peut être conduit à désobéir à la loi : c'est la **désobéissance civile**. La transgression de la loi est fondée sur des principes idéaux de justice, appelés droit naturel. En refusant de se rendre complice de l'injustice de la loi, l'homme juste cherche à interpeller le législateur dans le but de faire évoluer le droit positif.

■ Il ne faut toutefois pas se méprendre : la désobéissance civile ne doit pas reposer sur le simple intérêt particulier. Lorsque Rosa Parks refusa de céder sa place à un passager blanc dans un bus de Montgomery, ce n'était pas simplement par plaisir ou par paresse. Elle a pris le risque de se voir arrêtée et emprisonnée pour **défendre un idéal de justice** que bafouaient des lois discriminatoires.

■ La désobéissance à la loi ne s'inscrit donc pas ici dans un simple refus de l'autorité de l'État : elle a une **dimension politique**. Étymologiquement, le terme «politique» vient du grec *politikos*, qui désigne ce qui est relatif au citoyen. La chose politique serait donc par nature l'affaire de tous les citoyens : c'est la raison pour laquelle la désobéissance peut être juste et légitime. Elle vise à penser les valeurs qui organisent la vie en communauté.

[transition] Comment savoir ce qui détermine la justice lorsque celle-ci ne repose plus seulement sur la loi?

III Être juste, c'est réfléchir plus qu'obéir

1 La justice est irréductible à la légalité

Être juste, c'est se comporter honnêtement à l'égard d'autrui et de soi-même de telle sorte que chacun obtienne ce qu'il mérite. Or le champ de la loi est bien plus restreint que celui de la justice : je peux me montrer méchant ou injuste avec un proche sans que cela soit puni par la loi. Il faut donc réfléchir en soi-même au sens de ses actions.

2 L'homme juste est celui qui sait se montrer équitable

■ Même lorsque la loi est juste, **il ne faut pas lui obéir aveuglément.** Comme l'explique Aristote dans son *Éthique à Nicomaque*, la généralité de la loi est la cause de son insuffisance : le législateur ne peut pas prévoir tous les cas particuliers possibles. Il faut réfléchir à la manière la plus juste de l'appliquer et non pas la suivre à la lettre.

■ La primauté doit ainsi être donnée à ce qu'on appelle **l'esprit de la loi**. Il n'est pas réductible à sa formulation dans les codes du droit. Il renvoie plutôt à l'idéal ou au principe de justice qui a présidé à l'institution de la loi. Or il faut parfois déroger à la lettre de la loi, c'est-à-dire sa stricte formulation, pour faire régner l'esprit de la loi, et donc l'idéal de justice qui la commande.

■ C'est **le rôle du juge** : il ne se contente pas d'appliquer mécaniquement la loi. Il réfléchit à son sens dans le contexte d'un cas particulier qui peut ne pas correspondre à l'énoncé général de la loi. L'homme juste, lui aussi, ne doit pas obéir aveuglément mais penser en lui-même l'esprit de la loi.

■ Il s'agit donc de se montrer équitable. Aristote précise que « l'équitable est juste et supérieur à une certaine espèce de justice », celle qui donnerait la même chose à chacun. **L'homme juste réfléchit avant d'agir** aux conditions et au sens de son action. Il ne se contente ni de la loi ni des maximes morales en elles-mêmes.

Conclusion

La loi semble être un guide vers l'idéal de justice : elle indique ce qui, au sein d'une société donnée, est juste ou injuste du point de vue du droit positif. Pour autant, obéir à la loi ne suffit pas pour être juste ! Il faut toujours nous demander pourquoi nous obéissons et interroger le bien-fondé des lois. Comme toutes les normes humaines, les lois sont faillibles : certaines sont mauvaises et injustes. Dans ce cas, il est juste de désobéir. Quoi qu'il en soit, l'homme juste n'est pas celui qui se contente d'obéir ou de désobéir : il examine les conditions et le sens de son adhésion en fonction des particularités de l'expérience. En ce sens, il se montre équitable.

8 Le langage

Lors du discours de John F. Kennedy à Berlin, le 26 juin 1963, une phrase prononcée par le président américain bouleverse le monde en pleine guerre froide : « *Ich bin ein Berliner*. »

MÉMO VISUEL

DÉFINITIONS CLÉS

Langage (sens 1)
Faculté d'exprimer des pensées et de communiquer au moyen d'un système de signes.

Langage (sens 2)
Tout système de signes permettant la communication.

LE

Le langage est-il le propre de l'homme ? (→ p. 138)

Les repères utiles
essentiel/accidentel → p. 312

La réponse de Descartes
L'homme est le seul être vivant qui pense et qui parle.
« La parole […] ne convient qu'à l'homme seul. »

La réponse de Montaigne
Beaucoup d'animaux possèdent un langage que les hommes ne comprennent pas.

En quoi le langage peut-il être un instrument de domination ? (→ p. 140)

Les repères utiles
persuader/convaincre → p. 317

La réponse de Platon

La rhétorique est une forme de flatterie.

« La cuisine est à la médecine ce que la rhétorique est à la justice. »

La réponse de Bourdieu

Le langage est au service d'une domination symbolique. Les classes favorisées parlent un langage qui les démarque des classes populaires.

ANGAGE

Peut-on tout dire par le langage ? (→ p. 142)

Les repères utiles
universel/général/particulier/singulier → p. 319

La réponse de Bergson

Les mots ne sont que « des étiquettes collées sur [les choses] ».

La réponse de Hegel

Le langage est la forme de la pensée. Les mots sont les corps dont la pensée a besoin pour être réelle.

22 Le langage est-il le propre de l'homme ?

En bref *La possession du langage, cette faculté d'exprimer des pensées et de communiquer au moyen d'un système de signes, semble ne concerner que les hommes. Pourtant les animaux communiquent entre eux et, parfois, avec les hommes. Ne s'agit-il pas là d'une forme de langage ?*

I Le langage : une spécificité humaine ?

1 Le mutisme des animaux

Certains animaux émettent des sons qui ressemblent à des mots : les pies sont capables de dire « bonjour » à leur maître. Cela ne prouve pas que ces animaux possèdent le langage et sont polis, mais qu'ils peuvent être dressés et acquérir des réflexes sonores. Ainsi, la pie ne dit rien. Son « bonjour » n'est pas le reflet d'une pensée, mais n'est qu'un « mouvement de l'espérance qu'elle a de manger si l'on a toujours accoutumé de lui donner quelque friandise lorsqu'elle l'a dit » (Descartes).

CITATION

Se promenant dans le Jardin du Roi, le cardinal de **Polignac** se serait arrêté devant une cage de verre où se tenait un orang-outang et lui aurait dit : « Parle, et je te baptise. »

2 Le langage humain

- Au contraire, le langage humain permet d'exprimer des pensées → FICHE 31. Celles-ci peuvent être ses représentations de ce qui affecte l'homme, mais aussi des idées sans relation avec ses impératifs vitaux. L'usage poétique de la langue en est le meilleur exemple. Le langage prouve ainsi que l'homme n'est pas une machine ou un organisme répondant mécaniquement à des stimuli.
- Le langage humain peut utiliser d'autres vecteurs que la parole : « Les muets se servent de signes en même façon que nous de la voix » (Descartes). Les gestes utilisés peuvent alors également manifester des pensées.
- Ainsi, il apparaît que le langage est le propre de l'homme et cela prouve que l'homme pense, alors que les animaux ne pensent pas.

3 L'incompréhension humaine des langages animaux

Montaigne fait cependant la critique de la croyance selon laquelle seuls les hommes disposeraient du langage. Selon lui, c'est parce que nous sommes incapables de comprendre le langage des animaux que nous nions son existence, alors même que la communication des animaux entre eux et avec les hommes est patente (*Essais*). Beaucoup de travaux d'éthologues (scientifiques étudiant le comportement des espèces animales) contemporains corroborent ces analyses.

II Une différence de degré

1 La double articulation du langage humain

Les langues humaines se caractérisent par une double articulation. Elles sont composées de **morphèmes** et de **phonèmes**. Ainsi, elles ont un avantage économique fondamental : elles sont d'une souplesse exceptionnelle et peuvent former un grand nombre de mots différents avec un petit nombre de modifications.

MOTS-CLÉS

Les **morphèmes** sont des unités minimales de signification (« arbre » ou « écrire », par exemple). Ils sont composés de **phonèmes** : des unités sonores minimales qui permettent de passer d'un mot à un autre (de « bon » à « pont », par exemple).

2 La richesse du langage humain

- Les discours et dialogues humains ne se limitent pas, contrairement à la conversation animale en général, au champ des besoins vitaux. L'homme peut parler alors même qu'aucune utilité biologique immédiate n'est en jeu.
- Les langues humaines ont une grande richesse expressive : elles permettent d'élaborer des énoncés quotidiens, mais aussi scientifiques, poétiques, etc.
- Il faut alors en conclure que, même si le langage n'est pas le propre de l'homme, une différence de degré sépare le langage humain et les langages animaux, ce qui s'explique biologiquement par la théorie de l'évolution.

zoOm

Washoe et la langue des signes

- Les chimpanzés sont très proches des hommes du point de vue génétique et ils ont des formes de communication qui ressemblent fortement au langage humain.
- Les époux Gardner ont réussi à enseigner près de deux cent cinquante signes de l'A.S.L. (la langue des signes américaine) à un chimpanzé femelle nommé Washoe. Ils ont même pu constater qu'elle était capable d'initier la conversation.

23 En quoi le langage peut-il être un instrument de domination ?

En bref *Le langage n'est pas neutre : nommer les choses permet de les classifier et de les maîtriser. Les usages publicitaires ou politiques montrent que le langage peut être un instrument de domination. Comment le comprendre ?*

I Convaincre et persuader

1 La conviction

Le langage donne le pouvoir de convaincre, c'est-à-dire de produire l'accord des esprits. Tel est le cas lorsque le locuteur fonde son discours sur des définitions strictes et enchaîne de manière cohérente et rigoureuse les énoncés. Le discours est alors rationnel et produit une vérité en droit partagée par tous les hommes.

2 La persuasion

- Il peut arriver que le locuteur ne respecte pas ces règles et use volontairement du langage non comme d'un vecteur de vérité, mais comme d'un instrument de persuasion. Le discours produit paraît alors vraisemblable, mais n'en reste pas moins de l'ordre du mensonge.
- Le locuteur peut persuader en jouant notamment sur les mots, les sons, les figures de style et le ton. Les paroles ne s'adressent donc pas seulement à notre intelligence, mais aussi à notre sensibilité.

II Le langage et la rhétorique

1 Une éloquence creuse

- Tel est le cas des orateurs qui utilisent la **rhétorique** décrite par Socrate dans le *Gorgias* de Platon. Vide de connaissance, la rhétorique est, selon l'aveu même du sophiste Gorgias, « le pouvoir de persuader par ses discours les juges au tribunal, les sénateurs dans le Conseil, les citoyens dans l'assemblée du peuple. »

> **MOT-CLÉ**
> La **rhétorique** est l'art de bien parler, mais, telle que Platon la conçoit, elle n'est qu'une éloquence purement formelle.

- Selon Socrate, le discours rhétorique est une forme de flatterie adaptée à ceux qui l'écoutent. L'orateur dit à son public ce qu'il souhaite entendre. Son but n'est pas de produire le « plus grand bien » en cherchant à élever les citoyens à la vertu, mais de plaire au plus grand nombre.
- Attisant les peurs sans objet et suscitant les espoirs souvent délirants, le rhéteur manipule les affects de son auditoire. Comme l'explique Gorgias, « avec ce pouvoir », il est possible de faire de tout homme son esclave.

2 Les champs de la rhétorique

L'utilisation de la rhétorique comme **instrument de domination** est particulièrement patente dans les champs de la séduction amoureuse, de la publicité, ou encore de la politique, où la légitimation de l'autorité nécessite toujours le discours. Le rhéteur habile quoique ignorant a le pouvoir d'amener des foules à adhérer à n'importe quelle cause.

III Le langage et la domination symbolique

- Pour être considéré comme légitime par un groupe linguistique, un discours doit respecter un certain nombre de règles (vocabulaire, grammaire, etc.). Cela ne s'explique pas seulement par une bienséance désintéressée, mais renvoie à des **processus de démarcation sociale** : les classes favorisées parlent un langage châtié pour ne pas être confondues avec les classes populaires. Ainsi, la prononciation du *r* diffère d'un milieu social à un autre.

CITATION

Annie **Ernaux** explique : « Enfant, quand je m'efforçais de m'exprimer dans un langage châtié, j'avais l'impression de me jeter dans le vide » (*La place*).

- Les classes défavorisées intériorisent cette domination symbolique et se retrouvent dans un **état d'insécurité linguistique.** Elles peuvent alors pratiquer l'hypercorrection, mais le caractère artificiel de cette tentative les trahit souvent.
- Ainsi, comme l'explique Bourdieu, les discours concrets contiennent un **capital symbolique** et doivent être compris en fonction du pouvoir que détiennent ou non les locuteurs.

zoOm

Hitler et le langage au service du tyran

- Pour le plus grand malheur de l'humanité, Hitler incarne la figure la plus aboutie du rhéteur capable d'entraîner des foules entières vers des comportements irrationnels et immoraux.
- Ses discours sont emblématiques de l'utilisation possible du langage comme instrument de domination.

24 Peut-on tout dire par le langage ?

En bref *Il est courant d'avoir l'impression de ne pas pouvoir dire ce que nous ressentons. Tout se passe alors comme si toute une partie de la réalité devait rester ineffable. Mais ne serait-ce pas une illusion ?*

I Les limites du langage

1 Le langage est une nomenclature

- Le langage est constitué de mots qui, à l'exception des noms propres, traduisent des genres, ce qui fait de lui une **nomenclature**. Ainsi, quand nous disons « le loup », nous visons peut-être un loup singulier, mais le mot que nous utilisons est comme une étiquette qui pourrait être collée à un grand nombre d'animaux similaires.

> **MOT-CLÉ**
> Une **nomenclature** est une instance de classification qui repose sur le repérage de caractères communs. Par exemple : un chat est un chat, quels que soient sa couleur, son caractère, etc.

- Ainsi, le langage, qui découle de la nécessité pour l'homme de s'adapter au monde, retient seulement des choses leur « fonction la plus commune » et leur « aspect banal » (Bergson). Il s'agit alors de communiquer avec la plus grande efficacité, c'est-à-dire en occultant les détails afin de transmettre un message utile qui suscite les conduites les plus appropriées.

2 Des mots généraux qui ne restituent pas la singularité des vécus

- Bergson explique qu'il en va de même pour nos propres états d'âme « qui se dérobent à nous dans ce qu'ils ont de personnel, d'originellement vécu ». C'est ainsi que le langage voile sous des catégories générales (l'amour, la haine, etc.) les nuances singulières de nos sentiments.

- Certes, pour que la communication humaine soit possible, cela est indispensable, puisqu'en droit il faudrait une infinité de mots pour dire chacun de nos états d'âme et que ces mots parfaitement expressifs demeureraient incompréhensibles par les autres hommes.

- Il n'en demeure pas moins que, ce faisant, l'individualité nous échappe. Nous ne pouvons faire autrement que nous mouvoir parmi des généralités et des symboles qui n'expriment pas la singularité des choses et de nos états d'âme. C'est ainsi, par exemple, que nous disons identiquement « je t'aime » à un parent ou à un conjoint, alors même que nous savons bien que nos états d'âme sont très différents.

- Une conclusion semble donc devoir s'imposer : le langage n'a pas la capacité de tout dire, il se borne à exprimer des généralités. Il y aurait donc de l'ineffable.

II Pensons-nous en dehors des mots ?

1 L'ineffable

- Pour Hegel, prétendre penser sans les mots est une « **tentative insensée** » qui ne peut conduire qu'à la folie.
- Ainsi, contrairement à un préjugé courant, l'ineffable n'est pas ce qu'il y a de plus haut et de plus raffiné, mais **une pensée obscure** qui n'est qu'« à l'état de fermentation, et qui ne devient claire que lorsqu'elle trouve le mot. » Autrement dit, le sentiment de ne pas trouver les mots adéquats pour exprimer une pensée n'est rien d'autre que le signe d'une absence de pensée.

2 La réalité objective des pensées précède-t-elle le langage ?

- Considérer que certaines pensées ne sauraient être dites par le langage suppose l'existence de ces pensées avant leur formulation dans des mots. Selon Hegel, c'est là se tromper lourdement sur les pouvoirs du langage, car en fait « nous n'avons conscience de nos pensées, nous n'avons des pensées déterminées et réelles que lorsque nous leur donnons la **forme objective** » que leur confère le langage.
- Ainsi, selon Hegel, une véritable pensée **s'incarne dans le mot** et, loin de n'être qu'une connaissance creuse, « l'intelligence, en se remplissant de mots, se remplit aussi de la nature des choses. » Le mot donne une forme objective aux pensées et aux choses en les délimitant, en les distinguant les unes des autres.

zoOm

Boileau et l'expression d'une pensée claire

- Dans *L'Art poétique* (1674), Boileau écrit : « Ce que l'on conçoit bien s'énonce clairement, Et les mots pour le dire arrivent aisément. »
- Selon l'idéal classique, la pensée précède le langage.

Jean-Baptiste Santerre, *Portrait de Nicolas Boileau*.

SE TESTER QUIZ

Vérifiez que vous avez bien compris les points clés des **fiches 22 à 24**.

1 Le langage est-il le propre de l'homme ?

→ FICHE 22

1. Comment Descartes conçoit-il les animaux ?

☐ **a.** Les animaux pensent, mais ne parlent pas.

☐ **b.** Les animaux ne pensent pas et ne parlent pas.

☐ **c.** Les animaux pensent et parlent.

2. Pourquoi, selon Montaigne, refuse-t-on l'idée d'un langage animal ?

☐ **a.** parce que les hommes ne comprennent pas le langage des animaux

☐ **b.** parce qu'il est évident que les animaux ne disposent pas du langage

☐ **c.** parce que les animaux ne communiquent pas avec les hommes

2 En quoi le langage peut-il être un instrument de domination ?

→ FICHE 23

1. Parmi les affirmations suivantes, lesquelles sont vraies ?

☐ **a.** Les termes « convaincre » et « persuader » sont des synonymes.

☐ **b.** Selon Platon, la rhétorique n'est qu'une éloquence creuse et formelle.

☐ **c.** Selon Bourdieu, le langage est un instrument de démarcation sociale.

2. Complétez le texte avec les mots qui conviennent.

Selon Gorgias, la rhétorique est un instrument de .... qui vise à séduire les foules sans souci de .... Bourdieu soutient que tous les discours concrets contiennent une somme de ....

3 Peut-on tout dire par le langage ?

→ FICHE 24

1. Selon Bergson, le mot désigne :

☐ **a.** une individualité. ☐ **b.** un genre. ☐ **c.** l'universel.

2. Selon Hegel, qu'est-ce que l'ineffable ?

☐ **a.** le signe de la plus haute pensée

☐ **b.** le signe des limites du langage

☐ **c.** le signe d'une absence de pensée

3. Selon Hegel, le langage :

☐ **a.** est postérieur à la pensée.

☐ **b.** n'est pas postérieur à la pensée.

☐ **c.** est sans rapport avec la pensée.

S'ENTRAÎNER

4 Réviser le cours en 8 questions flash

1. Comment Descartes explique-t-il les sons émis par certains animaux ?
2. Qu'est-ce que la double articulation du langage ? Que permet-elle ?
3. Que montrent les expérimentations des époux Gardner sur Washoe ?
4. Quels moyens le rhéteur utilise-t-il pour persuader son auditoire ?
5. Pourquoi les classes défavorisées pratiquent-elles l'hypercorrection ?
6. Selon Bergson, pourquoi le langage ne peut-il pas tout dire ?
7. Comment Hegel caractérise-t-il la tentative de penser sans les mots ?
8. Selon Hegel, qu'apportent les mots à la pensée ?

5 Organiser les parties d'une dissertation

Sujet : Pourrait-on penser sans l'aide du langage ?

1. Vous souhaitez démontrer que l'on ne peut pas penser sans l'aide du langage. Dans quel ordre logique devez-vous présenter les parties suivantes ?

.... a. L'impression d'une pensée qui existerait au-delà du langage n'est qu'une illusion. L'ineffable est le signe d'une absence de pensée.

.... b. Pensée et langage ne font qu'un. Le langage apporte une forme objective à la pensée.

.... c. Nous pensons avant de mettre des mots sur notre pensée. Le langage n'est que l'expression de la pensée.

2. Argumentez votre choix.

Méthode

Élaborer le plan d'une dissertation

- **L'analyse**
  Avant d'élaborer le plan de la dissertation, vous devez analyser les **termes du sujet** et déterminer la **thèse** que vous allez défendre.

- **L'agencement**
  ▸ Lorsque vous connaissez votre réponse ultime (votre thèse), il en découle que les autres réponses possibles ne sont pas totalement satisfaisantes : elles ne seront que des **« moments »** dans l'élaboration de votre thèse, c'est-à-dire des parties de votre dissertation.
  ▸ Ces parties doivent être agencées selon un **ordre progressif** : de ce qui est le moins vrai pour vous jusqu'à l'exposition de votre thèse.
  ▸ Chaque nouvelle partie doit avant tout se fonder sur une **mise en évidence des limites de la partie qui précède** ou doit être l'exposé des **conséquences philosophiques** qui en découlent.

6 Construire le plan d'une sous-partie

Sujet : Pourrait-on penser sans l'aide du langage ?

Trouvez trois arguments susceptibles d'étayer l'idée selon laquelle nous pensons avant de mettre des mots sur notre pensée. Le langage n'est que l'expression de la pensée.

CONSEIL
Réfléchissez au rapport logique qui relie une partie à l'autre de votre développement.

Argument 1	....
Argument 2	....
Argument 3	....

OBJECTIF BAC

7 Dissertation • Le silence ne dit-il rien ?

4 h

Le sujet proposé invite à s'interroger sur le silence et donc sur l'absence de parole. L'interrogation portée sur la prétendue vacuité expressive du silence peut être l'occasion de repenser le fonctionnement d'un système linguistique dans son ensemble.

LE SUJET

Le silence ne dit-il rien ?

LA FEUILLE DE ROUTE

→ *Reportez-vous à la **méthode générale de la dissertation** p. 306.*

Étape 1 Analyser les termes du sujet

Alors que le silence désigne le fait de ne pas parler, de ne pas s'exprimer, le verbe dire désigne l'énonciation d'une signification. Le terme rien vient ici nier cette énonciation même.

Étape 2 Dégager la problématique et les enjeux du sujet

- Il semble donc bien que le silence ne puisse être que vide de signification, puisqu'il est l'absence même d'expression. Et pourtant, si la question est posée, c'est que les choses ne sont sans doute pas si simples…
- Loin de ne rien dire, le silence peut parfois dire beaucoup. Ne faudrait-il pas reconnaître que le silence peut être, à côté des signes linguistiques, un élément fondamental du langage ?

Étape 3 Élaborer le plan de la dissertation

1 Le silence ne veut rien dire	À première vue, n'est-il pas évident que le silence ne dit rien ? Ne faut-il pas assimiler le mutisme à un échec de l'expression ? Appuyez-vous sur les théories d'Hegel. Comment perçoit-il le silence ?
2 Le silence peut avoir une signification	Dans quelles situations un silence peut-il être expressif ? Trouvez des exemples. Le langage peut-il tout exprimer ? Quelles sont ses limites ?
3 Le silence est un élément essentiel du langage	Silence et langage s'opposent-ils nécessairement ? Quelles difficultés pose l'interprétation du silence ? Comment peut-on les résoudre ?

Étape 4 Rédiger la dissertation → CORRIGÉ P. 149

CORRIGÉS

SE TESTER QUIZ

1 Le langage est-il le propre de l'homme ?

1. Réponse b. Selon Descartes, les comportements animaux s'expliquent totalement par la mécanique de leurs instincts.

À NOTER

Le canard de Vaucanson, fabriqué en 1738, illustre la théorie des animaux-machines de Descartes. Cet automate a les mêmes capacités qu'un animal : il peut manger, boire et même digérer.

2. Réponse a. Selon Montaigne, il est évident que certains animaux disposent du langage pour communiquer entre eux et avec les hommes, mais ces derniers ne le comprennent pas.

2 En quoi le langage peut-il être un instrument de domination ?

1. Réponses b et c.

La réponse a est fausse : convaincre vise à produire rationnellement l'accord des esprits, alors que persuader vise à produire un discours qui semble vrai.

La réponse b est vraie. En effet, pour Platon, la rhétorique n'a aucun souci de la vérité : elle est une éloquence au service d'une manœuvre de séduction ou de domination.

La réponse c est vraie, car, selon Bourdieu, les discours concrets sont toujours des marqueurs socioculturels.

2. Selon Gorgias, la rhétorique est un instrument de **persuasion** qui vise à séduire les foules sans souci de **vérité**. Bourdieu soutient que tous les discours concrets contiennent une somme de **capital symbolique**.

3 Peut-on tout dire par le langage ?

1. **Réponse b**. Selon Bergson, un mot désigne un genre, c'est-à-dire toute une classe d'objets (la table, par exemple).
2. **Réponse c**. Selon Hegel, puisque pensée et langage sont corrélatifs, l'ineffable désigne une absence de pensée.
3. **Réponse b**. Selon Hegel, le langage est la forme de la pensée, il est donc contemporain de la pensée.

S'ENTRAÎNER

4 Réviser le cours en 8 questions flash

1. Ce ne sont que des réflexes sonores qui manifestent un besoin.
2. Les langues sont composées, d'une part, de morphèmes (unités minimales de signification) et, d'autre part, de phonèmes (unités sonores minimales). Cela présente un avantage économique important.
3. Une guenon chimpanzé peut apprendre environ deux cent cinquante signes de la langue des signes et initier une conversation avec les hommes.
4. Le rhéteur attise des peurs sans objet et suscite des espoirs délirants. Il manipule les affects de son auditoire.
5. L'hypercorrection désigne l'effort réalisé par certains membres des classes défavorisées pour parler une langue châtiée. C'est une tentative de réponse à un état d'insécurité linguistique.
6. Le langage est constitué de mots qui expriment des genres : selon Bergson, la singularité des choses et des états d'âme est occultée.
7. Selon Hegel, prétendre penser sans les mots est une « tentative insensée » qui ne peut conduire qu'à la folie.
8. En se remplissant de mots, l'intelligence se remplit aussi de la nature des choses.

CITATION

« Prise en elle-même la pensée est comme une nébuleuse où rien n'est nécessairement délimité. Il n'y a pas d'idées préétablies, et rien n'est distinct avant l'apparition de la langue » (Ferdinand de Saussure, *Cours de linguistique générale*).

5 Organiser les parties d'une dissertation

1. L'ordre des parties est : c, b, a. Il dépend de la thèse que vous voulez soutenir.
2. Il faut commencer par exposer ce qui est le moins vrai pour vous. Donc, selon l'hypothèse retenue : c.

Il faut ensuite opérer la critique de cette première approche et exposer votre thèse : b.
Il faut enfin tirer les conséquences de votre thèse : a.

6 Construire le plan d'une sous-partie

Attention ! Plusieurs réponses sont possibles.

L'argument immédiat	Il semble évident d'un point de vue logique que la pensée précède le langage. L'homme penserait donc avant d'exprimer sa pensée. La pensée semble indépendante du langage.
L'expérience de l'ineffable	Nous avons souvent le sentiment d'avoir des pensées que le langage ne saurait parvenir à exprimer. La pensée est donc d'une autre nature que le langage.
La traduction	Une même pensée peut s'exprimer dans un grand nombre de langues. L'existence de la traduction montre que la langue n'est qu'un véhicule de la pensée.

OBJECTIF BAC

7 Dissertation • Le silence ne dit-il rien ?

Ce corrigé est sous la forme d'un plan détaillé. Les titres de partie sont donnés à titre indicatif mais ne doivent pas apparaître sur votre copie.

Introduction

[définitions] Le silence se définit comme une absence : celle du bruit ou du discours. Il semble donc qu'il ne puisse qu'être vide de signification, puisqu'il est, par définition, le contraire de la parole expressive. **[problématique]** Néanmoins n'est-ce pas là oublier que le mutisme peut être intentionnel, auquel cas il pourrait bien être une autre forme d'expression que la langue ordinaire ? Loin de ne rien dire, le silence peut peut-être dire beaucoup et même beaucoup plus que ne le pense celui qui fait le choix de se taire. Ne faudrait-il pas reconnaître que le silence peut être, à côté des signes linguistiques, un élément fondamental du langage ? Plus encore, le silence n'est-il pas parfois un langage qui s'ignore comme tel ?

I Le silence ne veut rien dire

- C'est une évidence immédiate : celui qui se tait n'a rien à dire. Son intelligence est dépassée par le surgissement d'un événement ou d'un problème incompréhensible. Le silence n'est alors que l'aveu d'une carence ou d'une incapacité : le mutisme signe l'échec de l'expression.
- Le mutisme n'est pas révélateur d'un excès de sens. Ce n'est que dans les mots qu'une pensée devient réelle. Dès lors, le silence ne peut être que le signe d'une absence de pensée, conformément à la thèse de Hegel.

[transition] Si cette analyse semble fondée, est-elle pour autant totalement convaincante ? N'y a-t-il pas bien des cas où le silence dit manifestement quelque chose ?

II Le silence peut avoir une signification

1 Les silences expressifs

Il y a manifestement des silences expressifs. Tel est le cas lorsqu'un silence dit une tristesse dont aucun mot ne saurait rendre compte (dans le cas d'un deuil, par exemple). Le silence peut exprimer la colère, voire la haine (après une dispute, par exemple, il arrive qu'« on ne se parle plus »). Le silence peut exprimer le ravissement (devant une œuvre d'art somptueuse, par exemple, tout mot pourrait être de trop).

2 Le caractère incommensurable du langage

Il n'est pas sûr que toute pensée puisse et doive avoir une forme langagière. En effet, ne faut-il pas dire, avec Bergson, que la pensée et le langage sont incommensurables ? Ne faisons-nous pas fréquemment l'expérience de vécus que nous ne pouvons traduire en mots ? Dans de tels cas, le silence peut être l'expression la plus adéquate de ces vécus. Tel est le cas des amoureux qui s'épuiseraient à l'infini à vouloir mettre en mots leurs sentiments et qui font le choix de se taire : ici, c'est bien le silence qui est parlant.

[transition] Ne faudrait-il pas, dès lors, repenser plus en profondeur le statut du silence dans le langage ?

III Le silence est un élément essentiel du langage

1 La complémentarité de la parole et du silence

- Le silence linguistique est comparable aux silences musicaux : il est ce qui permet aux signes linguistiques d'avoir un sens et il a souvent un sens en lui-même.
- Le silence fait donc partie intégrante du système linguistique. Il mérite d'être pris en compte comme le sont les mots prononcés.

> **À NOTER**
> En musique, le juste nom du silence est **soupir**, ce qui montre bien son intégration totale à la partition et sa participation à l'expressivité du morceau.

2 La signification inconsciente du silence

- S'il faut admettre l'expressivité du silence, il faut aussi sans doute reconnaître que sa signification peut être inconsciente. Nous ne savons pas toujours clairement et distinctement pourquoi nous nous taisons : nos motivations profondes nous échappent et peuvent renvoyer à des pulsions refoulées.
- N'est-ce pas une telle équivocité que cherche à résorber la poésie, qui vise à habiter ce vide par des images, des métaphores et des néologismes, dont la fonction majeure est de sculpter une signification par-delà les concepts ?

Conclusion

Ainsi, loin de n'être que le signe de la faillite de l'expression, le silence peut être une expression à part entière. Mieux encore, le silence est essentiel au langage. En effet, il permet de creuser un écart entre les mots et d'éviter la confusion. De plus, il est porteur en lui-même de signification(s).

9 La liberté

À la suite des attentats contre le journal *Charlie Hebdo* en janvier 2015, des marches républicaines sont organisées en hommage aux victimes. La liberté de la presse, qui repose sur la liberté d'expression et d'opinion, est un principe fondamental dans les sociétés démocratiques.

MÉMO VISUEL

DÉFINITIONS CLÉS

Liberté (sens 1)

Au sens courant, mouvement sans contrainte ni obstacle.

Liberté (sens 2)

Au sens moral et politique, obéissance à la loi qu'on se donne – ce qu'on appelle aussi autonomie.

L

En quoi consiste la liberté ? (→ p. 154)

Les repères utiles

théorie/pratique → p. 318

La réponse de Leibniz

La liberté physique est l'absence d'entraves matérielles, la spontanéité du mouvement. Par exemple, un prisonnier libéré.

« La liberté est la puissance qu'un homme a de faire ou de ne pas faire quelque chose conformément à ce qu'il veut. »

La réponse de Kant

La liberté morale est la capacité de choisir le bien ou le mal, et d'obéir à la loi que l'on se donne.

BERTÉ

La liberté est-elle une illusion ? (→ p. 156)

Les repères utiles
contingent/nécessaire → p. 311

La réponse de Spinoza

Le libre arbitre est une illusion qui vient de l'ignorance des causes qui nous font agir. La véritable liberté est la connaissance de la nécessité.

La réponse de Kant

La liberté n'est pas un objet de connaissance. Le libre arbitre est un postulat de la morale.

« La liberté au sens pratique est l'indépendance de l'arbitre. »

Sommes-nous condamnés à être libres ? (→ p. 158)

Les repères utiles
abstrait/concret → p. 310

La réponse de Sartre

La liberté est liée à l'existence humaine et nous rend pleinement responsables de nos choix. Nous ne choisissons pas d'être libres.

« L'homme est condamné à être libre. »

La réponse de Rousseau

La liberté est un droit inaliénable, perfectible par l'éducation et l'histoire.

25 En quoi consiste la liberté ?

En bref *« Liberté, c'est un de ces détestables mots qui ont plus de valeur que de sens, qui chantent plus qu'ils ne parlent » (Paul Valéry). La liberté est une valeur, un idéal, qu'il est difficile de définir. D'autant que ce terme s'applique autant à la physique des corps qu'aux mouvements de l'âme ou de la volonté. Cette notion est pourtant au centre des questions de politique et de morale.*

I La liberté physique

- Au sens physique, la liberté signifie l'absence de contrainte. Un animal ou un homme est libre dans la mesure où il n'est pas enchaîné ou enfermé. La liberté physique est liberté de mouvement et spontanéité de l'action.
- Il existe néanmoins des contraintes naturelles auxquelles on ne peut échapper : l'homme n'est pas libre de voler ou de marcher sur l'eau, par exemple. L'homme réduit à la seule liberté physique n'est pas plus libre qu'une pierre qui tombe sans rencontrer d'obstacle. Il est soumis au **déterminisme** naturel : tout, dans la nature, résulte de causes nécessaires.
- La liberté physique, pour Aristote ou Leibniz, consiste dans la spontanéité de ses mouvements dus à une cause interne, et non à une contrainte externe. C'est faire ce que je veux et peux sans contrainte.

MOT-CLÉ
Le **déterminisme** s'oppose à la liberté. Il désigne une conception scientifique selon laquelle il n'y a pas d'effet sans cause, et où tout phénomène obéit à des lois naturelles.

II La liberté politique

1 La liberté comme indépendance

Au sens politique, la liberté désigne d'abord l'indépendance à l'égard de tout pouvoir. Elle suppose d'être soi-même son propre maître. Une cité libre n'obéit qu'à ses propres lois ; un homme libre n'obéit qu'à sa propre volonté.

2 Les conditions d'une liberté politique

- Mais l'homme, « animal politique » (Aristote), ne vit pas seul. En société, il est un citoyen libre à la condition d'obéir à une loi égale pour tous. L'isonomie (égalité devant la loi) est la première condition de la liberté politique.
- Il faut aussi que la loi soit l'expression d'une volonté générale qui dépasse les égoïsmes individuels au profit de l'intérêt commun. À cette condition, le citoyen obéit librement à une loi qu'il s'est lui-même donnée (Rousseau).

3 La liberté comme résultat d'un processus

Pour Hegel et Marx, cette liberté purement légale reste formelle. La liberté n'est pas un statut juridique, mais le résultat d'un processus historique de libération par le travail. Le maître qui ne travaille pas est condamné par l'histoire, et c'est l'esclave qui devient le nouveau maître en transformant la nature et sa propre nature grâce à son travail → FICHE 47.

À NOTER

L'inscription « ***Arbeit macht frei*** » («Le travail rend libre») figure sur la grille d'entrée du camp d'Auschwitz. Les nazis ont détourné cette phrase de son sens originel, Hegel l'ayant écrite car il était favorable à la libération des opprimés.

III La liberté morale

- Au sens moral, la liberté suppose la **responsabilité** de ses actes et la possibilité de choisir entre le bien et le mal, ce qu'on appelle le libre arbitre.
- Pour les Anciens est libre une volonté indépendante de toute contrainte. Est libre celui qui agit selon sa volonté, et non selon la volonté d'autrui. Les stoïciens soutiennent qu'une volonté libre peut résister à la torture ou à la tyrannie, à condition de savoir que la liberté réside dans la volonté intérieure, et non dans le corps. Pour rester libres face aux coups du destin, nous devons détacher la volonté des biens extérieurs qui ne dépendent pas de nous : non pas « faire ce que je veux », mais vouloir ce que je peux → FICHE 11.

MOT-CLÉ

La **responsabilité** désigne le fait de rendre compte de quelque chose devant quelqu'un. Je ne suis responsable que de ce qui dépend de moi.

zoOm

La publicité : suis-je libre de choisir ce que j'achète ?

- La publicité entretient une ambiguïté entre information et manipulation.
- La publicité et les « algorithmes de recommandation » se situent entre une aide au libre choix et une pure détermination du choix, c'est-à-dire entre liberté éclairée et déterminisme. Le rôle massif de la publicité dans une société de consommation conduit à se demander si la liberté de choix est une illusion.

26 La liberté est-elle une illusion ?

En bref *Nous avons, dit Descartes, une expérience de liberté comme spontanéité de la volonté. Mais la connaissance de la nature montre que rien n'existe sans cause et que notre volonté elle-même est soumise à des causes qui l'orientent ou la déterminent. Notre croyance en le libre arbitre est donc contestée par le déterminisme naturel.*

I L'homme possède un libre arbitre

1 Liberté et culpabilité

- Le christianisme fonde la liberté morale sur le libre arbitre : pouvoir choisir une chose ou son contraire, le bien ou le mal. À cette condition, je peux être jugé innocent ou coupable de péchés.
- Sans libre arbitre, mes choix seraient déterminés : je ne serais donc pas responsable et Dieu serait coupable de mes péchés.

À NOTER

Leibniz montre qu'en créant le meilleur des mondes possibles, Dieu a créé l'homme libre pour le rendre responsable de ses actes. Avec la liberté humaine, le monde est plus parfait et Dieu est innocent.

2 Liberté d'évidence et liberté d'indifférence

- Au sein du libre arbitre, Descartes distingue deux libertés. La première, la « liberté d'évidence », fait que je suis spontanément porté à me soumettre à l'évidence. Le libre arbitre choisit la vérité et la volonté suit l'entendement. L'évidence guide, sans la déterminer strictement, la volonté, qui conserve sa liberté de choix.
- La seconde, à savoir la « liberté d'indifférence », laisse quant à elle toute liberté à la volonté en l'absence de vérité évidente. Elle est le plus bas degré de l'action, car elle nous laisse dans un doute et une hésitation sans issue. C'est pourquoi Descartes préfère la « liberté d'évidence », grâce à laquelle je vois clairement le meilleur parti et le suis sans hésiter.

À NOTER

Pour illustrer les polémiques sur le libre arbitre, Jean Buridan imagine un âne qui, ayant également faim et soif, hésite entre un seau d'eau et un sac d'avoine. Incapable de choisir, l'animal se laisse mourir.

3 Une volonté diabolique ?

Liberté absolue de la volonté, la liberté diabolique choisit le mal et le faux volontairement, en connaissance de cause. Ce qui conduit à l'acte gratuit : faire le mal gratuitement, simplement pour prouver sa liberté.

II Spinoza : le libre arbitre est une illusion

- Pour Spinoza, le libre arbitre n'est qu'une illusion : « Les hommes se croient libres pour cette seule cause qu'ils sont conscients de leurs actions et ignorants des causes par où ils sont déterminés. »
- L'ignorance des causes est la source de cette illusion : l'ivrogne croit boire parce que le vin est bon, alors qu'il est déterminé inconsciemment par une addiction ou une tristesse qui le pousse à boire.
- Spinoza définit la vraie liberté comme la connaissance de la nécessité, donc des causes qui me déterminent. Mes actions sont causées par des forces extérieures, des désirs et des passions. Leur connaissance doit aider la raison à me libérer de leur emprise pour agir plus rationnellement et me conserver dans mon être.

III Kant : le libre arbitre est un postulat

- Kant rétablit la nécessité du libre arbitre pour fonder la morale. La liberté de choisir le bien ou le mal doit être une autonomie de la volonté : obéir à la loi qu'on se donne rationnellement, donc universellement. Non pas « faire ce que je veux, mais agir conformément à ce que la raison exige universellement de tout homme ».
- L'existence de Dieu, l'immortalité de l'âme et la liberté sont les trois postulats de la raison pratique. Sans ces trois principes, la morale est impossible. Ce sont des postulats, dans la mesure où il est impossible de les prouver ou de les démontrer.

zoOm

La science contre la liberté ?

La science propose une vision du monde déterministe, où tous les phénomènes sont soumis à des causes nécessaires. Mais, parallèlement à la physique classique, la physique quantique redonne une place à la liberté et à l'indétermination. Dans l'infiniment petit, la physique des particules élémentaires observe une part de mouvements aléatoires imprévisibles.

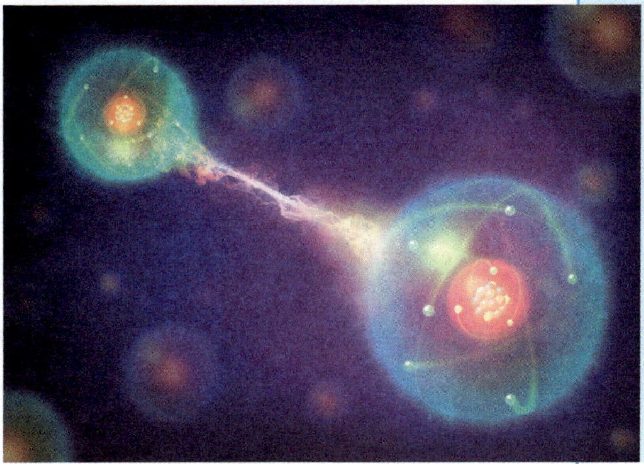

27 Sommes-nous condamnés à être libres ?

En bref *La liberté est la possibilité de choisir l'orientation de notre existence dans certaines situations données. Mais la liberté elle-même est-elle objet de choix ? Peut-on choisir de ne pas être libre ? Choisir de ne pas être libre, n'est-ce pas encore choisir ?*

I Sartre : « L'homme est condamné à être libre »

1 La liberté est une donnée native

- Heidegger et l'existentialisme de Sartre soutiennent que la liberté précède la nature : « L'existence précède l'essence. » Par sa conscience de la mort, l'homme fait exception à la nature et échappe à tout déterminisme. L'homme n'est pas une nature, mais une liberté radicale. Il choisit totalement son existence et en est pleinement responsable.

CITATION
« L'homme [...] n'est d'abord rien. Il ne sera qu'ensuite, et il sera tel qu'il se sera fait. Ainsi il n'y a pas de nature humaine, puisqu'il n'y a pas de Dieu pour la concevoir » (Sartre, *L'existentialisme est un humanisme*).

- Pour Sartre, nous sommes « condamnés à être libres ». Invoquer un déterminisme physique, psychologique ou social est l'effet d'une mauvaise foi qui se cherche des excuses pour ne pas assumer sa liberté.
- L'athéisme radicalise la liberté en livrant l'homme à sa solitude et en le privant de recourir à Dieu pour nier ou atténuer sa liberté.

2 Une liberté « en situation »

- Néanmoins, cette liberté n'est pas abstraite, mais toujours « en situation ». La situation désigne les circonstances qui ne dépendent pas de nous, dans lesquelles s'exerce cette liberté. Nous ne choisissons pas notre famille, notre époque, notre situation de guerre ou de paix, de santé ou de maladie.
- La situation nous est donnée sans nous déterminer : par exemple, vivre en temps de guerre conduit à des choix différents (être résistants ou collaborateurs) que ceux que nous aurions à faire en temps de paix. Sartre avance même que plus la situation est contraignante, plus nous sommes libres.

II Rousseau : nous ne pouvons renoncer à la liberté

1 Nous sommes libres par nature

Pour Rousseau, à l'état de nature, l'homme n'obéit qu'à ses besoins naturels et bénéficie d'une liberté qui n'a d'obstacle que ses capacités naturelles. Ainsi, la liberté est une chose innée et sa perte ne peut être que l'effet d'une aliénation, qui rend l'homme dépendant d'une force supérieure et injuste.

2 La liberté est inaliénable

- Dans *Du contrat social*, Rousseau **condamne toute légitimation de l'esclavage**. Il n'y a pas d'esclavage selon la nature, contrairement à ce que soutient Aristote ; il ne peut y en avoir non plus par contrat, comme cela se faisait dans la Rome antique.
- Au-delà de l'esclavage, Rousseau **réfute toute idée de soumission volontaire**, qui serait contre-nature. Il dénonce le « faux contrat social » défendu par Hobbes, en lequel il voit un contrat de soumission entre le loup et l'agneau. La soumission civile ou politique ne peut être qu'un rapport de force déguisé.
- La liberté est donc **un droit naturel inaliénable**, même pour soi-même. L'esclavage ne peut être un droit. Le seul droit naturel est celui de naître et de demeurer libre.
- Cependant, contrairement à l'animal, l'homme est un être perfectible. Par l'éducation et l'histoire, la liberté n'est pas un *statu quo* mais un devenir historique. **La liberté est une libération indéfinie**, intellectuelle, morale et politique, contre toutes les formes de dépendance.

zoOm

La liberté dans la Déclaration des droits de l'homme et du citoyen

Jean-Jacques Le Barbier, Déclaration des droits de l'homme et du citoyen, 1789.

- « Les hommes naissent et demeurent libres et égaux en droits. » (article 1) ; « Ces droits sont la liberté, la propriété, la sûreté, et la résistance à l'oppression. » (article 2)
- En 1789, la liberté prend la forme de droits positifs qui doivent être garantis par la loi. Ainsi l'idéal abstrait adopte-t-il une forme concrète et politique.
- Liberté de pensée, d'expression, de circulation, de contrôle des dépenses publiques, de participation au gouvernement : autant de droits individuels et sociaux qui fondent la démocratie et définissent le progrès historique de la liberté.

SE TESTER QUIZ

Vérifiez que vous avez bien compris les points clés des **fiches 25 à 27**.

1 En quoi consiste la liberté ?

→ FICHE 25

1. La liberté physique est :

☐ **a.** l'absence de lois naturelles.

☐ **b.** l'absence de contraintes sur l'action.

☐ **c.** l'obéissance à la loi qu'on se donne.

2. « Le travail rend libre » est une formule de :

☐ **a.** Kant.

☐ **b.** Hegel.

☐ **c.** Rousseau.

2 La liberté est-elle une illusion ?

→ FICHE 26

1. Chez Leibniz, le libre arbitre est nécessaire pour :

☐ **a.** rendre l'homme plus puissant.

☐ **b.** expliquer la supériorité humaine.

☐ **c.** innocenter Dieu.

2. Pour Descartes, la liberté d'indifférence est :

☐ **a.** le plus bas degré de l'action.

☐ **b.** le plus haut degré de l'action.

3 Sommes-nous condamnés à être libres ?

→ FICHE 27

1. Pourquoi Sartre choisit-il l'athéisme ?

☐ **a.** parce qu'il prouve l'inexistence de Dieu

☐ **b.** parce que Dieu est un tyran

☐ **c.** parce que l'athéisme renforce la liberté de l'homme

2. Que signifie, pour Sartre, une liberté « en situation » ?

☐ **a.** une liberté indifférente aux circonstances

☐ **b.** une liberté déterminée par les circonstances

☐ **c.** une liberté exercée dans certaines circonstances

3. Qu'est-ce que l'aliénation ?

☐ **a.** la dépendance envers autrui

☐ **b.** le refus de l'esclavage

☐ **c.** une crise de folie

S'ENTRAÎNER

4 Réviser le cours en 8 questions flash

1. Qu'est-ce que le déterminisme ?
2. Qu'est-ce que le libre arbitre ?
3. Qu'est-ce que la liberté diabolique ?
4. Quel philosophe dit que le libre arbitre est une illusion ?
5. Pourquoi Sartre dit-il que « l'homme est condamné à être libre » ?
6. Qu'est-ce que la mauvaise foi selon Sartre ?
7. À qui s'oppose principalement Rousseau en refusant de faire du contrat social un pacte de soumission ?
8. En quoi consiste la liberté dans la Déclaration des droits de l'homme de 1789 ?

Méthode

Introduire à une dissertation

- **Commencez par une accroche.** Ce n'est pas obligatoire mais cela permet d'attirer l'attention du correcteur. Ce peut être une citation, un événement historique, une référence littéraire…
- **Définissez les termes et reformulez la question.** Vous pourrez vérifier ainsi que vous n'êtes pas hors sujet.
- **Dégagez la problématique.** Il s'agit de la ou les questions centrales que pose le sujet.
- **Dégagez ensuite les enjeux du sujet.** C'est le rapport qu'entretient le sujet avec certains grands débats philosophiques.
- **Annoncez les grandes étapes du plan** pour terminer votre introduction.

5 Rédiger la problématique et les enjeux

Sujet : Naît-on libre ou le devient-on ?

1. Choisissez la problématique qui convient au sujet :

☐ a. Le sujet interroge l'existence d'obstacles à la liberté.

☐ b. La question soulève le problème du but de la liberté et de l'usage que l'on doit en faire.

☐ c. Le sujet questionne l'origine de la liberté : est-elle une donnée naturelle ou l'effet d'une acquisition ?

2. Parmi les enjeux suivants, retenez ceux qui se rapportent au sujet :

☐ a. La liberté dépend-elle de nous ?

☐ b. La liberté est-elle une conquête historique ?

☐ c. Les droits de l'homme lui sont-ils donnés à la naissance ?

6 Rédiger une accroche

Sujet : Se révolter, est-ce un signe de liberté ?

Rédigez une accroche en partant d'un des exemples historiques suivants :

- la révolte des esclaves de Spartacus
- les jacqueries de paysans au Moyen Âge
- la Commune de Paris

OBJECTIF BAC

7 Explication de texte • John Stuart Mill, *De la liberté*

4 h

Le texte suivant porte sur les limites de la liberté individuelle : en quoi la liberté des autres limite ma liberté, mais aussi en quoi les autres doivent respecter ma propre liberté.

LE SUJET

Ce principe est que la seule fin pour laquelle les hommes sont autorisés, individuellement ou collectivement, à intervenir dans la liberté d'action d'un quelconque concitoyen est de se protéger, que le seul but en vue duquel le pouvoir peut être légitimement exercé sur un membre de la communauté, contre sa volonté, est d'empêcher qu'il ne nuise aux autres. Son propre bien, qu'il soit physique ou moral, n'est pas une justification suffisante. Il ne peut pas légitimement être forcé de faire quelque chose ou de s'en abstenir parce que ce serait mieux pour lui d'agir ainsi, parce que cet acte le rendrait plus heureux, ou parce que dans l'opinion des autres, agir ainsi serait sage, ou même juste. Ce sont de bonnes raisons pour lui faire des remontrances, ou pour le raisonner, ou pour le persuader, ou pour le prier [de faire quelque chose], mais pas pour le contraindre ou lui infliger quelque tort, au cas où il agirait autrement. Pour justifier cela, il faut estimer que la conduite dont on veut qu'il se détourne produit du tort à autrui. La seule part de la conduite de quelqu'un qui soit du ressort de la société, est celle qui concerne autrui. Pour ce qui est de la part qui ne concerne que lui-même, son indépendance est, de droit, absolue. Sur lui-même, sur son propre corps et son propre esprit, l'individu est souverain.

John Stuart Mill, *De la liberté*, traduit par Laurence Lenglet © Éditions Gallimard.

▶▶▶ LA FEUILLE DE ROUTE

→ *Reportez-vous à la **méthode générale** de l'explication de texte p. 308.*

Étape 1 Repérer le thème et la thèse du texte

- Cet extrait aborde la question de la liberté. À votre avis, traite-t-il plutôt de morale ou de politique ?
- Quelle est la question à laquelle ce texte répond ? Vise-t-il à définir les limites de la liberté individuelle ou celles du pouvoir de l'État ?
- Quelle réponse apporte Mill à cette interrogation (la thèse) ?

Étape 2 Dégager la problématique et les enjeux du texte

- Quel est le rapport entre l'État et l'individu ?
- Dans quel cas la loi peut-elle contraindre ou réprimer un individu ?
- Peut-on faire le bonheur de quelqu'un malgré lui ?
- Quelle place les sociétés de contrôle accordent-elles à la liberté individuelle ?

Étape 3 Identifier les étapes de l'argumentation

1 Ne pas nuire à autrui (l. 1 à 8)

- L'État a-t-il tous les pouvoirs ? Selon quels critères peut-on limiter son pouvoir ?
- Trouvez des exemples d'atteinte à la liberté d'autrui.
- Quel est le rôle de la loi et de l'État ? Dans quelle mesure oppriment-ils les libertés ?

2 Ne pas se nuire à soi-même (l. 8 à 15)

- Trouvez des exemples d'atteinte à sa propre liberté.
- L'État peut-il être juge de ce qui est bon pour moi ?
- Quelle différence y a-t-il entre une démocratie et un État totalitaire ?

3 Deux domaines du droit (l. 15 à 20)

- Analysez la dernière phrase. Quel pouvoir Mill attribue-t-il à l'individu ?
- Qu'est-ce qui rend une loi légitime ou illégitime ?

Étape 4 Rédiger l'explication → CORRIGÉ P. 165

CORRIGÉS

SE TESTER QUIZ

1 En quoi consiste la liberté ?

1. Réponse b. La liberté physique est le mouvement spontané et sans contrainte. La réponse c correspond quant à elle à la liberté morale comme autonomie.
2. Réponse b. Par cette phrase, Hegel exprime que la liberté est une conquête historique qui passe par une transformation du monde extérieur par l'action humaine.

2 La liberté est-elle une illusion ?

1. Réponse c. Leibniz innocente Dieu du péché et du mal.
2. Réponse a. Pour Descartes, la liberté d'évidence est le plus haut degré moral du point de vue de l'action : agir en suivant le vrai.

À NOTER
Dans son ouvrage *Essais de théodicée*, **Leibniz** s'interroge pour savoir qui de Dieu ou de l'homme est coupable du mal dans le monde. La liberté laissée à l'homme le rend seul coupable de ses choix, et innocente Dieu.

3 Sommes-nous condamnés à être libres ?

1. Réponse c. Sartre choisit l'athéisme pour rendre l'homme totalement responsable de sa liberté. Pour lui, la morale oblige à renoncer à la religion.
2. Réponse c. « En situation » signifie que notre liberté de choix est réelle, mais qu'elle s'exerce différemment selon les circonstances.
3. Réponse a. L'aliénation est le fait de dépendre d'autrui. Par dérivation, il a pris le sens de « folie », c'est-à-dire de perte de contrôle de soi.

S'ENTRAÎNER

4 Réviser le cours en 8 questions flash

1. Le déterminisme soutient que rien n'arrive par hasard, mais toujours par des causes nécessaires. Il ne reconnaît aucune liberté dans la nature.
2. Le libre arbitre désigne le pouvoir de juger et de choisir sans contrainte. Il repose sur le pouvoir absolu de la volonté d'affirmer et de nier.
3. La liberté diabolique est un choix délibéré du mal : choisir le mal pour le mal.
4. Pour Spinoza le libre arbitre est une illusion, car notre volonté est toujours déterminée, mais nous ignorons les causes qui nous déterminent.
5. Par cette phrase paradoxale, Sartre dit que nous ne pouvons refuser notre liberté existentielle et que nous devons accepter notre radicale responsabilité.
6. La mauvaise foi, pour Sartre, est le fait d'excuser mes lâchetés en invoquant des éléments extérieurs : la société, la famille, l'inconscient, la guerre, etc.
7. Rousseau s'en prend à Hobbes, qui soutient que le pacte social exige une totale soumission des citoyens à l'État, donc la perte de leur liberté naturelle.
8. La Déclaration de 1789 traduit la liberté par une série de droits naturels garantis par la loi : liberté de pensée, d'expression, de circulation, etc.

5 Rédiger la problématique et les enjeux

1. Réponse c. Ce n'est pas la question des obstacles, ni celle de l'usage, mais bien celle de l'origine de la liberté qui pose ici problème. L'homme est-il libre par nature ou la liberté résulte-t-elle d'une conquête et d'un apprentissage ?

2. Réponses a, b, c. Tous les trois sont des enjeux liés au sujet : si la liberté est de naissance, elle ne dépend pas de nous ; si elle n'est pas native, elle est historique ; les droits de l'homme, « naturels », nous sont donnés de naissance.

Si la liberté est native, nous ne pouvons pas y renoncer et nous sommes condamnés à être libres, comme l'écrit Sartre. Elle ne dépend pas de nous. Si la liberté est un résultat, elle exige un apprentissage et dépend de nous pour progresser. Est-ce à dire que certains hommes et certains peuples ne sont pas mûrs pour la liberté ? Auquel cas, comment se fait cet apprentissage ? Par le travail, la lutte, la révolte, l'éducation ?

6 Rédiger une accroche

Dans l'Antiquité, la situation des esclaves donna lieu à de grandes révoltes, parmi lesquelles la plus célèbre fut sans doute celle dirigée par Spartacus. Cette dernière réussit à ébranler l'Empire romain, mais finit écrasée dans le sang. Elle symbolise à la fois le pouvoir étonnant de libération et l'impasse politique que peut représenter une révolte sans débouché institutionnel.

OBJECTIF BAC

7 Explication de texte • John Stuart Mill, *De la liberté*

Ce corrigé est sous la forme d'un plan détaillé. Les titres de partie sont donnés à titre indicatif mais ne doivent pas apparaître sur votre copie.

Introduction

[thème] Mill examine ici une question fondamentale de philosophie politique, celle du pouvoir d'État dans son rapport à l'individu. On peut opposer une conception absolutiste de l'État, celle de Platon ou de Hobbes, qui affirme la souveraineté absolue de l'État sur ses sujets, et une conception libérale, celle de Locke ou de Mill, qui exige de limiter la puissance publique pour protéger la liberté individuelle. **[thèse]** L'auteur estime que l'État et la société modernes tendent à abuser de leur pouvoir sur l'individu. Des lois de plus en plus contraignantes, ainsi que les pressions croissantes du conformisme social envahissent la vie de l'individu et réduisent sa liberté de choix. **[problématique]** La question est de savoir où s'arrête le pouvoir des lois et de l'État sur l'individu ; ou quelle est la part de liberté individuelle qui doit être protégée des abus du pouvoir politique ou de l'autorité sociale. **[enjeux]** La contrainte légitime ne concerne que la protection de l'individu contre la violence d'autrui. En revanche, l'État ne peut faire le bien de quelqu'un malgré lui.

[annonce du plan] Dans un premier temps est posé le principe d'une limitation légitime de la liberté. Ensuite est critiqué le type d'intervention abusive dans la liberté individuelle. Enfin, une brève conclusion résume les deux cas de figure.

I Ne pas nuire à autrui

- Ne pas nuire à autrui constitue **la seule limitation légitime de la liberté individuelle.** Voilà une autre façon de dire que la liberté de chacun s'arrête où commence celle d'autrui. Un État a le droit de limiter la liberté d'un individu lorsque cette dernière porte atteinte au bien d'autrui : son intégrité corporelle, sa propriété, sa liberté de circuler ou sa liberté de penser.
- Ainsi, la loi doit interdire le meurtre, le vol, le rapt, la prise d'otages ou la persécution d'opinions contraires. C'est le seul principe qui légitime une limitation de la liberté par la loi et la contrainte d'État.

II Ne pas se nuire à soi-même

1 Nous ne pouvons empêcher quelqu'un de se nuire à lui-même

- En effet, le citoyen doit rester libre de choisir sa vie, tant que cela ne nuit à personne d'autre qu'à lui. **L'État et la société ne peuvent décider à sa place** de ce qui est bon ou mauvais pour lui, et n'ont pas le droit de le lui imposer par la contrainte.
- Le suicide, la drogue, la débauche, ou d'autres comportements peuvent être condamnés par la morale dominante dans la société, mais le citoyen doit rester libre d'adopter ces comportements du moment qu'ils ne nuisent pas à autrui.

2 Conseiller au lieu de forcer

La loi ou l'opinion publique peuvent « faire des remontrances, [...] raisonner, [...] persuader, ou [...] prier », mais elles ne peuvent contraindre par la force. On peut vouloir éduquer ou prévenir, empêcher que cela nuise à l'entourage, mais **on ne doit pas interdire par la force.**

III Deux domaines du droit

La conclusion du texte sépare deux domaines du droit. La liberté de chacun doit être limitée dans la mesure où elle concerne autrui. En revanche, la liberté individuelle doit rester entière dans le rapport de l'individu à soi-même. En effet, « sur lui-même, sur son propre corps et son propre esprit, l'individu est souverain. »

> **MOT-CLÉ**
> En philosophie politique, le **souverain** désigne celui qui a le pouvoir légitime de faire la loi : le roi en monarchie, les nobles en aristocratie, le peuple en démocratie.

Conclusion

L'auteur propose une autre façon de penser l'oppression. Avec la démocratie, il ne s'agit plus tant d'une répression physique (torture, emprisonnement, exécution, exil) comme dans les anciennes tyrannies. Il est plutôt question d'une nouvelle menace sur la liberté qui atteint la conscience morale de l'individu en l'obligeant à penser comme tout le monde, ce qui constitue une tyrannie morale de l'opinion publique. Ainsi, la défense de la liberté dans les démocraties modernes ne passe plus principalement par la liberté physique, mais par la liberté morale, celle du non-conformisme et du droit à la différence.

10 La nature

Les productions naturelles ressemblent parfois à des signes intentionnels. C'est le cas du Cœur de Voh, une clairière de Nouvelle-Calédonie qui, vue d'en haut, a la forme d'un cœur stylisé.

MÉMO VISUEL

DÉFINITIONS CLÉS

Nature (sens 1)
L'ensemble des propriétés fondamentales d'un être ou d'une chose.

Nature (sens 2)
L'ensemble du monde physique et des principes qui l'animent.

LA

Peut-on opposer, en l'homme, la nature et la culture ? (→ p. 170)

Les repères utiles
en acte/en puissance → p. 310

La réponse de Rousseau

La culture est un processus de dénaturation. Le passage de l'homme de l'état de nature à l'état de culture signe une décadence.

« Tout est bien sortant des mains de l'Auteur des choses, tout dégénère entre les mains de l'homme. »

La réponse de Kant

La culture permet à l'espèce humaine de tirer « par ses propres efforts toutes les qualités naturelles qui appartiennent à l'humanité. »

NATURE

La nature peut-elle être la norme des conduites humaines ? (→ p. 172)

Les repères utiles
origine/fondement → p. 316

La réponse d'Épictète
Il faut « vivre selon la nature », car elle est un modèle.

La réponse de Kelsen
La nature n'est qu'un mécanisme aveugle et ne saurait donc constituer une norme éthique.

La nature est-elle un ensemble de lois ? (→ p. 174)

Les repères utiles
principe/cause/fin → p. 317

La réponse de Galilée
La nature est un livre « écrit en langage mathématique ».

La réponse de Heidegger
La nature dans sa vérité échappe nécessairement à une explication rationnelle mécaniste.

« L'Arraisonnement nous masque l'éclat et la puissance de la vérité [de la nature]. »

28 Peut-on opposer, en l'homme, la nature et la culture ?

En bref *L'un des sens du terme « nature » est de désigner l'essence d'une chose. Dans cette acception, la culture, entendue comme l'ensemble des artifices produits par l'homme, semble bien arracher l'homme à sa nature...*

I La culture : une dénaturation ?

1 La sortie de l'état de nature

■ Rousseau soutient qu'à **l'état de nature** les individus humains mènent une vie solitaire et indépendante, si bien que règnent l'harmonie et la paix. L'entrée dans le processus de culture est accidentelle et source de dénaturation : les individus deviennent des rivaux et les passions naissantes les opposent → FICHE 13.

■ Selon Rousseau, l'essence de l'homme se compose de deux sentiments primitifs : l'amour de soi, qui porte les hommes à l'autoconservation, et la pitié, qui « nous porte sans réflexion au secours de ceux que nous voyons souffrir. » La culture vient recouvrir ces deux sentiments et engendre rivalités et mésententes entre les hommes.

MOT-CLÉ

Par opposition à l'état civil, **l'état de nature** désigne la situation dans laquelle l'humanité se serait trouvée avant l'émergence de la société, et notamment avant l'institution de l'État et du droit positif. Rousseau y voit une fiction méthodologique.

2 La perfectibilité comme essence de l'homme

■ La perfectibilité est pourtant le propre de l'homme. Celui-ci est, en effet, doté d'une plasticité qui le programme à sortir de l'état de nature à l'occasion d'un événement accidentel contraignant les hommes à se réunir (un tremblement de terre, par exemple).

■ C'est ainsi que l'homme peut progresser (devenir plus savant, plus intelligent), mais également régresser : perdre notamment son aptitude à la compassion.

II La culture réalise la nature humaine

1 L'homme doit se faire lui-même

■ Comparés à l'animal et au végétal, les hommes sont fort démunis en termes d'instincts : comme l'écrit Kant, « il faut [que l'homme] se fasse à lui-même son plan de conduite » → FICHE 46.

■ Ainsi, les hommes sont le produit de leurs interactions et de leurs apprentissages. Les qualités naturelles dont l'homme dispose en puissance ne germeraient pas sans la culture. Celle-ci apparaît donc comme un achèvement de la nature humaine.

2 L'importance de l'éducation

L'éducation, qu'il faut distinguer du dressage, a un rôle fondamental dans le développement de l'humanité. Kant explique ainsi qu'au fil de l'histoire les hommes apprennent les uns des autres à concrétiser, c'est-à-dire à faire passer de la puissance à l'acte, leurs qualités naturelles : « une génération fait l'éducation de l'autre. »

III Le dépassement de l'opposition nature/culture

1 L'impossible distinction nature/culture

Il est, en fait, impossible de séparer chez l'homme l'inné et l'acquis. Selon Merleau-Ponty, « tout est fabriqué et tout est naturel chez l'homme. » Tous les comportements et toutes les paroles s'enracinent dans la biologie humaine sans jamais s'y réduire, car ils portent le signe de la culture. Tiraillé par la faim, l'homme ne se contente pas de manger, il prépare ses mets et fait des repas.

2 La nature humaine n'existe pas

L'existence même d'une nature humaine est contestable. Ainsi, explique Sartre, « l'existence précède l'essence », ce qui signifie que chaque homme a à définir sa propre nature à travers ses actes et ses choix. C'est ainsi qu'un homme lâche n'est rien d'autre qu'un homme qui a choisi une existence de lâcheté.

zoOm

L'Enfant sauvage : l'exemple de Victor de l'Aveyron

François Truffaut, *L'Enfant sauvage*, 1970.

- En 1800, un enfant sauvage qui sera surnommé Victor de l'Aveyron est découvert. Il marche à quatre pattes, se nourrit de plantes et est sourd et muet. Le docteur Itard cherche à humaniser le garçon.
- Le cas de cet enfant sauvage montre que, sans la culture, les caractères qui semblent naturels chez l'homme ne se développent pas.

29 La nature peut-elle être la norme des conduites humaines ?

En bref *La nature désigne l'essence d'une chose et la totalité des choses existantes, exception faite des productions humaines. Comprise dans ces deux sens, la nature peut-elle constituer une règle morale pour l'homme ?*

I La conception ancienne

MOT-CLÉ
Pour les Anciens, comme Ovide, le **chaos** désigne un milieu chronologiquement premier et sans orientation possible, où l'on chute dans tous les sens.

1 Un exemple d'harmonie

- La nature est ordonnée et harmonieuse. Elle est comme un grand être vivant dont les régularités manifestent la constance. Elle est l'exact opposé du **chaos**.
- C'est ainsi que, selon Marc Aurèle, la nature « se propose toujours un but, et [qu']elle ne s'occupe pas moins de la fin des choses que de leur origine et de leur existence. Elle ressemble assez à un joueur de ballon », c'est-à-dire à une personne qui vise intentionnellement un but.

2 Vivre selon la nature

Dans ce contexte, la formule injonctive d'Épictète « vivre selon la nature » est pour l'homme un rempart éthique contre la démesure. La vie humaine la plus achevée consiste alors à accepter et retrouver cet ordre naturel en soi-même, si bien que vivre selon la nature équivaut à vivre selon *sa* nature.

II Le droit naturel moderne

1 Le droit naturel à la propriété

- Certains philosophes modernes croient pouvoir fonder le droit sur ce que la nature a inscrit en l'homme, c'est-à-dire la nature humaine.
- C'est ainsi que, selon Locke, l'homme est par nature propriétaire de droit de son corps et de son esprit, mais aussi de tout ce qui vient de lui-même ou a été valorisé par lui-même, notamment les biens et les richesses acquis par son travail.

2 La possibilité du pacte social fondé sur la nature humaine

Dans le même temps, Hobbes soutient que la nature humaine présente tous les éléments nécessaires à l'élaboration du pacte social. Ayant naturellement le droit absolu de tout faire pour préserver leur vie et ayant subi l'épreuve d'une constante menace de mort dans la vie précivile, les hommes découvrent par la raison la première loi de nature, qui leur interdit de faire ce qui mène à la destruction de leur vie, et découvrent la règle de leur intérêt : « s'efforcer à la paix » → FICHE 13.

III La nature : entre la violence et le silence

1 Une nature violente

Pourtant, Hobbes souligne également que l'étude de la nature humaine conduit au constat d'une **rivalité fondamentale** entre les individus qui s'opposent nécessairement du fait qu'ils désirent tous les mêmes choses. C'est ainsi que l'état de nature est « la guerre de tous contre tous » et que « l'homme est un loup pour l'homme. »

2 L'illusion du droit naturel

- Le droit naturel repose sur l'illusion d'une nature qui ferait « autorité » et qui poserait des droits. Or, d'après Kelsen, la nature n'est qu'un **ensemble de faits** qui n'ordonnent jamais.

CITATION

« Des hommes se réunissent [...], prononcent des discours, les uns lèvent la main, les autres ne la lèvent pas [...] Juridiquement [cela] signifie qu'une loi est votée, que du droit est créé » (Kelsen, *Théorie pure du droit*). Selon l'auteur, aucune norme naturelle ne fonde l'instauration du droit, qui ne repose que sur des décisions humaines.

- Scientifiquement parlant, en effet, la nature n'est qu'un mécanisme aveugle dénué de volonté et qui ne saurait dicter aucun devoir-être.
- Ainsi, à moins de postuler que Dieu ou toute autre puissance transcendante commanderait aux hommes de se conduire d'une certaine façon, la nature ne peut pas servir de boussole politique et juridique aux hommes.

zoOm

Délivrance, l'épreuve d'une nature amorale

John Boorman, *Délivrance*, 1972.

Dans le film *Délivrance*, quatre Américains font l'épreuve douloureuse d'une nature hostile, peuplée d'hommes attardés, aux antipodes de toute normativité morale, c'est-à-dire de tout modèle permettant de régler la vie humaine. La violence aveugle et la mort seront au rendez-vous de cette expédition...

30 La nature est-elle un ensemble de lois ?

En bref *La nature n'est pas chaotique, les phénomènes naturels s'enchaînent selon un ordre rigoureux, prévisible et calculable. C'est ainsi, par exemple, que les hommes peuvent anticiper les marées ou les éclipses. Faut-il en conclure que la nature est entièrement déterminée ?*

I La nature au-delà des lois

1 La nature divinisée

■ La nature apparaît, en premier lieu, comme une totalité irréductible à une explication mécaniste aveugle. C'est ainsi que, pour les Anciens, la nature est enchantée et dotée d'intentions.

■ Dans la culture latine, la nature est considérée comme une mère nourricière : « La terre, sans être violée par la houe, ni blessée par la charrue, donnait tout d'elle-même » explique Ovide quand il décrit la nature vierge. Par conséquent, l'homme doit respecter la nature et se soumettre à elle. La vénération prend la forme de rites, de cultes et d'incantations visant à préserver l'ordre du monde.

2 La nature comme objet de croyance

■ Une nature ainsi conçue requiert, pour être comprise, une interprétation des signes qu'elle envoie aux hommes, d'où la grande importance accordée à **l'astrologie**.

■ Il faut noter que, dans un tel contexte, la nature ne saurait constituer un objet de connaissance scientifique, mais est bien plutôt l'occasion de croyances qui nous en apprennent davantage sur l'homme que sur la nature elle-même → FICHE 37.

MOT-CLÉ
L'**astrologie** est un ensemble de croyances et de pratiques visant à déterminer le destin et le caractère des hommes par l'étude de la supposée influence des astres.

II La nature : un ensemble de lois

1 Un nouvel objet pour les sciences de la nature

■ Au XVIIe siècle, l'ambition de la science physique est redéfinie : il ne s'agit plus de comprendre le *pourquoi* des phénomènes, mais le *comment*.

■ Tournant le dos à Aristote, les scientifiques ne se donnent plus comme objectif une connaissance des premiers principes et des premières causes, qu'ils jugent vouée à l'échec ou à l'obscurantisme, mais, plus modestement, la saisie des régularités qui lient les phénomènes, c'est-à-dire les lois de la nature.

À NOTER

Dans *Le Malade imaginaire*, **Molière** se moquera des savants anciens qui expliquaient que l'opium fait dormir en raison de sa « vertu dormitive ».

2 | La conception moderne de la nature

■ Descartes explique ainsi que la nature n'apparaît plus comme une « déesse ». Dépourvue d'intentions et ne visant aucun but, elle est assimilable, comme l'écrit Galilée, à **un livre « écrit en langage mathématique**, et [dont] les caractères sont des triangles, des cercles, et d'autres figures géométriques. » En droit, la nature est totalement explicable par des principes rationnels → FICHE 38.

■ Une telle conception purement scientifique de la nature ne risque-t-elle pas de réduire cette dernière à une abstraction simplificatrice ?

3 | Les limites de la conception moderne de la nature

■ Comme le signale Kant, cette conception moderne de la nature est peut-être **tributaire de l'entendement humain** qui, en tant que faculté de créer des concepts, détermine la manière dont nous apparaissent les phénomènes naturels.

■ Le fait est que la connaissance de la nature n'est pas épuisée par la science. Beaucoup de phénomènes demeurent encore énigmatiques et l'on comprend dans cette perspective que puissent perdurer des **croyances** qui dépassent les limites de la raison → FICHE 38.

■ Conçue comme nécessairement conforme aux lois de la raison, la nature est réduite à un ensemble de lois mesurables. Forcée d'entrer dans un cadre aussi étroit, la **dimension de puissance et de jaillissement** de la nature est oubliée. Comme le dit Heidegger, la nature est limitée à une somme d'ustensiles dont les hommes sont voués à se rendre maîtres et possesseurs.

zoOm

Michel Serres : la nature comme sujet de droit

■ Dans *Le contrat naturel*, Michel Serres critique la conception mécaniciste et utilitariste de la nature, qui ne vise qu'à la connaître objectivement pour la dominer.

■ Le temps est venu pour l'humanité d'inventer un contrat naturel par lequel justice sera faite à la nature.

Michel Serres, en 2007.

SE TESTER QUIZ

Vérifiez que vous avez bien compris les points clés des **fiches 28 à 30**.

1 Peut-on opposer, en l'homme, la nature et la culture ? → FICHE 28

1. Quels sont les deux sentiments naturels chez l'homme, selon Rousseau ?

☐ **a.** l'amour-propre et l'envie ☐ **b.** l'ambition et l'espoir

☐ **c.** l'amour de soi et la pitié

2. Pourquoi, selon Kant, l'éducation joue-t-elle un rôle fondamental dans le développement de l'humanité ?

☐ **a.** L'éducation permet de faire germer toutes les qualités naturelles qui appartiennent à l'humanité.

☐ **b.** L'éducation est un dressage des pulsions.

☐ **c.** L'éducation permet une réussite professionnelle.

2 La nature peut-elle être la norme des conduites humaines ? → FICHE 29

1. Parmi les affirmations suivantes, laquelle est vraie ?

☐ **a.** Selon Épictète, la nature est un modèle pour les conduites humaines.

☐ **b.** Selon Hobbes, la première loi de nature conduit à désirer la guerre.

☐ **c.** Selon Kelsen, le droit naturel est le fondement du droit positif.

2. Complétez le texte avec les mots qui conviennent.

Les philosophes modernes croient pouvoir fonder le droit sur la nature humaine, car la nature a inscrit en l'homme tous les éléments nécessaires à l'élaboration du .... Néanmoins, selon Kelsen, scientifiquement parlant, la nature est un .... Ainsi, l'idée de droit naturel renvoie à une ....

3 La nature est-elle un ensemble de lois ? → FICHE 30

1. Selon Ovide, qu'est-ce que la nature ?

☐ **a.** une déesse

☐ **b.** un ensemble de lois

☐ **c.** une mère nourricière

2. Selon Heidegger, quelle est la conséquence de la conception mécaniciste de la nature ?

☐ **a.** La nature, dans sa vérité, est oubliée.

☐ **b.** La nature est intégralement comprise.

☐ **c.** La science devient un modèle pour la poésie.

S'ENTRAÎNER

4 Réviser le cours en 8 questions flash

1. Pourquoi, selon Rousseau, la culture peut-elle être considérée comme une dénaturation ?

2. Pourquoi la distinction nature/culture est-elle contestable selon Merleau-Ponty ?

3. Comment les Anciens se représentaient-ils la nature ?

4. Pourquoi, selon Kelsen, le droit naturel ne saurait-il fonder le droit positif ?

5. Pourquoi les Anciens accordent-ils une grande importance à l'astrologie ?

6. Comment la nature apparaît-elle aux Modernes ?

7. Pourquoi, selon Kant, la conception de la nature comme ensemble de lois est-elle tributaire de l'entendement ?

8. Pourquoi, selon Heidegger, la dimension de puissance et de jaillissement de la nature est-elle occultée par la science moderne ?

5 Éviter la paraphrase

Il n'est pas plus naturel ou pas moins conventionnel de crier dans la colère ou d'embrasser dans l'amour que d'appeler *table* une table. Les sentiments et les conduites passionnelles sont inventés comme les mots. Même ceux qui, comme la paternité, paraissent inscrits dans le corps humain, sont en réalité des institutions.

Il est impossible de superposer chez l'homme une première couche de comportements que l'on appellerait *naturels* et un monde culturel ou spirituel fabriqué. Tout est fabriqué et tout est naturel chez l'homme, comme on voudra dire, en ce sens qu'il n'est pas un mot, pas une conduite qui ne doive quelque chose à l'être simplement biologique, et qui en même temps ne se dérobe à la simplicité de la vie animale, ne détourne de leur sens les conduites vitales, par une sorte d'échappement et par un génie de l'équivoque qui pourraient servir à définir l'homme.

Maurice Merleau-Ponty, *Phénoménologie de la perception*, © Éditions Gallimard.

Relisez la phrase surlignée et comparez les deux explications suivantes. Laquelle est une paraphrase ?

☐ **a.** En ce qui concerne l'humanité, on ne peut pas empiler des actions dérivant de la nature et un univers construit. Il n'y a pas une première strate de conduites naturelles sur laquelle viendrait s'ajouter un monde de la culture et de l'esprit.

☐ **b.** La distinction entre un socle de manières d'être innées et le résultat d'acquis artificiels est caduque chez l'homme. Tous les comportements humains entremêlent des dimensions biologiques et culturelles, à tel point que celles-ci en deviennent indiscernables.

Méthode

Expliquer un texte sans le paraphraser

Expliquer un texte consiste à l'interroger selon trois axes :

- **Vous devez poser la question : « Quoi ? »**
  Cette interrogation, qui revient à demander ce que dit le texte, vous évitera de faire des contresens. Dans un premier temps, il s'agit donc de montrer au correcteur que vous avez compris le texte.
- **Vous devez ensuite poser la question : « Comment ? »**
  Cela vous poussera à étudier de quels types sont les arguments utilisés par l'auteur pour soutenir sa thèse. Dans un deuxième temps, il s'agit en effet de montrer au correcteur que vous avez compris la forme argumentative du texte.
- **Vous devez enfin poser la question : « Pourquoi ? »**
  Quelles sont les raisons qui conduisent l'auteur à dire ce qu'il dit ? Dans un troisième temps, il s'agit ici de montrer au correcteur que vous avez compris l'importance philosophique des arguments.

6 Expliquer un passage du texte

Expliquez le début du texte de Merleau-Ponty : « Il n'est pas plus naturel ou pas moins conventionnel de crier dans la colère ou d'embrasser dans l'amour que d'appeler *table* une table. »

CONSEIL
Soyez attentif aux expressions « crier dans la colère », « embrasser dans l'amour », « appeler *table* une table ». Que désignent-elles ? Pourquoi sont-elles présentées dans cet ordre ?

OBJECTIF BAC

7 Dissertation • Avons-nous des devoirs envers la nature ?

4 h

Le sujet proposé traite de la nature tout en posant une question morale. Il présente donc l'intérêt de remettre en question la conception d'une nature dont l'homme pourrait se rendre à son gré comme maître et possesseur.

LE SUJET

Avons-nous des devoirs envers la nature ?

▶▶▶ LA FEUILLE DE ROUTE

→ *Reportez-vous à la **méthode générale** de la dissertation p. 306.*

Étape 1 Analyser les termes du sujet

- La **nature** désigne à la fois l'ensemble des propriétés fondamentales d'un être ou d'une chose, et l'ensemble du monde physique et des principes qui l'animent.
- Au sens large, le terme « **devoirs** » désigne des obligations imposées non seulement par la morale, mais aussi par les lois, les règlements, les conventions sociales. En l'occurrence, ce sont surtout les devoirs moraux qui sont interrogés.
- Qui est désigné par le pronom « **nous** » ?

Étape 2 Dégager la problématique et les enjeux du sujet

- Admettons que nous disions que nous avons des devoirs envers la nature. Quelle est la conception de la nature qui en découlerait ?
- Admettons que nous disions que nous n'avons pas de devoirs envers la nature. Quelles en seraient les conséquences pratiques ?

Étape 3 Élaborer le plan de la dissertation

1 Nous avons des devoirs envers la nature

- Observez que la nature semble réaliser des fins (chez les êtres vivants notamment).
- La beauté de la nature nous oblige-t-elle à la respecter ?

2 La nature n'est pas un sujet de droit

- Devons-nous respecter la matière et l'étendue ?
- Une entité impersonnelle peut-elle avoir des droits ?
- Citez des exemples de devoirs moraux. Impliquent-ils une réciprocité ?

3 Nous avons des devoirs indirects envers la nature

- Renseignez-vous sur les impacts du saccage de la nature sur l'homme. Le bonheur de l'homme requiert-il la préservation de la nature ?
- Devons-nous traiter de la même manière tous les éléments de la nature ?

Étape 4 Rédiger la dissertation → CORRIGÉ P. 182

CORRIGÉS

SE TESTER QUIZ

1 Peut-on opposer, en l'homme, la nature et la culture ?

1. Réponse c. Selon Rousseau, l'amour de soi et la pitié sont les deux seuls sentiments humains naturels. L'homme n'est pas mauvais par nature.
2. Réponse a. Selon Kant, les hommes sont fort démunis en termes d'instincts. L'individu a besoin du secours des autres pour développer ses qualités naturelles.

2 La nature peut-elle être la norme des conduites humaines ?

1. Réponse a.
La réponse a est vraie : selon Épictète, vivre selon la nature consiste à accepter et retrouver cet ordre naturel en soi-même et à mener l'existence la plus épanouie.
La réponse b est fausse. En effet, selon Hobbes, la première loi de nature interdit aux hommes de faire ce qui mène à la destruction de leur vie. Les hommes découvrent alors la règle de leur intérêt : « s'efforcer à la paix ».
La réponse c est fausse : selon Kelsen, le droit naturel n'existe pas, car la nature est un mécanisme aveugle.
2. Les philosophes modernes croient pouvoir fonder le droit sur la nature humaine, car la nature a inscrit en l'homme tous les éléments nécessaires à l'élaboration du pacte social. Néanmoins, selon Kelsen, scientifiquement parlant, la nature est un mécanisme aveugle. Ainsi, l'idée de droit naturel renvoie à une croyance théologique infondée.

BIOGRAPHIE

Hans **Kelsen** (1881-1973), avocat, juge et philosophe, appartient au mouvement du positivisme juridique, dont l'ambition est de décrire objectivement tout système juridique sans faire appel à des valeurs morales extrinsèques au droit.

3 La nature est-elle un ensemble de lois ?

1. Réponse c. Selon Ovide, la nature vierge procure aux hommes et aux animaux tout ce qui est nécessaire à la survie.
2. Réponse a. Selon Heidegger, la conception mécaniciste de la nature réduit celle-ci à une abstraction mathématique.

S'ENTRAÎNER

4 Réviser le cours en 8 questions flash

1. Selon Rousseau, la culture vient recouvrir les deux sentiments naturels de l'homme : l'amour de soi et la pitié.
2. La distinction nature/culture chez l'homme est contestable, car, selon Merleau-Ponty, « tout est fabriqué et tout est naturel chez l'homme. »

3. Les Anciens se représentaient la nature comme ordonnée et harmonieuse. Elle est comme un grand être vivant dont les régularités manifestent la constance.
4. Le droit naturel ne saurait fonder le droit positif selon Kelsen, car la nature n'est qu'un ensemble de faits qui s'inscrivent dans un mécanisme aveugle et, par conséquent, n'ordonnent jamais.
5. Les Anciens pensent que la nature s'adresse aux hommes par des signes qui, pour être compris, doivent être interprétés.
6. La nature apparaît comme dépourvue d'intentions. En droit, elle est totalement explicable par des principes rationnels.
7. Selon Kant, la nature en soi est inconnaissable. Les catégories de l'entendement humain règlent la forme et l'étendue de la connaissance des phénomènes naturels.
8. Selon Heidegger, la science moderne fait entrer par force la nature dans les cadres de la raison humaine ; elle l'arraisonne et la réduit à une abstraction mathématique.

5 Éviter la paraphrase

Réponse a.

La réponse **a** est une paraphrase. Le texte est répété avec d'autres mots, sans que jamais ne soit posée la question : « Pourquoi l'auteur a-t-il écrit ce qu'il a écrit ? »
La réponse **b** est une explication. Les concepts de nature et de culture sont éclaircis et la synthèse entre le naturel et le culturel que réalise l'auteur est signalée. On comprend alors que toute une tradition philosophique qui opère la distinction entre la nature et la culture est réfutée.

6 Expliquer un passage du texte

L'auteur dénonce la croyance selon laquelle les comportements humains peuvent être classés en deux catégories : naturels et culturels. Pour preuve Merleau-Ponty étudie des conduites courantes : **les sentiments**. « Crier dans la colère » ou « embrasser dans l'amour » ressemblent à des réflexes naturels. Et pourtant, selon les cultures envisagées, ces réactions varient. Tout n'est-il pas « conventionnel » ?
L'auteur refuse une telle conclusion par une double négation. Les sentiments sont indissociablement naturels et conventionnels. **Naturels**, car tous les comportements ne conviennent pas pour manifester un sentiment : l'homme n'embrasse pas pour exprimer sa colère. Mais ils sont **conventionnels** également, car d'autres comportements auraient également été parfaitement adéquats.
Une conclusion s'impose : la manifestation des sentiments échappe à la dichotomie nature/culture.

Il en va de même pour **le langage** qui comporte une part de convention (la pluralité des langues le montre). Néanmoins, dans le cadre des langues concrètes, les mots, comme celui de *table* en français, ont bien un ancrage naturel. Changer les mots reviendrait à mettre à mort la langue.

OBJECTIF BAC

7 Dissertation • Avons-nous des devoirs envers la nature ?

Introduction

[définitions] Alors que le terme de « nature » désigne l'ensemble du monde physique et des principes qui l'animent, celui de « devoirs » renvoie à l'idée de conduites qui s'imposeraient à un « nous », c'est-à-dire aux hommes entendus comme individus et espèce.

[problématique et annonce de plan] Si nous avons des devoirs envers la nature, ne faut-il pas concevoir celle-ci comme un sujet ayant des droits et méritant le respect ? N'est-ce pas là attribuer des caractères humains à la nature ? Si, au contraire, il faut dire que nous n'avons pas de devoirs envers la nature, n'est-ce pas valider moralement son saccage ?

I Nous avons des devoirs envers la nature

1 La nature est assimilable à une personne dotée de conscience

- Comme le souligne Aristote dans sa *Physique*, la nature paraît ordonnée en vue de fins. Le corps humain, par exemple, est d'une telle complexité qu'il semble difficile de n'y voir que le résultat du hasard. Tout se présente donc comme si la nature voulait produire un tel résultat.
- Aristote ne prête peut-être pas des intentions au sens strict à la nature, mais montre la nécessité de rendre compte de celle-ci en recourant à l'idée de finalité.

2 La nature est un ensemble d'êtres vivants

Certains animaux sont manifestement proches des hommes, du fait qu'ils semblent dotés de conscience, à tel point que Montaigne soutient dans ses *Essais* qu'« il y a plus de différence de tel homme à tel homme qu'il n'y a de tel homme à telle bête. » C'est ainsi que certains animaux disposeraient même du langage ! On comprend alors que les animaux puissent être considérés comme des sujets méritant le respect au même titre que les hommes.

3 La nature est belle

- Selon Emerson, les devoirs que l'homme a envers la nature se manifestent dans le sentiment d'émerveillement qui est le nôtre devant les paysages qu'elle nous offre. Celui qui aime la nature la voit avec révérence et conserve son esprit d'enfant, car la forêt recèle une éternelle jeunesse.
- La saisie de la beauté de la nature apparaît alors comme une intuition morale : celle-ci nous intime directement une attitude de reconnaissance et de respect envers sa totalité infinie.

CITATION

« La nature satisfait l'âme uniquement par sa beauté [...] J'ai vu le spectacle du matin, depuis le sommet de la colline, contre ma maison, depuis le jour jusqu'au lever du soleil, avec des émotions qu'un ange pourrait partager » (Emerson, *Nature*).

II La nature n'est pas un sujet de droit

1 La nature n'est que matière et étendue

La science moderne nous a appris que la nature pouvait être conçue entièrement comme un mécanisme. Elle est assimilable à **un livre « écrit en langage mathématique »** (Galilée). Elle ne doit pas être entendue comme « quelque déesse, ou quelque autre sorte de puissance imaginaire » (Descartes). En droit, elle est totalement explicable par des principes rationnels. Elle est bien un ensemble de lois aveugles et parler de devoirs dans ce contexte est totalement dépourvu de signification.

2 La nature n'est pas une personne

Selon Monod, les effets de finalité intentionnelle s'expliquent par le jeu de causes matérielles aveugles et du hasard. « Toute performance ou structure téléonomique [c'est-à-dire finalisée] d'un être vivant, quelle qu'elle soit, peut en principe être analysée en termes d'interactions stéréospécifiques [de mouvements] d'une, de plusieurs, ou de très nombreuses protéines. » La personnification de la nature apparaît alors comme **une forme d'anthropomorphisme** qui n'a pas lieu d'être.

3 La nature ne saurait avoir de devoirs envers les hommes

Piaget soutient qu'il n'est possible pour l'individu de s'imposer des devoirs qu'envers des êtres susceptibles de s'imposer les mêmes devoirs à son égard. Ce n'est pas le cas de la nature, dont les tremblements de terre et éruptions volcaniques frappent les hommes au hasard. L'idée de devoirs envers la nature est donc caduque.

III Nous avons des devoirs indirects envers la nature

1 Le respect de la nature s'impose pour l'homme lui-même

- Dans ses *Leçons d'éthique*, Kant explique que si les hommes doivent respecter la nature, c'est pour l'homme lui-même. Ainsi, par exemple, un homme qui abat son chien n'enfreint pas un devoir qu'il a envers son chien, mais « il commet un acte qui heurte en lui le **sentiment d'humanité**. » Un homme cruel envers les animaux commet un acte qui contredit « l'affabilité bienveillante », montrant, par là-même, qu'il pourrait également être cruel envers ses semblables.
- Jonas étend ce devoir aux **générations futures** : lutter contre la pollution est une conduite qui s'impose par respect envers les hommes à venir. Apparaît ainsi, sous la plume de Jonas, une nouvelle forme d'impératif moral qui concerne des sujets qui n'existent pas encore : « Agis de façon que les effets de ton action soient compatibles avec la permanence d'une vie authentiquement humaine sur terre. »

2 La nature est un concept large

- Nous avons peut-être des **devoirs envers certains animaux**, alors que nous n'en avons pas envers les minéraux. Selon Peter Singer, « si un être souffre, il ne peut y avoir aucune justification morale pour refuser de prendre en considération cette souffrance. » Autant il semble difficile de soutenir l'existence d'une souffrance minérale, autant on ne peut en nier l'existence chez certains animaux.

À NOTER

Né en 1946 en Australie, Peter Singer est notamment l'auteur de *La libération animale*, ouvrage dans lequel il argumente contre le spécisme, c'est-à-dire la discrimination arbitraire entre les espèces. Dès lors, une souffrance animale n'est pas moins intolérable qu'une souffrance humaine.

■ La maximisation du bien-être de tous passe par celui de tout être sensible, indépendamment de son intelligence. Ainsi, il ne s'agit pas de soutenir que les hommes et animaux doivent être traités de manière identique et, par exemple, de « donner le droit de vote aux cochons », mais de changer notre façon de percevoir et de traiter ces derniers, c'est-à-dire de ne pas mépriser les intérêts, différents mais réels, des non-humains.

3 L'homme peut souhaiter préserver la nature

On peut reconnaître l'existence générale chez les hommes d'un désir d'une vie proche d'une nature préservée. C'est ce qu'illustre le phénomène croissant de **rurbanisation**, dont parlent Antoine Bailly et Lise Bourdeau-Lepage : tout en conservant le confort, ces hommes de plus en plus nombreux souhaitent mener une existence campagnarde.

Conclusion

Au sens strict, nous n'avons pas de devoirs envers la nature. Néanmoins, nous avons des devoirs indirects (pour l'homme) envers elle, et peut-être envers les animaux qui connaissent la souffrance. Enfin, au-delà des prescriptions morales existe un désir humain de préserver la nature : l'homme réclame la possibilité d'être toujours émerveillé par les paysages naturels préservés. Il éprouve une sorte de désir d'osmose avec la nature, par-delà le bien et le mal, qui est irréductible à une simple stratégie de survie de l'humanité.

11 La raison

D'un côté Platon qui montre le ciel des idées, de l'autre Aristote qui rappelle l'existence du monde sensible, la raison, la faculté de distinguer le vrai du faux, implique deux exigences : la cohérence des idées et leur accord avec l'expérience.

MÉMO VISUEL

DÉFINITIONS CLÉS

Raison

1. Faculté de distinguer le vrai du faux, le bien du mal.
2. Ce qui permet d'expliquer ou de justifier un phénomène.

Ratio* et *logos

L'origine du mot « raison » est double : il vient du latin *ratio*, qui signifie « calcul », et du grec *logos*, qui désigne à la fois la parole, le discours et la faculté de penser.

LA

La raison est-elle le propre de l'homme ? (→ p. 188)

Les repères utiles
abstrait/concret → p. 310

La réponse d'Aristote

L'homme seul possède la parole, ce qui prouve que l'homme a vocation à la raison.

La réponse de Montaigne

Le spectacle du monde témoigne de la folie des hommes bien plus que de leur raison.

RAISON

Peut-on rendre raison de tout ? (→ p. 190)

Les repères utiles
persuader/convaincre → p. 317

La réponse de Comte

La raison doit s'attacher à tout expliquer, ce qui permet le progrès.

« Science, d'où prévoyance ; prévoyance, d'où action. »

La réponse de Pascal

La raison doit parfois admettre ses limites.

« Le coeur a ses raisons que la raison ne connaît point. »

Faut-il toujours être raisonnable ? (→ p. 192)

Les repères utiles
contingent/nécessaire → p. 311

La réponse de Platon

Être raisonnable permet d'être heureux en évitant la démesure.

« Une vie sans examen ne vaut pas la peine d'être vécue. »

La réponse d'Érasme

Être déraisonnable donne sa saveur à l'existence, quand la sagesse conduit le plus souvent au malheur.

31 La raison est-elle le propre de l'homme ?

En bref *La raison est la faculté qui permet de distinguer le vrai du faux et le bien du mal. En ce sens, elle semble importante aussi bien d'un point de vue théorique que d'un point de vue pratique. Pour autant, permet-elle de définir l'homme et de le distinguer des autres animaux?*

I La raison est le propre de l'homme

■ L'homme se distingue des animaux en ce qu'il possède une raison. C'est ce qu'affirme Aristote dans la *Politique* : les animaux possèdent une voix (*phonè*) qui leur permet de manifester leurs sensations. Les hommes possèdent la parole (***logos***) qui leur permet non seulement de manifester leurs sensations, mais aussi de former des abstractions comme l'utile et le nuisible, le juste et l'injuste → FICHE 22.

■ Que l'homme possède la raison montre qu'il n'est pas un simple animal et qu'il ne se réduit pas à ses besoins d'ordre biologique. Il est capable de penser, de parler et de s'accorder avec ses semblables. C'est en ce sens, pour Aristote, que « l'homme est un animal politique. »

À NOTER
Le terme ***logos*** désigne à la fois la parole, le discours et la raison, que la langue française distingue. En effet, c'est par le discours que les hommes témoignent de leur capacité à réfléchir et à former des abstractions.

II Le démenti de l'expérience

Si la raison est le propre de l'homme, c'est que celui-ci a vocation à chercher la vérité et à y conformer ses actions. La raison est à la fois un idéal théorique et un idéal pratique. Cependant, l'expérience semble démentir cette vocation.

1 De l'erreur à la folie

■ Posséder la raison ne garantit pas l'accès à la vérité. Les hommes se trompent souvent : ils pensent avoir raison quand ils ont en fait tort, ils croient savoir mais ne savent pas. N'ayant pas toujours conscience de leurs limites, ils entrent en conflit avec les autres et imposent par la violence leurs idées.

■ Montaigne est un philosophe sceptique : dans ses *Essais*, il montre ainsi l'impuissance de l'homme à connaître parfaitement le réel. Les opinions s'opposent sans que l'homme dispose d'un critère qui lui permette de savoir où est la vérité.

2 Le statut de l'animal

Si l'homme a longtemps cru à sa supériorité sur les autres animaux, de nombreux phénomènes témoignent d'une intelligence animale. Qu'il s'agisse du langage, de l'habileté technique ou de la sociabilité, les animaux sont capables de réalisations qui relativisent l'idée selon laquelle la raison serait le propre de l'homme → FICHE 46.

III La raison : un idéal à réaliser

■ Il faut cependant distinguer raison et **intelligence**. C'est ce qu'affirme Descartes dans le *Discours de la méthode* : « Ce n'est pas assez d'avoir l'esprit bon, mais le principal est de l'appliquer bien. » Si tous les hommes possèdent la raison, entendue comme la faculté de distinguer le vrai du faux, ils doivent apprendre à s'en servir en s'armant d'une **méthode** qui évite soigneusement l'erreur et la précipitation.

MOT-CLÉ
L'**intelligence** désigne l'ensemble des qualités de l'esprit (la mémoire, l'intuition) qui permettent d'atteindre la vérité plus rapidement et plus efficacement.

■ Cette distinction entre raison et intelligence permet d'affirmer que la raison est bien le propre de l'homme. On peut donc distinguer l'intelligence animale, qui relève d'un instinct, de la raison humaine, qui permet à l'homme de réfléchir par lui-même. Celle-ci renvoie à un **idéal d'autonomie** : l'homme cherche à devenir le fondement de ses pensées et de ses actes. Il apprend à devenir rationnel et raisonnable, en osant penser et se déterminer par lui-même → FICHE 26.

zoOm

Les animaux dans les *Fables*

Jean-Baptiste Oudry , *Le Renard et La Cigogne*, 1751.

Contre Descartes qui s'opposait à l'idée d'une pensée animale, réservant cette faculté à l'homme, La Fontaine a souligné, dans son « Discours à Madame de la Sablière », la complexité des comportements animaliers. Ce faisant, il a contribué à la remise en cause de l'idée selon laquelle l'homme serait supérieur à l'animal.

32 Peut-on rendre raison de tout ?

En bref *La raison renvoie à la volonté de l'homme de comprendre le monde qui l'entoure et de se comprendre lui-même. Mais la tentative de rendre raison de tout n'a-t-elle pas des limites? Si oui, ces limites sont-elles synonymes d'une faiblesse constitutive de la raison?*

I Qu'est-ce que chercher à rendre raison de tout ?

- D'un point de vue théorique, rendre raison signifie **expliquer un phénomène**, c'est-à-dire dégager les causes qui permettent d'en rendre compte. Par exemple, on rend raison de la fumée en la rapportant au feu qui la cause. Par une synthèse, on relie les deux phénomènes, en montrant que l'un est la cause de l'autre.
- D'un point de vue pratique, rendre raison de ses paroles ou de ses actes signifie les **justifier**. Par exemple, les parents justifient la punition qu'ils ont donnée à leur enfant en lui en indiquant les raisons. Cela implique la responsabilité du sujet, capable d'expliquer les raisons qui l'ont amené à agir ainsi plutôt qu'autrement.
- Dans les deux cas, vouloir rendre raison de tout semble un projet ambitieux mais légitime, qui se rapporte à un **idéal de connaissance complète** de soi et du monde. Cela donne à l'homme un pouvoir sur le réel, comme le montre la citation d'Auguste Comte : « Savoir pour prévoir, afin de pouvoir. »

II Un projet impossible et inutile

1 Une tâche infinie

Cependant, rendre raison de tout paraît être un **idéal démonstratif impossible à atteindre**. Premièrement, l'homme s'interroge sur des choses dont il ne peut pas faire l'expérience. Or notre connaissance suppose une expérience. Deuxièmement, toute démonstration repose sur des principes qu'il faut avoir préalablement démontrés. Tenter de rendre raison de tout serait donc une tâche infinie.

2 Et l'intuition dans tout ça ?

Bien plus, vouloir rendre raison de tout semble un projet inutile. Certaines choses ne s'expliquent pas et laissent la raison sans réponse. Peut-on par exemple justifier ses sentiments ou ses goûts ? Certains actes semblent irrationnels. La raison doit donc **admettre son impuissance** à rendre raison de tout et laisser la place à l'**intuition**. C'est ce que signifie la citation de Pascal à propos de la croyance religieuse : « Le cœur a ses raisons que la raison ne connaît point. » Le cœur saisit des vérités que la raison est incapable de démontrer → FICHE 35.

> **MOT-CLÉ**
> L'**intuition** désigne la faculté qui permet de saisir immédiatement quelque chose. Elle ne présuppose pas de réflexion.

III Faut-il renoncer à rendre raison de tout ?

1 Les limites de la raison

■ La raison a donc des limites et on ne peut rendre raison de tout. Mais ces limites ne sont pas nécessairement un échec à la volonté de connaissance de l'homme. Elles montrent que l'homme doit **réduire le champ de ses investigations** pour mieux assurer son savoir. Ainsi, la raison détermine par elle-même les limites à l'intérieur desquelles un discours rationnel est possible.

■ Dans la *Critique de la raison pure*, Kant montre que la raison doit **accorder une place à la croyance** et s'en tenir à connaître ce dont on peut faire l'expérience.

2 Une entreprise nécessaire

Il s'agit donc de trouver un juste milieu entre la volonté de tout démontrer, impossible à satisfaire, et le refus de toute démonstration, qui serait un renoncement à la vérité. C'est dans **l'expérience de ses limites** que la raison est capable de progresser : ce qui paraît inexplicable aujourd'hui pourra peut-être s'expliquer demain. Cela montre que la raison n'est pas seulement l'application de règles, mais qu'elle demande une forme d'inventivité.

zoOm

Comment enquêter sur l'irrationnel ?

Quelle attitude adopter quand un phénomène nous paraît inexplicable? Dans son film *L'Apparition* (2018), Xavier Giannoli met en scène un journaliste bouleversé par sa participation à une commission d'enquête qui tente de déterminer si une jeune fille a bien assisté à une apparition de la Vierge Marie.

Xavier Giannoli, *L'Apparition*, 2018.

33 Faut-il toujours être raisonnable ?

En bref *La raison ne renvoie pas seulement au désir de vérité, mais aussi à l'exigence de pouvoir toujours répondre de ses actions. Il s'agit d'être raisonnable et de ne pas se laisser emporter par ses passions. Mais n'est-ce pas courir le risque de confondre le bonheur avec une vie sans saveur?*

I « Rien de trop »

■ Dès l'Antiquité, recherche du bonheur et raison ont été associées. Contre les excès des désirs ou des passions, telles que la colère ou la jalousie, il s'agirait de mener une vie conforme à la raison. Les Grecs opposaient la mesure, qui conduit l'homme au bonheur, à l'*hybris*, la démesure, qui conduit les hommes au malheur et à l'immoralité. L'adage « rien de trop » illustre cet éloge de la vie raisonnable.

■ Platon, dans *La République*, considère que l'âme humaine est divisée en trois instances : la raison, qui correspond à la tête; l'ardeur, qui renvoie au cœur; les désirs, qui se rapportent au ventre. Le bonheur correspond à une harmonie entre ces trois instances : la raison doit discipliner les passions pour permettre la tranquillité. À l'inverse, être déraisonnable conduirait au malheur.

À NOTER
Deux adjectifs sont dérivés du terme « raison » : **rationnel** et **raisonnable**. Le premier renvoie à une dimension logique : est *rationnel* ce qui est conforme aux principes logiques propres à la raison. Le second se rapporte plutôt à une dimension pratique.

II Faire l'éloge de la folie ?

1 Une vie d'ennui ?

La position de Platon est cependant ambiguë. Dans son dialogue intitulé *Gorgias*, il met en scène un débat opposant Socrate et Calliclès. Si Socrate défend l'idéal de mesure et de vie conforme à la raison, Calliclès s'y oppose fermement en montrant que Socrate confond bonheur et ennui. Une vie raisonnable ne conduit pas à une vie intense, mais à une existence ennuyeuse et fade qu'il compare à l'existence d'une pierre.

2 Savoir prendre des risques

■ En effet, ne faut-il pas, pour être heureux, laisser une place à l'imprévisible, à l'excès ? Contre une vie de calcul et de mesure, il faut certainement savoir prendre des risques pour être heureux. L'idée selon laquelle il faut toujours être raisonnable repose sur une conception péjorative du **désir**, comme si tout désir était trouble et porteur de conséquences négatives.

MOT-CLÉ
On oppose traditionnellement raison et **désir**. La raison renverrait à la maîtrise de soi, tandis que le désir, compris comme un manque, serait ce qui nous dépossède de nous-mêmes.

■ Dans un essai ironique, Érasme fait «l'éloge de la folie». Cette dernière est personnifiée et s'exprime : elle qui est tant décriée est en réalité ce qui donne sa saveur à l'existence. En faisant disparaître les hésitations et les craintes que la raison ne manque pas de créer, la folie permet d'être heureux et de **jouir pleinement de l'existence**.

III Vivre selon la raison : une aventure ?

■ Cependant, faut-il opposer raison et intensité de vie ? On peut considérer qu'il est raisonnable de savoir prendre des risques et de se laisser aller. Il ne faut pas confondre une vie raisonnable avec une complète maîtrise de soi. Puisque l'on ne peut pas prévoir toutes les conséquences de ses actions, car l'avenir est contingent, la raison implique un **calcul des chances** qui n'exclut pas l'audace.

■ On appelle **prudence** la vertu qui permet de se déterminer à partir d'un calcul des risques que l'on prend en agissant. Aristote, dans l'*Éthique à Nicomaque*, montre qu'elle permet de prendre des décisions à partir d'une réflexion sur les conséquences, toujours imprévisibles, de nos actions. Elle est une des conditions de notre bonheur.

zoOm

Un difficile équilibre

Orelsan, en 2018.

■ Dans son duo avec Ibeyi, intitulé «Notes pour Trop tard», Orelsan, devenu adulte, donne des conseils pour réussir sa vie à un adolescent.

■ Comment trouver un équilibre entre mesure et démesure, vie raisonnable et vie intense, tout en connaissant le caractère incertain de l'avenir?

SE TESTER QUIZ

Vérifiez que vous avez bien compris les points clés des **fiches 31 à 33.**

1 La raison est-elle le propre de l'homme ?

→ FICHE 31

1. Parmi les affirmations suivantes, laquelle est vraie?

☐ **a.** Pour Aristote, la *phonè* distingue l'homme de l'animal.

☐ **b.** Raison et intelligence sont synonymes.

☐ **c.** Pour Descartes, tous les hommes possèdent la raison.

2. Pour Aristote «l'homme est un animal politique», car :

☐ **a.** il est passionné par les affaires publiques.

☐ **b.** il est capable d'abstractions.

☐ **c.** il est capable d'exprimer autre chose que ses sensations.

2 Peut-on rendre raison de tout ?

→ FICHE 32

1. D'après Auguste Comte, il faut :

☐ **a.** «Savoir pour pouvoir, afin de prévoir.»

☐ **b.** «Pouvoir pour prévoir, afin de savoir.»

☐ **c.** «Savoir pour prévoir, afin de pouvoir.»

2. Pour Kant :

☐ **a.** il est impossible d'atteindre la vérité.

☐ **b.** nos connaissances sont limitées par l'expérience.

☐ **c.** nos connaissances ne sont pas dépendantes de l'expérience.

3 Faut-il toujours être raisonnable ?

→ FICHE 33

1. Complétez le texte avec les mots qui conviennent.

Socrate considère que le bonheur est accessible grâce à la .... qui doit l'emporter sur l' .... et sur les .... Au contraire, Calliclès voit dans une .... le risque de s' .... et de confondre .... et bonheur.

2. On peut définir la prudence comme :

☐ **a.** le fait de ne jamais prendre de risques.

☐ **b.** le fait de mesurer les risques qu'on prend.

☐ **c.** une vertu.

☐ **d.** un vice.

3. Le terme «*hybris*» signifie :

☐ **a.** la démesure. ☐ **b.** l'ambition. ☐ **c.** la simplicité.

S'ENTRAÎNER

4 Réviser le cours en 8 questions flash

1. Pour Aristote, les animaux possèdent-ils la raison ?
2. Pour quelle raison La Fontaine s'oppose-t-il à Descarte ?
3. Qu'est-ce qu'un jugement ?
4. Que signifie l'expression de Pascal « le cœur a ses raisons que la raison ne connaît point » ?
5. Pour Kant, la raison doit-elle systématiquement s'opposer à la croyance ?
6. Que signifie la formule « rien de trop » ?
7. En quoi consiste le bonheur pour Socrate ?
8. En quoi la folie vaut-elle parfois mieux que la sagesse, pour Érasme ?

5 Relier une citation à un sujet précis

Sujet : La raison est-elle toujours impartiale ?

Citation : « La raison est l'esclave des passions » (Hume, *Traité de la nature humaine*).

1. Expliquez la citation avec vos propres mots. Appuyez-vous sur un exemple pour l'illustrer.
2. Quelle thèse permet-elle de soutenir ?

☐ a. l'idée selon laquelle la raison est toujours impartiale

☐ b. l'idée selon laquelle la raison n'est jamais impartiale

Méthode

Exploiter une citation

- **Donnez la référence précise de la citation**
  Indiquez son auteur et, si possible, l'ouvrage dont elle est issue.
- **Remettez la citation dans son contexte**
  - À l'occasion de quelle analyse l'auteur a-t-il utilisé cette formule? Quels étaient ses arguments et ses exemples?
  - Quelle thèse défendait-il par cette formule? Quelles conséquences en tirait-il?
- **Rapportez la citation à un sujet précis**
  - Pour cela, montrez le rapport entre votre propre argumentation et le propos de l'auteur. N'hésitez pas à réutiliser les termes exacts du sujet.
  - Si vous ne montrez pas le lien entre la citation et le sujet traité, celle-ci n'aura pas grand intérêt dans la copie. Il ne suffit pas de connaître des citations, il faut les exploiter correctement.

6 Rédiger un paragraphe à partir d'une citation

Sujet : La raison est-elle toujours impartiale ?

Rédigez un paragraphe qui réponde au sujet en vous appuyant sur la citation : « La raison du plus fort est toujours la meilleure » (La Fontaine, *Fables*).

CONSEIL

Commencez par repérer la thèse que défend La Fontaine par cette formule : montre-t-il que la raison est toujours impartiale? N'hésitez pas à faire des recherches sur l'origine de cette citation pour étoffer votre argumentation.

OBJECTIF BAC

7 Explication de texte • Descartes, *Discours de la méthode*

4 h

Texte canonique, l'ouverture du *Discours de la méthode* de Descartes, publié en 1637, s'efforce d'élucider un problème de taille : comment dire que tous les hommes possèdent la raison quand on ne peut que constater que la vérité leur échappe si souvent?

LE SUJET

Le bon sens est la chose du monde la mieux partagée : car chacun pense en être si bien pourvu, que ceux même qui sont les plus difficiles à contenter en toute autre chose, n'ont point coutume d'en désirer plus qu'ils en ont. En quoi il n'est pas vraisemblable que tous se trompent; mais plutôt, cela témoigne que la puissance de bien juger, et distinguer le vrai d'avec le faux, qui est proprement ce qu'on nomme le bon sens ou la raison, est naturellement égale en tous les hommes; et ainsi que la diversité de nos opinions ne vient pas de ce que les uns sont plus raisonnables que les autres, mais seulement de ce que nous conduisons nos pensées par diverses voies, et ne considérons pas les mêmes choses. Car ce n'est pas assez d'avoir l'esprit bon, mais le principal est de l'appliquer bien. Les plus grandes âmes sont capables des plus grands vices, aussi bien que des plus grandes vertus; et ceux qui ne marchent que fort lentement peuvent avancer beaucoup davantage, s'ils suivent toujours le droit chemin, que ne font ceux qui courent, et qui s'en éloignent.

René Descartes, *Discours de la méthode*, 1637.

LA FEUILLE DE ROUTE

→ *Reportez-vous à la **méthode générale** de l'explication de texte p. 308.*

Étape 1 Repérer le thème et la thèse du texte

- Quel est le terme défini ici par Descartes ?
- Que signifie la première phrase du texte ?

Étape 2 Dégager la problématique et les enjeux du texte

- Descartes affirme que la raison « est naturellement égale en tous les hommes. » Qu'est-ce qui pourrait nous conduire à remettre en cause cette affirmation ?
- En quoi la méthode permet-elle de résoudre cette difficulté ?

Étape 3 Identifier les étapes de l'argumentation

1 L'universalité de la raison (l. 1 à 7)

- Quels sont les synonymes du terme de bon sens proposés par Descartes dans cet extrait ?
- Que veut montrer Descartes à propos du bon sens ?

2 La nécessité de la méthode (l. 7 à 15)

- Suffit-il de posséder la raison pour atteindre la vérité, d'après Descartes ?
- Que montrent les deux images du texte (l. 11 à 15) ?

Étape 4 Rédiger l'explication → CORRIGÉ P. 199

CORRIGÉS

SE TESTER QUIZ

1 La raison est-elle le propre de l'homme ?

1. Réponse c.
La réponse a est fausse. C'est le *logos* qui distingue l'homme de l'animal.
La réponse b est fausse. La raison est la faculté de distinguer le vrai du faux, l'intelligence est quant à elle l'aptitude à le faire rapidement.
La réponse c est vraie. La raison est universelle.
2. Réponse b. La raison renvoie à la capacité de former des abstractions dont témoigne le langage articulé.

2 Peut-on rendre raison de tout ?

1. Réponse c. Selon Auguste Comte, la connaissance nous permet d'agir et de progresser, nous conférant un pouvoir sur le réel.
2. Réponse b. Selon Kant, l'homme ne peut connaître que les phénomènes dont il fait l'expérience.

À NOTER

La devise de la philosophie d'Auguste **Comte** est « ordre et progrès » : le développement de la science entraîne selon lui un progrès moral et social. C'est aussi la devise du Brésil !

3 Faut-il toujours être raisonnable ?

1. Socrate considère que le bonheur est accessible grâce à la raison qui doit l'emporter sur l'ardeur et sur les désirs. Au contraire, Calliclès voit dans une vie raisonnable le risque de s'ennuyer et de confondre tranquillité et bonheur.
2. Réponses b et c. Il ne faut pas confondre la prudence et le manque d'audace.
3. Réponse a. Pour les Grecs, l'*hybris* est responsable du malheur des hommes.

S'ENTRAÎNER

4 Réviser le cours en 8 questions flash

1. Les animaux, incapables d'abstraction, ne possèdent qu'une voix.
2. Pour Descartes, les animaux sont dépourvus de raison. Pour La Fontaine, le comportement des animaux témoigne de ce qu'ils sont intelligents.
3. Un jugement relie deux mots ou deux phénomènes. C'est une synthèse.
4. Cette citation de Pascal montre que la raison ne peut pas tout justifier. Il faut parfois se fier à l'intuition plutôt qu'à la raison.
5. Non, car pour Kant la raison doit reconnaître ses limites et admettre que la croyance n'est pas nécessairement irrationnelle.
6. Ce proverbe grec signifie que l'homme doit éviter la démesure.
7. Socrate associe bonheur et tranquillité : la raison doit discipliner l'ardeur et les désirs pour atteindre un contentement véritable.
8. Puisque la connaissance entraîne hésitations et craintes, la folie conduit plus facilement l'homme au bonheur.

5 Relier une citation à un sujet précis

1. Dire que « la raison est l'esclave des passions » revient à soutenir qu'elle est toujours influencée par des sentiments qui ne sont pas en eux-mêmes rationnels. Cette influence est contraire à l'idée que nous nous faisons d'une raison neutre et objective. Par exemple, une personne jalouse trouve toujours de quoi justifier sa jalousie, quand bien même cette dernière n'aurait aucun motif rationnel.
2. Réponse b. Cette citation montre que la raison n'est jamais impartiale car elle est toujours influencée par nos sentiments.

6 Rédiger un paragraphe à partir d'une citation

Dans sa fable « Le Loup et l'Agneau », La Fontaine montre que nos arguments n'ont pas la même valeur selon que nous sommes puissants ou non. Quand bien même ses arguments sont justes, l'agneau n'est pas écouté par le loup qui profite de sa force pour imposer son discours. Si « la raison du plus fort est toujours la meilleure », ce n'est pas parce qu'elle est plus raisonnable ou rationnelle que celle du plus faible, mais parce qu'elle s'impose par la force, refusant d'entendre tout autre discours. En ce sens, la raison ne semble pas toujours impartiale, dans la mesure où elle est la plupart du temps confondue avec le discours de celui qui a le plus de force, d'autorité, de charisme...

OBJECTIF BAC

7 Explication de texte • Descartes, *Discours de la méthode*

Introduction

[thème] Le texte porte sur la raison et son rapport à la vérité. Suffit-il de posséder la raison pour atteindre la vérité ? **[problématique]** Peut-on affirmer que tous les hommes possèdent la raison ? Si oui, comment comprendre que les hommes se trompent et ne soient pas toujours d'accord ? **[thèse]** Descartes articule ici deux affirmations. Tous les hommes possèdent la raison, qu'il nomme ici le « bon sens ». Elle est donc universelle. Mais, si les hommes ne pensent pas tous la même chose, ce n'est pas que certains soient plus raisonnables que d'autres, mais bien plutôt que tous n'utilisent pas leur raison de la même façon. Posséder la raison ne suffit pas à atteindre la vérité : il faut encore l'utiliser avec méthode. **[annonce du plan]** Le texte comprend deux moments. D'abord, Descartes affirme l'universalité de la raison. Puis, il soulève le problème de la diversité des opinions des hommes, en montrant la nécessité de la méthode pour atteindre la vérité.

I L'universalité de la raison

1 Une affirmation étonnante

Le texte de Descartes part d'une affirmation centrale : « Le bon sens est la chose du monde la mieux partagée. » D'emblée, Descartes expose l'argument qui lui permet d'affirmer son universalité. Cet argument est étonnant et paraît même ironique. Ce qui prouve que tous les hommes possèdent la raison, c'est qu'ils désirent être plus beaux, plus riches, plus célèbres, mais qu'aucun ne désire être plus raisonnable ! Cet argument pourrait bien plutôt montrer que les hommes ne sont pas assez raisonnables. Comment comprendre dès lors que tous les hommes possèdent le bon sens ?

2 Définir le bon sens

C'est la définition de la notion de bon sens qui permet de comprendre la thèse de Descartes. Descartes en donne un synonyme : la raison ; et une définition : « la puissance de bien juger, et distinguer le vrai d'avec le faux ». En ce sens, il ne faut pas confondre « bon sens » et intelligence. Tous les hommes ne possèdent pas les mêmes capacités intellectuelles : certains ont plus de mémoire que d'autres, par exemple. Mais tous sont capables de faire la différence entre une affirmation vraie et une affirmation fausse. C'est cette capacité qu'on appelle la raison. Autrement dit, que tous les hommes possèdent le bon sens ne signifie pas qu'ils sont dans les faits toujours raisonnables, mais plutôt qu'ils ont tous la puissance de l'être. On comprend dès lors en quoi la raison « est naturellement égale en tous les hommes » : tous peuvent distinguer le vrai du faux, ce qui montre que la raison est universelle.

II La nécessité de la méthode

1 L'origine de l'erreur

■ Le lecteur pourrait ici soulever une objection à la thèse de Descartes. Si tous les hommes possèdent la raison, alors ils devraient tous être du même avis et s'accorder facilement. Or nous faisons l'expérience de la diversité des opinions. Les hommes s'opposent pour savoir ce qui est vrai.

- Descartes anticipe cette objection : ce n'est pas le manque supposé de raison de certains qui explique la diversité des opinions, mais **l'usage que nous faisons de notre raison**. Descartes distingue deux choses : les voies que nous suivons et les choses que nous étudions. Selon notre histoire individuelle, nous n'exploitons pas notre raison de la même façon que les autres.
- Descartes ne se résigne pas pour autant à ce constat de la diversité des opinions, mais il se demande comment les hommes peuvent atteindre la vérité. Il affirme ici la **nécessité d'une méthode**. Le mot « méthode » vient du grec *odos*, qui désigne la route, le chemin. Pour atteindre la vérité, il faut apprendre à appliquer correctement sa raison en suivant le droit chemin.

CONSEIL
Pour expliquer un texte, prenez le temps de dégager les conséquences apparentes d'une thèse ou d'une affirmation. Cela vous permettra de mieux comprendre la suite du texte et son originalité.

- Dans la suite du *Discours de la méthode*, Descartes présente **quatre règles** qui doivent nous permettre d'utiliser correctement notre raison : ne jamais admettre pour vraie une affirmation seulement possible ou probable ; décomposer un problème complexe en difficulté simple ; traiter les difficultés avec ordre, en allant du plus simple au plus complexe ; vérifier chaque raisonnement. L'**origine de l'erreur** pour Descartes, c'est donc la précipitation et une assurance excessive quant à ses capacités. Pour atteindre la vérité, mieux vaut faire preuve de prudence et de patience.

2 Implications

- Descartes conclut par deux affirmations qui permettent de montrer les différents aspects de sa thèse.
- Dans un premier temps, il montre que posséder la raison ne suffit pas pour bien agir, pour mener une vie moralement exemplaire. Le texte de Descartes a donc des **implications morales**. La raison désigne la capacité à distinguer non seulement le vrai du faux, mais aussi le bien du mal.
- Dans un second temps, Descartes propose une image qui fait l'**éloge de la prudence** contre la précipitation, qui rappelle la morale de la fable de La Fontaine « Le Lièvre et la Tortue ». Tous peuvent atteindre la vérité à la condition de ne pas se précipiter. On retrouve la distinction entre raison et intelligence : tous ne trouveront pas la vérité à la même vitesse, mais tous sont capables de la trouver.

Conclusion

L'universalité de la raison et la nécessité d'une méthode sont deux thèses complémentaires qui permettent de rendre compte de la possibilité d'atteindre la vérité et du risque permanent d'erreur.

12 La religion

Le pèlerinage à La Mecque est l'un des piliers de l'islam. La religion n'est pas seulement un ensemble de croyances : elle implique des rites qui ont une valeur individuelle et collective.

DÉFINITIONS CLÉS

Religion

Ensemble de croyances et de rites qui se rapportent à une ou plusieurs entité(s) supérieure(s).

Foi

1. Croyance spécifiquement religieuse.
2. Plus largement, confiance que l'on accorde à quelque chose ou à quelqu'un.

LA

La religion est-elle réductible à de la superstition ? (→ p. 204)

Les repères utiles

transcendant/immanent → p. 318

La réponse de Hume

Religion et superstition ont la même origine : la tendance naturelle de l'homme à attribuer des qualités humaines aux choses.

La réponse de Weil

Les pratiques superstitieuses nuisent à une foi authentique qui refuse toute forme d'illusion.

« La religion en tant que source de consolation est un obstacle à la véritable foi. »

RELIGION

La religion s'oppose-t-elle à la raison ? (→ p. 206)

Les repères utiles
croire/savoir → p. 311

La réponse de Pascal

La foi ne s'oppose pas à la raison mais elle lui est supérieure.

La réponse de Ricœur

Il faut maintenir l'opposition entre foi et raison, pour leur permettre de progresser.

« Un problème, c'est ce que nous formons et formulons, en philosophie comme en mathématiques ; en revanche, un appel est reçu, comme ne venant pas de nous. »

Peut-on se passer de religion ? (→ p. 208)

Les repères utiles
théorie/pratique → p. 318

La réponse de Freud

La religion est une illusion, ce qui explique la difficulté de s'en passer.

La réponse de Marx

La religion est une illusion qui permet au peuple de supporter sa misère mais qui l'empêche de se retourner contre les vrais responsables de celle-ci.

« La religion est l'opium du peuple. »

34 La religion est-elle réductible à de la superstition ?

En bref *Dans la mesure où la croyance religieuse renvoie à un acte de foi et non à une preuve scientifique, il est tentant de rapprocher religion et superstition. Pourtant, la religion semble mettre en jeu un engagement plus fort qu'un simple comportement irrationnel.*

I La religion comme croyance supérieure

1 Le sacré et le profane

- On définit la religion comme un ensemble cohérent de croyances et de pratiques partagées par une communauté. Mircea Eliade montre que le point commun entre toutes les religions est la distinction entre le **sacré** et le **profane**.
- Le temps et l'espace sont hétérogènes. L'espace sacré (le lieu de culte) et les temps sacrés (les fêtes, les pèlerinages) imposent à l'homme d'adopter un comportement réglé par des rites précis.

MOTS-CLÉS

Le **sacré** désigne ce qui implique pour l'homme une attitude de respect, tandis que le **profane** désigne ce qui n'a pas de valeur en soi et n'engage aucun comportement particulier.

2 L'expérience d'une entité supérieure

- Cette distinction entre sacré et profane s'appuie sur l'expérience d'une entité supérieure, soit immédiate, soit par l'intermédiaire d'un texte sacré. Cette expérience engage l'individu dans une démarche de conversion. La personne convertie adopte une disposition intérieure qui la convainc de respecter de nouvelles règles.
- En ce sens, la religion s'oppose à la superstition, laquelle se rapporte à une pratique irrationnelle qui n'implique pas nécessairement un ensemble de croyances et de rites cohérents. La peur de passer sous une échelle par exemple renvoie à un mélange de bon sens et d'inquiétude irrationnelle, sans mettre en jeu une volonté de conversion et de cohérence dans la vie humaine. La religion semble donc supérieure à la superstition.

II Religion et superstition : du pareil au même ?

1 Superstition et religion : une seule et même cause ?

Hume montre que c'est la tendance naturelle à attribuer des qualités humaines (sentiments, apparence, etc.) à tous les objets qui conduit à la superstition. L'homme a besoin de se rassurer devant l'étrangeté du monde : telle est la cause même de la superstition comme de la religion.

2 | Superstition et religion : un devenir identique ?

■ S'il n'est pas toujours mécanique dès l'origine, l'accomplissement de certains rites comme la prière peut le devenir. Il n'engage dès lors plus l'individu dans une démarche de conversion. De même, certaines croyances peuvent être répétées sans jamais être interrogées, ce qui conduit à une forme de **dogmatisme** → FICHE 49. Dès lors, la religion peut se transformer en superstition.

■ Bien plus, peut-on réduire complètement la religion à de la superstition ? En effet, quelles que soient les bonnes intentions de celui qui croit, ses croyances et ses actes ne finissent-ils pas toujours par prendre la forme d'une **habitude irrationnelle et mécanique** ?

III La foi comme tension permanente

■ Bergson oppose la religion statique et la religion dynamique. **La religion statique** (la superstition) figurerait un ensemble de fictions figées qui consolent l'individu, tandis que **la religion dynamique** renverrait à un effort créatif de l'individu qui cherche à donner sens à sa vie.

■ Si le risque de dégradation de la religion en superstition est avéré, il faut néanmoins admettre que la plupart des croyants ont conscience de ce risque. Loin de le considérer comme un obstacle à leur foi, ils y voient davantage un moyen d'**interroger en permanence** leurs croyances et leurs pratiques.

■ Simone Weil présente la foi comme un **effort permanent pour viser un bien ultime**, en luttant contre toute forme d'idolâtrie. Dans cette perspective, il importe de distinguer foi et crédulité : la crédulité consiste à croire tout ce qui peut rassurer l'individu, tandis que la foi oblige à un examen véritable des différentes croyances. En ce sens, la foi n'est pas forcément confortable pour le croyant.

zoOm

La foi : en paroles ou en actes ?

■ *Silence* de Martin Scorcese interroge ce qu'est la religion. Deux missionnaires portugais chrétiens partent au Japon soutenir les chrétiens persécutés par les autorités, lesquelles font du bouddhisme une religion d'État. Ils désirent retrouver leur maître spirituel, qui dit-on a changé de religion.

■ Mais qu'est-ce qu'avoir la foi : défendre à tout prix des dogmes ou s'engager en acte, peu importe le dogme défendu?

Martin Scorsese, *Silence*, 2016.

35 La religion s'oppose-t-elle à la raison ?

En bref *Parce que certains passages des textes dits sacrés vont à l'encontre du discours scientifique, foi et raison semblent s'opposer. Tout au moins, elles seraient deux moyens différents de connaître la réalité.*

I Le conflit entre la foi et la raison

1 Croire ou démontrer ?

La raison implique de rechercher des preuves de ce qu'on admet comme vrai. Elle exige un effort de justification permanent, soit par l'expérience, soit par l'argumentation. Au contraire, la foi se définit comme une confiance aveugle envers une personne, un texte, indépendamment de toute preuve. Dès lors, foi et raison semblent inconciliables.

À NOTER
Il ne faut pas confondre foi et fanatisme. La **foi** peut impliquer des doutes et des inquiétudes.
Au contraire, le **fanatique** ne remet jamais en cause ses croyances et tente de les imposer aux autres.

2 Peut-on prouver l'existence de Dieu ?

- De nombreux philosophes et théologiens ont cherché à prouver l'existence de Dieu. Ils se sont appuyés tantôt sur la beauté et la régularité du monde pour en déduire l'existence d'une intelligence supérieure et créatrice, tantôt sur l'idée de la perfection divine qui implique l'existence de Dieu.
- Selon Kant, il est impossible de prouver l'existence de même que l'inexistence de Dieu. Cette question ne relève pas de l'entendement, puisque l'existence d'une chose ne se démontre pas. Dans la *Critique de la raison pratique*, Kant déplace la question de l'existence de Dieu sur le plan pratique et moral : elle est une hypothèse moralement nécessaire. Agir moralement suppose de postuler l'existence de Dieu comme ce qui impose de rechercher le bien.

3 Comment justifier sa foi ?

Si le croyant ne peut prouver l'existence de Dieu, il peut justifier sa foi en s'appuyant sur différentes expériences, lesquelles n'ont pas en elles-mêmes de valeur scientifique. Il fonde ses propos en particulier sur les témoignages de proches ou de grandes figures spirituelles, ainsi que sur son expérience intime.

4 La foi : un dépassement de la rationalité ?

- La foi n'est pas disqualifiée du simple fait qu'elle ne se justifie pas aux yeux de la raison. Elle renvoie à une confiance qui, par-delà la raison, admet la vérité de certaines propositions.
- Elle engage aussi des actes. Kierkegaard parle d'un « saut » qui permet de donner du sens à l'existence.

II Réconcilier foi et raison ?

1 Une association possible

- On pourrait dire que le conflit entre foi et raison n'est qu'apparent et qu'en réalité ces deux facultés cohabitent, chacune ayant **son propre domaine de validité**. Pascal, par exemple, distingue les vérités accessibles par la raison et les vérités accessibles par le cœur. La raison renvoie à une connaissance discursive, par démonstration, tandis que la foi renvoie à une intuition immédiate.
- Pourtant, cette tentative de réconcilier foi et raison renvoie toujours à une **hiérarchie implicite** entre les deux facultés. La raison devrait s'humilier et reconnaître ses limites devant une foi triomphante, qui nous donnerait accès à une vérité plus importante. La raison serait réduite à deux rôles : s'intéresser aux questions secondaires, qui n'influencent guère le sens de notre vie, ou bien préparer le cœur humain à accepter la foi. On pourrait inverser cette hiérarchie : la foi devrait alors s'humilier devant les exigences démonstratives de la raison.

2 Une tension enrichissante

Plutôt que de tenter à tout prix de réconcilier les deux termes, ne vaudrait-il pas mieux maintenir la tension entre foi et raison ? En ce sens, **Ricœur distingue « problème » et « appel »**. La raison répond à des problèmes que nous formulons, qu'il s'agisse des sciences ou de la philosophie. La foi répond à un appel qui est reçu à partir d'un texte ou d'une tradition. Un écart entre raison et foi est maintenu, mais on reconnaît son caractère fécond : il permet aussi bien le progrès de la raison qu'une foi plus intelligente.

zoOm

La figure d'Abraham

- Abraham est considéré par le judaïsme, le christianisme et l'islam comme le premier croyant.
- Les différents textes religieux en dressent un portrait étonnant. Ils le présentent tantôt comme un personnage rationnel, qui remet en cause l'idolâtrie de son temps, tantôt comme un être capable d'une confiance absolue en son dieu, allant jusqu'à sacrifier son fils unique.

Rembrandt, *Le Sacrifice d'Isaac*, 1635.

36 Peut-on se passer de religion ?

En bref *Se demander si l'on peut se passer de religion implique de chercher quelles sont les fonctions de la religion et si d'autres institutions peuvent les remplir. On estime actuellement que 84 % de la population mondiale est croyante. Peut-on imaginer un monde sans religion ?*

I La fonction psychologique de la religion

■ La religion a d'abord une fonction psychologique : elle permet de rassurer l'individu devant l'étrangeté du monde et de donner du sens à sa vie. Par exemple, la mort paraît moins effrayante quand elle est rapportée à un projet divin pour l'homme. En effet, les idées de vie éternelle ou de réincarnation peuvent rendre l'événement de la mort moins douloureux.

■ Selon Freud, la croyance en Dieu n'est pas une erreur, mais plutôt une **illusion**. Elle provient d'un besoin infantile de sécurité, qui consiste à projeter vers une entité supérieure tous les attributs de la puissance. L'individu peut ainsi se sentir protégé. Si la religion était une **erreur**, il serait facile de s'en passer : il suffirait de connaître la vérité. Comme la religion est une illusion, il est plus difficile de s'en défaire, dans la mesure où elle comble un besoin humain fondamental.

MOTS-CLÉS
Pour Freud, une **erreur** consiste à manquer la vérité par manque de connaissance ou d'attention. Au contraire, l'**illusion** renvoie à un désir inconscient qui empêche l'individu d'atteindre la vérité.

II La fonction sociale de la religion

■ La **religion** revêt aussi une dimension collective : elle permet de souder une communauté qui partage les mêmes valeurs (l'entraide, la charité, le refus de la violence...), les mêmes croyances et les mêmes pratiques. Dans cette perspective, elle serait une forme de ciment indispensable à la société.

MOT-CLÉ
Le mot **religion** vient du latin *ligare, religare* (« lier », « relier »). Non seulement la religion relie l'homme à un ou plusieurs dieux, mais elle relie aussi les hommes entre eux.

■ Marx voit dans cette dimension collective de la religion un danger pour l'émancipation des hommes : « La religion est l'opium du peuple. » Certes, la religion crée des formes de solidarité et permet aux hommes de supporter leurs conditions d'existence. Elle apporte une forme de réconfort. Mais en même temps, elle empêche l'homme de modifier concrètement sa vie : l'homme continue d'attendre d'un dieu un secours, au lieu d'agir dans l'espace public pour créer un monde meilleur. Il faut donc apprendre à se passer de religion pour ne pas être condamné à une forme d'impuissance.

III De la religion au sacré

1 Les substituts de la religion

Il semble possible de se passer des fonctions psychologique et sociale de la religion en remettant en cause certaines traditions et en inventant de nouvelles institutions. Par exemple, si la religion n'assure plus le lien social, la vie associative ou l'engagement citoyen peut prendre le relais. Ainsi, la vie en société peut se construire autour d'institutions non religieuses qui se substituent aux anciennes structures religieuses.

2 La permanence du sacré

- Mais, si l'homme peut se passer de religion, peut-il pour autant cesser de donner une valeur particulière à certaines choses ? N'éprouve-t-il pas toujours un besoin de sacré ? En effet, si les religions semblent en perte de vitesse dans certains pays, les hommes ne continuent pas moins d'accorder un caractère sacré à des choses (comme un drapeau), à des personnes (comme un chef politique), à des souvenirs de voyage, etc. Pour Mircea Eliade, même les sociétés les plus désacralisées conservent des croyances et des rites similaires à ceux des religions.
- Barthes prend l'exemple de la Citroën DS pour montrer que les hommes ont tendance à attribuer un caractère sacré à des objets du quotidien. Par son apparence, ses performances et par l'imaginaire qu'elle met en jeu, une automobile peut devenir un objet sacré pour un groupe social.

zoOm

D'un bâtiment religieux à un mémorial civique

- Construit au XVIIIe siècle par Soufflot, le Panthéon devait initialement être une église. Depuis la Révolution française, il sert à rendre hommage aux grands hommes qui ont participé au progrès de la nation. Y sont notamment inhumés Victor Hugo, Jean Jaurès, des grandes figures de la Résistance.
- S'il n'y a pas de religion d'État dans une République, il y subsiste néanmoins un sens du sacré qui permet l'unité des citoyens.

SE TESTER QUIZ

Vérifiez que vous avez bien compris les points clés des **fiches 34 à 36.**

1 La religion est-elle réductible à de la superstition ?

→ FICHE 34

1. Reliez chaque type de religion à ses caractéristiques.

religion statique •	• croyance assimilable à de la superstition
	• croyance qui renvoie à une forme de repli sur soi
religion dynamique •	• croyance qui engage l'individu dans un processus de création

2. Pour Mircea Eliade, le point commun entre toutes les religions est :

☐ **a.** qu'elles sont dangereuses pour la vie en société.

☐ **b.** qu'elles distinguent un domaine sacré et un domaine profane.

☐ **c.** qu'elles considèrent l'espace et le temps comme des réalités hétérogènes.

2 La religion s'oppose-t-elle à la raison ?

→ FICHE 35

1. La foi désigne :

☐ **a.** une forme de connaissance démonstrative.

☐ **b.** une confiance indépendante de toute preuve.

2. «Le cœur a ses raisons que la raison ne connaît point» :

☐ **a.** est une citation de Pascal. ☐ **b.** est une citation de Ricœur.

☐ **c.** montre que foi et raison sont une seule et même faculté.

☐ **d.** montre que foi et raison sont deux facultés distinctes.

3 Peut-on se passer de religion ?

→ FICHE 36

1. Pour Freud :

☐ **a.** la religion est une illusion.

☐ **b.** la religion provient d'un besoin infantile de sécurité.

2. Pour Marx :

☐ **a.** la religion empêche les hommes de transformer le monde dans lequel ils vivent.

☐ **b.** la religion permet le bonheur des hommes.

3. Barthes prend l'exemple de la Citroën DS pour :

☐ **a.** montrer que les hommes attribuent facilement un caractère sacré aux choses.

☐ **b.** critiquer la société de consommation.

S'ENTRAÎNER

4 Réviser le cours en 8 questions flash

1. Qu'est-ce qui distingue religion et superstition ?
2. Quelle est l'origine de la religion pour Hume ?
3. Qu'est-ce qui distingue foi et crédulité pour Simone Weil ?
4. Peut-on prouver l'existence de Dieu d'après Kant ?
5. Quelle est la différence entre foi et raison pour Ricœur ?
6. Que montre l'étymologie du mot « religion » ?
7. Que signifie la citation « la religion est l'opium du peuple » ?
8. Religion et sacré sont-ils synonymes ?

5 Articuler différentes affirmations entre elles

Sujet : La morale peut-elle se passer d'un fondement religieux ?

Complétez le texte avec le mot de liaison adéquat.

Agir moralement suppose de distinguer le bien et le mal. .... la religion propose une telle distinction. .... les textes sacrés et les institutions religieuses indiquent aux croyants ce qui est bien et ce qui est mal. .... la religion considère que le bien et le mal sont des valeurs absolues, qui ne peuvent pas être remises en cause. La morale semble .... avoir besoin d'un fondement religieux.

Méthode

Ménager des transitions

C'est une étape nécessaire pour montrer le caractère progressif de la réflexion. Les transitions permettent de comprendre le lien logique entre les différentes parties et entre les différentes sous-parties.

Une dissertation ne doit pas simplement énumérer des arguments, mais les articuler les uns aux autres.

Repérez les limites de chaque argument.
Qu'est-ce qui pose problème à affirmer telle ou telle proposition ?
Quelles sont les questions qui restent en suspens ?

CONSTRUIRE UNE TRANSITION

Recherchez le lien logique entre les différentes sous-parties.
S'agit-il d'une conséquence ? d'une objection ?

6 Construire une transition

Construisez une transition entre les deux affirmations.

- Les religions ont une fonction morale : elles engagent une compréhension de l'homme et du monde structurée autour des notions de bien et de mal.
- La morale peut se passer d'un fondement religieux, car la distinction entre le bien et le mal peut venir de la raison.

CONSEIL
Utilisez dans votre devoir des **connecteurs logiques** (donc, ainsi, par conséquent, car, or, mais) plutôt que des connecteurs chronologiques (d'abord, ensuite, enfin, premièrement).

OBJECTIF BAC

7 Explication de texte • Russell, *Science et religion*

4 h

Le développement des sciences est-il nécessairement contraire à la religion ? Il est vrai qu'il a conduit à remettre en cause certaines croyances. Mais est-ce là l'essentiel de la religion?

LE SUJET

Il existe un aspect de la vie religieuse, le plus précieux peut-être, qui est indépendant des découvertes de la science, et qui pourra survivre quelles que soient nos convictions futures au sujet de la nature de l'univers. La religion a été liée dans le passé, non seulement aux credo et aux Églises, mais à la vie personnelle de ceux qui ressentaient son importance [...] L'homme qui ressent profondément les problèmes de la destinée humaine, le désir de diminuer les souffrances de l'humanité, et l'espoir que l'avenir réalisera les meilleures possibilités de notre espèce, passe souvent aujourd'hui pour avoir « une tournure d'esprit religieuse », même s'il n'admet qu'une faible partie du christianisme traditionnel. Dans la mesure où la religion consiste en un état d'esprit, et non en un ensemble de croyances, la science ne peut l'atteindre. Peut-être le déclin des dogmes rend-il temporairement plus difficile l'existence d'un tel état d'esprit, tant celui-ci a été intimement lié jusqu'ici aux croyances théologiques. Mais il n'y a aucune raison pour que cette difficulté soit éternelle : en fait, bien des libres penseurs ont montré par leur vie que cet état d'esprit n'est pas forcément lié à un credo. Aucun mérite réel ne peut être indissolublement lié à des croyances sans fondement; et, si les croyances théologiques sont sans fondement, elles ne peuvent être nécessaires à la conservation de ce qu'il y a de bon dans l'état d'esprit religieux. Être d'un autre avis, c'est être rempli de craintes au sujet de ce que nous pouvons découvrir, craintes qui gêneront nos tentatives pour comprendre le monde; or, c'est seulement dans la mesure où nous parvenons à le comprendre que la véritable sagesse devient possible.

Bertrand Russell, *Science et religion*, traduit par Philippe-Roger Mantoux

LA FEUILLE DE ROUTE

→ *Reportez-vous à la **méthode générale** de l'explication de texte p. 308.*

Étape 1 Repérer le thème et la thèse du texte

- Russell distingue deux aspects de la vie religieuse : l'aspect dogmatique et l'aspect moral. Lequel de ces deux aspects valorise-t-il ?
- Comment Russell décrit-il la « tournure d'esprit religieuse » de certains individus ? Cette tournure d'esprit est-elle contraire à l'esprit scientifique ?

Étape 2 Dégager la problématique et les enjeux du texte

- Habituellement, on définit la religion comme un ensemble de croyances ou de credo. Russell remet en cause cette définition. Pourquoi ?
- Y a-t-il donc une contradiction entre science et religion pour Russell ?

Étape 3 Identifier les étapes de l'argumentation

1 Les deux aspects de la vie religieuse (l. 1 à 11)

- Russell distingue deux aspects de la vie religieuse. Analysez la deuxième phrase du texte. Grâce à quels connecteurs logiques l'auteur structure-t-il son propos ?
- Pensez-vous, comme l'auteur, que la dimension subjective de la vie religieuse est importante ? Pourquoi ?
- Le plus important dans la religion est-il la croyance ? En quoi la religion implique-t-elle un état d'esprit particulier ?
- Quelle est la particularité de la foi, telle que la conçoit Russell ?

2 Peut-on distinguer croyance et foi ? (l. 11 à 22)

- Aujourd'hui, la religion semble en déclin dans certaines sociétés. Comment ce déclin se manifeste-t-il ? Quelle difficulté cela entraîne-t-il pour Russell ?
- Quelle relation l'auteur établit-il entre la foi d'un homme et ses actions ?
- Citez un exemple d'action déclenchée par la foi. Qu'a-t-elle de particulier ?
- Faut-il avoir peur de la religion ? Est-elle une menace pour la science ? pour la société ?

Étape 4 Rédiger l'explication → CORRIGÉ P. 216

CORRIGÉS

SE TESTER QUIZ

1 La religion est-elle réductible à de la superstition ?

1. La religion statique désigne la superstition, c'est-à-dire une forme de repli sur soi qui empêche l'homme de penser par lui-même. La religion dynamique au contraire renvoie à une foi créative qui permet la pensée. Ces deux concepts ont été inventés par Bergson.

2. Réponses b et c. Pour Mircea Eliade, le point commun entre toutes les religions est la **distinction entre le sacré et le profane**, qui implique que l'espace et le temps ne soient pas des réalités homogènes.

À NOTER

Pour Mircea **Eliade** la première rencontre entre Moïse et Dieu telle qu'elle est racontée dans la Bible permet de bien comprendre la **distinction entre le sacré et le profane**. Dieu, sous la forme d'un buisson ardent, demande à Moïse d'enlever ses sandales quand il s'approche de lui. Les hommes doivent changer de comportement en présence de la divinité.

2 La religion s'oppose-t-elle à la raison ?

1. Réponse b. Du latin *fides*, la foi désigne une confiance indépendante de toute preuve à l'égard de quelqu'un ou de quelque chose. On associe souvent ce terme à la religion, même si son usage dépasse ce seul domaine.

2. Réponses a et d. Cette citation de Pascal distingue la raison, moyen de connaissance discursive de la réalité, et la foi, intuition immédiate de la vérité. Pour Pascal, depuis le péché originel d'Adam et Ève, les hommes portent en eux le souvenir confus de Dieu sans être capables de le saisir par leurs propres facultés.

3 Peut-on se passer de religion ?

1. Réponses a et b. Pour Freud, la religion est une illusion : les enfants se sentent en sécurité auprès de leurs parents. En grandissant ce sentiment s'étiole, si bien qu'ils finissent par projeter les qualités qu'ils attribuaient à leurs parents dans une entité supérieure, afin de se rassurer.

2. Réponse a. Pour Marx, la religion est le principal obstacle à ce que les hommes modifient leurs conditions d'existence. Les croyants se tournent vers Dieu pour comprendre leurs malheurs au lieu de s'intéresser concrètement à leurs causes réelles.

3. Réponse a. Le sacré ne concerne pas seulement la religion ; il peut aussi renvoyer aux objets du quotidien ou à des symboles qui prennent alors le statut de mythe.

S'ENTRAÎNER

4 Réviser le cours en 8 questions flash

1. La religion désigne un ensemble cohérent de croyances et de rites. La superstition est une croyance isolée et souvent irrationnelle.
2. Pour Hume, c'est la tendance à projeter une forme humaine en toute chose qui conduit à la religion.
3. Pour Simone Weil, la foi implique un effort pour penser par soi-même, alors que la crédulité est un besoin pathologique d'être consolé.
4. Pour Kant nous ne pouvons pas prouver l'existence de Dieu, car nous n'en faisons pas l'expérience. Mais nous ne pouvons pas non plus prouver son inexistence.
5. Pour Ricœur, la raison renvoie à des questions que l'homme se pose lui-même, tandis que la foi est la réponse à un appel que l'homme reçoit de quelqu'un d'autre.
6. L'étymologie du mot «religion» (*ligare, religare*) montre que la religion a une fonction sociale. Parce que les croyants ont en commun des idées et des rites, ils vivent reliés les uns aux autres.
7. La citation de Marx compare la religion à une drogue. Elle apporte certes du réconfort à l'homme et lui permet de supporter une réalité brutale, mais elle l'empêche de s'émanciper véritablement.
8. On peut distinguer religion et sacré, car on donne une valeur sacrée à certains objets ou personnes, indépendamment des institutions religieuses.

À NOTER

Pour **Spinoza** «Dieu est l'asile de l'ignorance». En effet, les hommes ont tendance à se réfugier dans des explications religieuses ou superstitieuses quand ils ne comprennent pas quelque chose.

5 Articuler différentes affirmations entre elles

Agir moralement suppose de distinguer le bien et le mal. **Or** la religion propose une telle distinction. **En effet** les textes sacrés et les institutions religieuses indiquent aux croyants ce qui est bien et ce qui est mal. **Bien plus** la religion considère que le bien et le mal sont des valeurs absolues, qui ne peuvent pas être remises en cause. La morale semble **donc** avoir besoin d'un fondement religieux.

6 Construire une transition

Les religions ont une fonction morale : elles engagent une compréhension de l'homme et du monde structurée autour des notions de bien et de mal. Or non seulement les différentes religions n'ont pas la même vision du bien et du mal, ce qui conduit à des conflits interreligieux, mais au sein d'un même courant religieux les compréhensions du bien et du mal sont multiples. En effet les religions ne proposent pas une définition univoque du bien et du mal. Il semble donc inutile de vouloir fonder la morale sur la religion. Mieux vaut s'appuyer sur un fondement universel, qui puisse être valable pour tous, comme la raison. Ainsi, *la morale peut se passer d'un fondement religieux, car la distinction entre le bien et le mal peut venir de la raison.*

OBJECTIF BAC

7 Explication de texte • Russell, *Science et religion*

Introduction

[thème] On définit habituellement la religion comme un ensemble de croyances. Dès lors, il semble y avoir une contradiction entre science et religion, dans la mesure où la science peut remettre en cause ces croyances. Par exemple, les recherches de Darwin sur l'évolution des espèces ont conduit à la remise en cause du **créationnisme**.

> **MOT-CLÉ**
> Le **créationnisme** désigne l'idée selon laquelle toutes les espèces auraient été créées en même temps et n'auraient jamais évolué.

[problème] Mais cette réduction de la religion à des croyances susceptibles d'être discutées est-elle pertinente ? N'y a-t-il pas quelque chose de plus dans la religion qui fait à la fois son succès auprès des hommes et son actualité ?

[thèse] Pour Russell, le plus important dans la religion n'est pas son caractère dogmatique, mais la disposition individuelle dans laquelle se trouvent certains croyants, et qui les conduit à espérer un monde meilleur.

[étapes de l'argumentation] L'extrait comprend deux moments : dans un premier temps, Russell distingue deux aspects de la vie religieuse. Ensuite, il montre que la religion n'est pas incompatible avec le développement de la libre pensée.

I Les deux aspects de la vie religieuse

1 La religion comme croyance dogmatique

- Russell distingue deux aspects de la vie religieuse. On associe d'abord la religion à un ensemble de dogmes et d'institutions. On associe le christianisme au Vatican et à la croyance en la Résurrection ; l'islam au pèlerinage à La Mecque et à la croyance en Mahomet, etc. Ces dogmes et ces institutions semblent parfois plaider contre la religion. Certaines croyances religieuses sont remises en cause par la science, certaines institutions ont été injustes et intolérantes par le passé. La plupart des critiques de la religion s'appuient sur cette dimension de la religion.
- Mais Russell distingue un autre aspect de la vie religieuse : « la vie personnelle » de ceux qui accordent de l'importance à la religion. Contre ce qu'il y a d'objectif dans la religion, l'auteur s'intéresse à la dimension subjective de la religion.

2 La religion comme état d'esprit

- Dans cet extrait, Russell donne deux caractéristiques principales de la vie personnelle de l'homme religieux. Premièrement, elle ne s'oppose pas à la science (« qui pourra survivre quelles que soient nos convictions futures au sujet de la nature de l'univers »). En effet, tous les croyants ne s'opposent pas à la science, mais certains cherchent à interpréter les textes sacrés à la lumière des découvertes scientifiques. Ils ne conçoivent pas les textes sacrés comme des textes à comprendre à la lettre, mais y cherchent un sens caché, à interpréter, qui ne saurait être incompatible avec la science.

■ Deuxièmement, Russell associe cette vie spirituelle à trois sentiments : la compassion pour les problèmes rencontrés par l'homme, la volonté de réduire la souffrance humaine, et l'espoir qu'un monde meilleur est possible. On peut parler ici de foi, non au sens où il s'agirait d'admettre certaines croyances absurdes, mais au sens où certains ont confiance en l'humanité et en la possibilité d'un monde meilleur. Contrairement à une définition courante de la foi, Russell ne montre pas qu'elle est une façon d'échapper au monde réel, mais au contraire qu'elle est **une façon de se projeter dans le monde** à partir d'une vue réaliste et optimiste.

■ On voit donc au terme de cette première partie que Russell valorise la religion par l'état d'esprit qu'elle engage plutôt que par la somme des croyances et des rites qu'elle implique. Cela peut faire écho au fait que beaucoup se disent croyants sans être pratiquants, que la plupart des croyants ne sont pas dogmatiques mais **acceptent de réfléchir**, de remettre en cause leurs convictions.

II Peut-on si facilement distinguer croyance et foi ?

1 Le déclin des religions : un problème ou une chance?

■ Russell s'intéresse à la situation présente. Il semble en effet y avoir un déclin du religieux en Europe. De plus en plus de personnes se disent ou bien athées, ou bien croyantes mais non pratiquantes. Faut-il craindre que la perte de la croyance religieuse entraîne la perte de la foi ? Autrement dit, le fait que le premier aspect de la religion, le plus critiquable, soit en déclin met-il en danger le second aspect de la vie religieuse, le meilleur ? Le déclin des religions est en ce sens **ambigu** pour Russell : il fait disparaître les croyances irrationnelles, ce qui semble une bonne chose, mais il risque de faire disparaître également une vie spirituelle importante et féconde.

■ Pour la plupart des religions, **on ne peut pas isoler ces deux aspects** : c'est parce que le croyant croit à certains dogmes qu'il est capable de s'engager pour un monde meilleur et de vivre avec espoir. La dimension objective de la religion est la cause, sinon le soutien, de sa dimension subjective.

2 Religion et engagement

■ Au contraire, pour Russell, le sentiment religieux peut se développer indépendamment des croyances et des institutions religieuses : « Bien des libres penseurs ont montré par leur vie que cet état d'esprit n'est pas forcément lié à un credo. » Autrement dit, ce n'est pas nécessairement la croyance qui fortifie en nous l'espoir. Par exemple, de nombreux résistants se sont engagés dans la défense des droits de l'homme au nom de leur foi. Mais beaucoup d'autres sont devenus résistants sans avoir la foi.

> **CONSEIL**
> Pour montrer les enjeux d'un texte, il faut insister sur les conséquences implicites des affirmations de l'auteur. Cela permet d'approfondir l'analyse et d'éviter la simple paraphrase.

■ C'est ce que montre Aragon dans son poème « La Rose et le Réséda » : « celui qui croyait au ciel » et « celui qui n'y croyait pas » agissent tous deux de la même façon dans l'espérance d'un monde meilleur. Le texte engage donc implicitement **une théorie de l'action**. Nos actions, qui montrent que nous sommes pleins d'espoirs ou désespérés, altruistes ou égoïstes, ne sont pas les conséquences de nos croyances, puisque deux individus aux croyances différentes peuvent agir de la même façon.

■ Pour terminer, Russell va plus loin : les croyances irrationnelles qui vont à l'encontre de la science ne sauraient être fécondes et avoir des conséquences positives dans la vie des croyants. Russell remet donc en question la définition initiale de la religion : la religion n'est pas par essence un ensemble de croyances. Ce qui compte c'est bien plutôt **sa dimension morale**. C'est ainsi qu'il ne faut craindre ni le développement des religions, ni leur déclin, puisque ni l'un ni l'autre ne permet à l'homme de s'améliorer. Il faut être bien plutôt vigilant quant à la façon dont une société peut donner le goût de l'engagement et de l'optimisme aux individus.

Conclusion

Russell remet en cause deux thèses courantes. Premièrement, il critique le fait que la religion soit définie comme un ensemble de croyances irrationnelles. Au contraire, ce qu'il y a de plus vivant dans la religion, ce ne sont pas les croyances, mais les dispositions des individus à agir pour un monde meilleur. Deuxièmement, il récuse l'opposition entre science et religion. Si la science conduit à remettre en cause certains dogmes, elle ne s'oppose pas à cet état d'esprit. Bien plus, on pourrait dire qu'elle l'entretient davantage que la religion ne le fait elle-même.

13 La science

Connaître le monde implique un effort permanent de l'homme pour inventer de nouveaux instruments, constituer des méthodes rigoureuses et imaginer des théories qui répondent précisément à l'expérience. La science témoigne de cet effort.

MÉMO VISUEL

DÉFINITIONS CLÉS

Science

1. Connaissance qu'un individu possède.
2. Processus méthodique par lequel un individu cherche à connaître le monde.

Scientifique et scientiste

1. L'adjectif scientifique désigne de façon neutre ce qui renvoie à la pratique de la science.
2. L'adjectif scientiste a une connotation péjorative : il désigne un excès de confiance en la science.

LA

N'y a-t-il de connaissance que scientifique ? (→ p. 222)

Les repères utiles
croire/savoir → p. 311

La réponse de Platon

L'opinion peut être aussi efficace que la connaissance scientifique.

« L'opinion vraie n'est pas un moins bon guide que la science quant à la justesse de l'action. »

La réponse de Descartes

La connaissance scientifique est supérieure en ce qu'elle implique une méthode.

SCIENCE

Y a-t-il une différence entre sciences naturelles et sciences humaines ? (→ p. 224)

Les repères utiles
expliquer/comprendre → p. 312

La réponse de Durkheim

Les sciences humaines doivent suivre les mêmes méthodes que les sciences naturelles.

La réponse de Dilthey

Les sciences humaines sont irréductibles aux sciences naturelles.

« La nature, on l'explique ; la vie de l'âme on la comprend. »

Peut-on tout attendre de la science ? (→ p. 226)

Les repères utiles
en fait/en droit → p. 313

La réponse de Descartes

La science a une efficacité pratique telle qu'elle a une autorité légitime.

La réponse de Max Weber

Il faut circonscrire le domaine de validité des sciences.

« La science contribue à une œuvre de clarté. »

37 N'y a-t-il de connaissance que scientifique ?

En bref *Nombreux sont ceux qui prétendent connaître la vérité. Le discours scientifique paraît en être le prétendant le plus légitime. Quelle est sa spécificité ? Quelles en sont les caractéristiques ?*

I Le lien entre science et connaissance

■ On définit la science comme le processus historique par lequel les hommes cherchent à connaître le monde. Que ce soit par curiosité, pour se rassurer devant l'étrangeté du monde ou pour inventer des moyens d'améliorer leur quotidien, les hommes ont voulu comprendre le monde en en décrivant les régularités et en cherchant à en dépasser les apparences.

■ On oppose en ce sens l'opinion et la connaissance. L'opinion est relative au sujet qui l'énonce. La plupart du temps elle n'est pas réfléchie et témoigne de ce que tout homme est inscrit dans un contexte social qui le détermine. Au contraire, la connaissance vise une forme d'universalité : tous doivent pouvoir se mettre d'accord quant à la vérité. La connaissance se veut objective, c'est-à-dire indépendante du sujet qui l'énonce.

II La science et ses concurrents

■ Pourtant, l'opinion n'est pas nécessairement fausse et peut être aussi efficace que la connaissance. C'est ainsi que Platon montre la valeur de ce qu'il appelle, dans le *Ménon*, « l'opinion droite ». Quand un voyageur nous demande son chemin, nous pouvons lui indiquer la bonne route soit parce que nous la connaissons, soit par hasard.

■ De là apparaissent d'autres prétendants à la vérité : la tradition, le discours religieux ou les autorités politiques peuvent être tentés de se substituer à la démarche scientifique, voire de la dénoncer comme inutile ou dangereuse → FICHE 50.

III La spécificité de la connaissance scientifique

1 La méthode

■ Ce qui définit la science, c'est l'idée de méthode. La recherche scientifique suit des règles strictes qui permettent d'exposer clairement les conditions dans lesquelles un résultat est obtenu. Par exemple, un mathématicien expose ses démonstrations, un physicien rend compte des résultats de ses recherches en indiquant le protocole expérimental qu'il a suivi. Cela permet une connaissance objective qui puisse valoir pour tous.

■ Descartes, dans le *Discours de la méthode*, présente **quatre règles à suivre pour atteindre la vérité**. D'abord, il ne faut admettre pour vrai que ce que l'on connaît évidemment être tel. Puis il faut décomposer les difficultés à résoudre en difficultés plus simples et les traiter de la plus simple à la plus complexe. Enfin, il faut vérifier l'ensemble du raisonnement pour être sûr de n'avoir rien oublié.

2 Théorie et expérience

■ Dans la démarche scientifique, théorie et expérience sont **étroitement mêlées**. D'une part, il faut décrire correctement les faits à expliquer, mais une telle description n'est possible qu'à partir d'une théorie préalablement conçue qui permettra d'organiser ces faits et de les rapporter les uns aux autres.

■ D'autre part, l'expérimentation permet d'améliorer une théorie, par l'accumulation de nouveaux résultats et par la précision de plus en plus grande des conditions expérimentales.

3 La notion d'obstacle épistémologique

Cet effort de méthode et de vérification témoigne de ce que la science se développe en rupture avec d'autres discours qu'elle critique. Bachelard parle d'obstacles **épistémologiques** : la connaissance scientifique s'élabore toujours à partir de la **critique d'opinions ou de savoirs préalables**, que la science cherche à dépasser.

MOT-CLÉ

Le mot **épistémologie** vient du grec *épistémè*, qui désigne la science. L'épistémologie est donc l'étude de la science et cherche à comprendre les processus qui permettent l'établissement du savoir scientifique.

zoOm

L'allégorie de la caverne

■ Dans *La République*, Platon présente une allégorie qui permet de comprendre en quoi la connaissance dépasse la croyance : l'allégorie de la caverne. → RABATS

■ Des prisonniers attachés au fond d'une caverne n'ont jamais vu la lumière du soleil. Ils sont convaincus que des ombres que l'on projette au fond de la caverne sont la réalité.

■ Connaître, c'est dès lors refuser cette apparence pour sortir de la caverne, ce qui implique une forme de douleur, tant les hommes sont attachés à leurs opinions.

Buste de Platon, fin du IVe siècle av. J.-C.

38 Y a-t-il une différence entre sciences naturelles et sciences humaines ?

En bref *L'essor des sciences humaines à partir du XIXe siècle a conduit les philosophes à s'interroger sur les points communs et les différences entre sciences naturelles et sciences humaines. Peut-on connaître l'homme de la même façon que l'on connaît la nature ?*

I Une distinction nécessaire

1 Deux objets différents

- Sciences de la nature et sciences de l'homme n'ont pas le même objet. Les phénomènes naturels semblent pouvoir devenir facilement un objet de connaissance. Par l'utilisation d'outils de mesure, on peut éliminer en eux tout ce qui relève d'une appréhension subjective. Par exemple, un segment n'est pas petit pour les uns et grand pour les autres : tous peuvent se mettre d'accord sur sa taille. L'étude de l'homme semble quant à elle problématique. Comment éliminer ce qui en l'homme est subjectif ?
- Certains scientifiques, comme Dilthey, ont montré le caractère irréductible des sciences humaines aux sciences de la nature. Les sciences humaines impliquent de toujours prendre en compte un ressenti qui est de l'ordre de la subjectivité. Le vécu formant un tout, il ne peut pas être décomposé et expliqué en termes de causalité.

2 Des enjeux différents

En ce sens, on distingue expliquer et comprendre. Expliquer consiste à dégager les causes d'un phénomène, ce qui est le propre des sciences de la nature. On explique la douleur en la rapportant au fonctionnement des nerfs par exemple. Comprendre implique de saisir le vécu d'un individu, qui n'est pas susceptible d'être décomposé. C'est donc le propre des sciences humaines. Comprendre la douleur de quelqu'un, c'est saisir ce qu'il a d'unique et de proprement humain.

II Des parallélismes possibles

- Pourtant, qu'il s'agisse d'expliquer la nature ou de comprendre l'homme, c'est le même esprit qui est à l'œuvre. Descartes insiste sur ce point en montrant que, par-delà la variété des objets qu'il embrasse, l'esprit s'attache à suivre les mêmes règles pour connaître le réel : l'évidence, l'analyse, l'ordre et le dénombrement. Qu'il s'agisse des sciences de la nature ou des sciences humaines, l'esprit suit les mêmes principes : le **principe de non-contradiction** et le **principe de raison suffisante.**

> **À NOTER**
> Le **principe de non-contradiction** implique qu'un discours, pour être valable, ne doit pas contenir de contradiction.
> Le **principe de raison suffisante** suppose que tout phénomène a une cause et qu'aux mêmes causes répondent les mêmes effets.

■ Des scientifiques ont ainsi défendu l'idée selon laquelle les sciences humaines devaient suivre les mêmes méthodes que les sciences de la nature. Ainsi, pour Durkheim, il faut étudier les comportements de l'homme de la même façon qu'on étudie les phénomènes naturels, en essayant de repérer des régularités et en **fixant des lois**.

III Une distinction enrichissante

■ Ainsi, l'esprit doit faire preuve de créativité devant la variété des objets qu'il cherche à connaître. Dans la douzième des *Règles pour la direction de l'esprit*, Descartes montre qu'il faut savoir mobiliser « toutes les ressources de l'intelligence, de l'imagination, des sens, de la mémoire » pour pouvoir s'adapter à la spécificité de chaque objet. En ce sens, la science met bien en jeu des **formes de créativité et d'inventivité.**

■ Il y a donc **une tension** entre, d'un côté, la volonté de respecter la spécificité de chaque objet et, de l'autre, le dialogue entre les différentes sciences qui leur permet de progresser. Par exemple, le développement de la chimie ou de l'imagerie médicale a eu un impact sur l'histoire et l'archéologie.

zoom

Le développement de l'intelligence artificielle

Le robot Sophia, en 2018.

Le développement des technologies numériques permet la constitution d'une intelligence artificielle. Ces recherches font certes appel à des mathématiciens et à des informaticiens, mais aussi à des psychologues et à des philosophes, dans la mesure où il faut d'abord être capable de définir précisément l'intelligence avant de pouvoir produire des machines qui semblent en manifester.

39 Peut-on tout attendre de la science ?

En bref *La science joue un grand rôle dans les sociétés contemporaines. Ses résultats ont une efficacité pratique telle qu'il semble légitime d'avoir beaucoup d'attentes à son égard. Elle pourrait améliorer la vie, nous dicter nos codes de conduite. Mais est-ce là véritablement le rôle de la science ?*

I Science et progrès

■ Dans la mesure où la science repose sur la volonté de **penser par soi-même** en s'appuyant sur la raison, elle semble être un progrès par rapport à d'autres discours qui veulent s'imposer comme des dogmes qu'on ne peut pas remettre en cause. Ainsi, les philosophes des Lumières voyaient dans le développement de la science le meilleur moyen de lutter contre toute forme d'obscurantisme.

■ Il paraît donc légitime d'avoir confiance en la science, que ce soit individuellement ou collectivement. Dans le *Discours de la méthode*, Descartes montre que la science ne doit pas seulement être un discours théorique, mais qu'elle doit avoir aussi des **conséquences pratiques** susceptibles d'améliorer les conditions de vie de l'homme.

II Les limites de la science

■ Cependant, n'est-il pas déraisonnable de tout attendre de la science ? Premièrement, certaines questions qui intéressent l'homme ne paraissent pas pouvoir être résolues grâce aux sciences. En effet, l'homme peut se poser des **questions métaphysiques** (quant à l'existence de Dieu, de l'âme) qui dépassent les limites de la science. Deuxièmement, le **caractère historique** de la science montre qu'il faut être vigilant quant à la valeur de ses résultats, car ce qui semble être vrai pour une époque ou une génération ne l'est pas nécessairement et pourra un jour être mis en cause.

> **À NOTER**
> On appelle **scientisme** l'idée selon laquelle le développement de la science permettra immanquablement un progrès de la société.

■ Il faudrait donc être méfiant à l'égard des discours qui s'appuient sur l'autorité scientifique, car il est possible d'en instrumentaliser les résultats. Arendt montre ainsi que les régimes totalitaires s'appuient sur des discours d'apparence scientifique pour en faire des **instruments de pouvoir** : le régime hitlérien sur la notion de race, le régime stalinien sur l'idée d'un sens de l'histoire.

■ Mais, à l'inverse, une défiance complète à l'égard de la science semble **tout aussi déraisonnable** dans la mesure où elle conduit l'individu à s'en remettre à des discours qui ne s'appuient sur aucune méthode pour établir la validité des propositions qu'ils défendent.

III L'autorité de la science

- Dès lors, il convient de circonscrire les domaines dans lesquels l'autorité de la science est légitime. Max Weber distingue ainsi le domaine du savant et le domaine du politique. **Le savant doit expliquer le réel**, ce qui n'implique pas de considération quant à ce qui doit être. « La science contribue à une œuvre de clarté », elle n'est pas un discours prophétique qui indiquerait aux hommes la façon dont ils devraient se comporter.
- À l'inverse, **le domaine du politique est celui de l'imprévisibilité** : dans la mesure où les conséquences de nos actions sont imprévisibles, la science ne peut pas répondre à toutes nos questions.
- Bien plus, ce qui fait la valeur de la science, c'est qu'elle énonce elle-même les limites entre lesquelles elle se tient. Elle ne s'impose pas comme un dogme auquel il faudrait croire, mais implique la liberté de penser et la possibilité d'une discussion. Popper montre ainsi que le propre d'une théorie scientifique est de **pouvoir être réfutée**. Cet argument le conduit par exemple à remettre en cause le caractère scientifique de la psychanalyse → FICHE 18.

zoOm

Edward Bernays et le petit-déjeuner américain

- Dans de nombreuses publicités, la science est utilisée comme un argument commercial pour permettre de vendre des produits. Cette stratégie a été mise au point par Edward Bernays. Ce dernier, employé pour faire la publicité d'une marque de bacon, a demandé à des médecins d'en vanter les mérites, notamment au petit-déjeuner.
- Le documentaire « Propaganda, la fabrique du consentement » retrace l'histoire de la publicité et de son instrumentalisation de la science.

Publicité pour l'American Meat Institute, 1949.

SE TESTER QUIZ

Vérifiez que vous avez bien compris les points clés des **fiches 37 à 39**.

1 N'y a-t-il de connaissance que scientifique ?

→ FICHE 37

1. Associez les concepts à leurs caractéristiques.

connaissance	•	•	universel
		•	particulier
opinion	•	•	subjectif
		•	objectif

2. Un obstacle épistémologique est :

☐ **a.** un obstacle infranchissable pour la science.

☐ **b.** un obstacle qui permet à la science de progresser.

☐ **c.** un obstacle moral qui limite certaines expériences.

2 Y a-t-il une différence entre sciences naturelles et sciences humaines ?

→ FICHE 38

1. Expliquer, c'est :

☐ **a.** dégager les causes d'un phénomène.

☐ **b.** anticiper les conséquences d'un phénomène.

2. Comprendre, c'est :

☐ **a.** décrire le vécu d'un individu.

☐ **b.** synonyme d'expliquer.

☐ **c.** saisir ce qu'il y a d'unique dans une expérience.

3 Peut-on tout attendre de la science ?

→ FICHE 39

1. Pour Descartes :

☐ **a.** la science ne sert à rien d'utile.

☐ **b.** la science a une utilité pratique.

2. Pour Popper :

☐ **a.** un discours, pour être scientifique, doit être réfutable.

☐ **b.** un discours scientifique ne doit pas être remis en question.

☐ **c.** tout discours scientifique a un caractère définitif.

☐ **d.** tout discours scientifique a un caractère historique.

S'ENTRAÎNER

4 Réviser le cours en 8 questions flash

1. Qu'est-ce qu'une opinion droite pour Platon ?
2. Quelles sont les quatre règles de la méthode cartésienne ?
3. Que signifie le mot « épistémologie » ?
4. Qu'est-ce que le principe de non-contradiction ?
5. Quel est le débat qui oppose Durkheim à Dilthey ?
6. Qu'est-ce que le scientisme ?
7. Quel est le propre des régimes totalitaires pour Arendt ?
8. Quelle est la différence entre le savant et le politique pour Max Weber ?

5 Saisir les enjeux du texte

Dans la formation d'un esprit scientifique, le premier obstacle, c'est l'expérience première, c'est l'expérience placée avant et au-dessus de la critique qui, elle, est nécessairement un élément intégrant de l'esprit scientifique. Puisque la critique n'a pas opéré explicitement, l'expérience première ne peut, en aucun cas, être un appui sûr. Nous donnerons de nombreuses preuves de la fragilité des connaissances premières, mais nous tenons tout de suite à nous opposer nettement à cette philosophie facile qui s'appuie sur un sensualisme plus ou moins franc, plus ou moins romancé, et qui prétend recevoir directement ses leçons d'un donné clair, net, sûr, constant, toujours offert à un esprit toujours ouvert.

Gaston Bachelard, *La formation de l'esprit scientifique*, Vrin, 1993

1. Quel concept ce texte permet-il d'illustrer ? En quoi l'expérience première peut-elle être un obstacle ? Appuyez-vous sur des exemples.

2. Quelles sont les conséquences de la thèse du texte quant au rapport entre opinion et savoir ?

☐ a. Le texte montre que la connaissance est supérieure à l'opinion.

☐ b. Le texte montre que connaissance et opinion se valent.

☐ c. Le texte montre que discuter une opinion est nécessaire pour atteindre la vérité.

CONSEIL
Pour bien expliquer un texte, il faut montrer en quoi il interroge concrètement notre quotidien. Par exemple, qu'entend-on exactement quand on parle d'« expérience première »?

Méthode

Mettre le texte en perspective

Expliquer un texte implique de mettre en valeur le problème qu'il prend en charge. Il s'agit de construire une **perspective critique** qui montre les enjeux du texte.

- Repérez les **conséquences implicites** des affirmations du texte. Qu'implique l'argumentation du texte ? À quoi conduisent les thèses de l'auteur ?
- Mettez en valeur **le problème ou le débat** mis en jeu par le texte. Quelles questions soulève-t-il ?
- Indiquez quelles sont les **autres réponses possibles** à ce problème.

6 Opposer deux thèses

1. Faites des recherches sur le sensualisme.

2. Remplissez le tableau et montrez en quoi la thèse de Bachelard s'oppose au sensualisme.

	Thèse de Bachelard	Sensualisme
Rôle des sens dans la connaissance	....	....
Rapport entre opinion et connaissance	....	....
Exposé de la thèse	....	....

OBJECTIF BAC

7 Dissertation • L'histoire des sciences et la vérité

4 h

Le fait que les sciences évoluent semble un argument contre la valeur de la science. Si les théories scientifiques changent, n'est-ce pas la preuve de la relativité de la science ? À moins que cela soit une condition de l'activité scientifique...

LE SUJET

Y a-t-il une contradiction entre la prétention des sciences à la vérité et le fait qu'elles ont une histoire ?

▶▶▶ LA FEUILLE DE ROUTE

→ *Reportez-vous à la **méthode générale de la dissertation** p. 306.*

Étape 1 Analyser les termes du sujet

- La **science** désigne l'ensemble des connaissances accumulées par les hommes à une époque donnée. On associe souvent ce terme aux sciences de la nature, mais il existe d'autres sciences, en particulier les sciences humaines.
- Le mot **histoire** a deux sens : il désigne soit l'ensemble des événements passés et leur enchaînement, soit la science qui étudie le passé. Ici, le premier sens est à privilégier : dire que la science a une histoire signifie que les théories scientifiques évoluent au cours du temps.
- **Avoir prétention** signifie considérer être capable de quelque chose. La science prétend atteindre la vérité. Mais le fait qu'elle évolue montre que ce qui semblait vrai hier n'est plus considéré comme tel aujourd'hui.

Étape 2 Dégager la problématique et les enjeux du sujet

- En quoi la prétention à la vérité semble s'opposer au caractère historique des sciences ?
- Qu'est-ce qu'implique le fait que la science évolue ? Faut-il s'en inquiéter ou s'en réjouir ?

Étape 3 Élaborer le plan de la dissertation

1 Histoire des sciences et relativité de la vérité

- Présentez la contradiction apparente entre le caractère historique des sciences et l'idée d'une vérité absolue.
- Appuyez-vous sur un exemple pour montrer que ce qui semblait vrai hier est considéré comme faux aujourd'hui.

2 Faut-il renoncer à la prétention à la vérité ?

- D'autres discours auraient-ils plus de valeur que la science ?
- Quels risques court-on à critiquer la valeur de la science ?

3 Les avantages de l'évolution des sciences

- Montrez en quoi il paraît positif que les sciences évoluent. De quoi cela témoigne-t-il ?
- Renseignez-vous sur le dogmatisme. Quels peuvent être les dangers de cette doctrine ?

Étape 4 Rédiger la dissertation → CORRIGÉ P. 234

CORRIGÉS

SE TESTER QUIZ

1 N'y a-t-il de connaissance que scientifique ?

1. La connaissance est universelle et objective, tandis que l'opinion est particulière et subjective. En ce sens, on considère que la connaissance, indépendante du sujet qui l'énonce, est supérieure à l'opinion.
2. Réponse b. La science a besoin d'obstacles qu'elle peut critiquer pour progresser. C'est en remettant en cause les théories du passé ou les opinions communes qu'elle peut se développer.

2 Y a-t-il une différence entre sciences naturelles et sciences humaines ?

1. Réponse a. L'explication est au cœur des sciences de la nature. Il s'agit, pour chaque phénomène, de dégager les causes qui en expliquent l'apparition.
2. Réponses a et c. La compréhension est au cœur des sciences humaines : elle renvoie au caractère unique et indécomposable d'un vécu humain.

3 Peut-on tout attendre de la science ?

1. Réponse b. La science doit avoir une utilité pratique : elle permet notamment l'invention d'objets techniques et l'amélioration de la santé.
2. Réponses a et d. Pour Popper, une théorie scientifique implique la possibilité de la réfutation. Elle doit être **falsifiable**. Toute théorie que l'on ne peut pas remettre en question ou réfuter n'est pas scientifique.

MOT-CLÉ

La **falsifiabilité** d'une hypothèse ou d'une théorie est la possibilité de la critiquer. Pour Popper, la falsifiabilité permet de distinguer un discours scientifique d'un discours non scientifique.

S'ENTRAÎNER

4 Réviser le cours en 8 questions flash

1. Une opinion droite est un avis qu'on ne sait pas justifier, mais qui a la même efficacité qu'une connaissance démontrée.
2. Pour Descartes, les quatre règles de la méthode sont l'évidence, l'analyse, l'ordre et le dénombrement.
3. L'épistémologie est l'étude de la science et de ses conditions.
4. Le principe de non-contradiction, énoncé par Aristote, implique que l'on ne peut pas affirmer une proposition et la refuser en même temps.
5. Durkheim et Dilthey s'opposent quant à la possibilité d'avoir une conception objective de l'homme. Le premier soutient que c'est possible, le second montre le caractère non objectivable du vécu.
6. Le scientisme est une confiance immodérée en la valeur de la science.
7. Le propre des régimes totalitaires selon Arendt est de chercher une justification scientifique à des décisions idéologiques.

8. Pour Max Weber, le savant doit comprendre le monde tel qu'il est, tandis que le politique doit prendre des décisions à l'égard de ce qui doit être.

5 Saisir les enjeux du texte

1. Le texte illustre la notion d'obstacle épistémologique. L'expérience première, c'est-à-dire immédiate, que nous faisons des choses peut être un obstacle à la connaissance scientifique, dans la mesure où cette expérience n'est pas méthodique. Elle est souvent confuse et irréfléchie. Par exemple, les couleurs sont d'abord perçues subjectivement. Pour les connaître, le physicien devra construire le concept de longueur d'onde qui lui permettra de les penser objectivement. De même, l'étude du comportement des animaux est faussée par l'expérience première que nous en avons. À partir des contes et des légendes, nous croyons que le loup et le serpent sont des animaux méchants : le biologiste doit se défaire de ces représentations pour pouvoir étudier objectivement leur comportement.
2. Réponses a et c. L'extrait montre non seulement que la connaissance est supérieure à l'opinion (dans la mesure où la première est méthodique), mais aussi qu'elle se constitue en opposition à l'opinion (dans la mesure où la connaissance suppose une critique de l'opinion).

6 Opposer deux thèses

1. Le sensualisme est une théorie philosophique qui considère que toutes nos connaissances proviennent de l'expérience et qu'elles dérivent directement de nos sensations.

MOT-CLÉ
Défendu par Condillac, le **sensualisme** refuse qu'une idée ou qu'une faculté intellectuelle puisse être innée. Pour le montrer, il imagine l'expérience de pensée suivante : que pourrait penser une statue qui aurait soudainement la vue, l'odorat, le goût…?

2.

	Thèse de Bachelard	Sensualisme
Rôle des sens dans la connaissance	Il faut se méfier des sens et critiquer les apparences.	La connaissance provient de l'expérience. Les sens sont le moyen privilégié d'atteindre la vérité.
Rapport entre opinion et connaissance	Il y a une rupture entre l'opinion et la connaissance.	Il y a une continuité entre l'opinion et la connaissance.
Exposé de la thèse	Il y a une rupture entre expérience première et connaissance scientifique. La science se construit en opposition à l'opinion.	Il y a une continuité entre notre expérience du monde et la connaissance que nous pouvons en avoir.

OBJECTIF BAC

7 Dissertation • Y a-t-il une contradiction entre la prétention des sciences à la vérité et le fait qu'elles ont une histoire ?

Introduction

[définitions] La science se définit comme un processus par lequel l'homme cherche à atteindre la vérité en constituant des méthodes qui lui permettent de connaître son objet. L'activité scientifique implique une fin, la vérité, qu'il s'agit d'atteindre par des moyens qui ne sont pas préétablis mais qui sont découverts au fur et à mesure de l'histoire.

[problématique] Cette évolution des sciences conduit régulièrement à la remise en cause des résultats établis à une époque précédente, au nom de nouvelles découvertes ou méthodes. Y a-t-il donc une contradiction entre la prétention des sciences à la vérité et le fait qu'elles ont une histoire ? Faut-il voir dans l'évolution des sciences et de leurs résultats la marque de ce que la science échoue à atteindre la vérité ?

I La dimension historique des sciences conduit à interroger le caractère absolu de la vérité

1 Les sciences ont une histoire

- Les sciences ont une histoire, car elles se constituent progressivement, en déterminant au fur et à mesure leurs méthodes et leurs objets. Mais cela signifie aussi que les résultats des sciences, les théories qu'elles formulent, évoluent au cours du temps. Ainsi, le géocentrisme qui semblait valable au Moyen Âge a été remis en cause par Copernic et Galilée. On parle de révolution scientifique.
- Or le caractère historique des sciences semble aller à l'encontre de leur prétention à la vérité, car le développement des sciences ne suit pas un processus constant qui permet simplement d'accumuler des connaissances. Il implique la remise en cause des résultats et des méthodes du passé. Dès lors, ce qui semblait valable à une époque peut être discuté et rejeté à une époque ultérieure.

2 Un échec permanent ?

- Cela semble s'opposer à l'idée d'une vérité absolue, qui ne dépende pas du contexte dans lequel elle a été découverte. La science n'atteindrait donc pas la vérité, mais les théories scientifiques se succéderaient sans qu'on puisse discerner ce qui est vrai.
- Cela semble conduire à une forme de **scepticisme**. Les hommes seraient condamnés à des opinions instables et changeantes. Dès lors, pourquoi chercher une vérité absolue ? Ne faut-il pas admettre que la vérité est toujours relative ?

> **MOT-CLÉ**
> Le **scepticisme** désigne toute doctrine philosophique qui prétend que l'homme ne peut pas atteindre la vérité.

II Faut-il renoncer à la prétention à la vérité ?

1 Critique du relativisme

■ Le relativisme pose problème dans la mesure où il conduit à mettre sur le même plan les opinions, les croyances et les théories scientifiques, comme si l'effort méthodique mis en jeu dans la pratique scientifique ne servait à rien. Or, d'un côté, le progrès des sciences est évident, même s'il n'est pas linéaire. D'un autre côté, la science est un discours qui repose sur la raison et la possibilité, pour chacun, de vérifier et de discuter ses résultats.

■ Popper parle du caractère falsifiable de la science : tout discours scientifique implique la possibilité d'une réfutation. Ainsi, il ne paraît pas légitime de mettre la science sur le même plan que l'opinion ou la croyance.

2 Le statut des théories scientifiques

■ Il faudrait bien plutôt distinguer les théories formulées par les scientifiques à un moment donné et la vérité qu'ils visent. Certes, la science prétend atteindre la vérité, mais elle n'est pas dupe de la valeur de ses résultats. Ce n'est pas la vérité qui est relative, mais bien plutôt les résultats, souvent provisoires, obtenus par les scientifiques.

■ Il faut être vigilant à ne pas déduire, de la relativité du discours scientifique, la relativité de la vérité elle-même. La vérité absolue reste l'idéal que vise la science. Il n'y a donc pas de contradiction entre le caractère historique de la science et sa prétention à la vérité.

■ Ainsi, la science n'est pas un discours auquel il faudrait croire, comme si elle imposait une autorité politique ou religieuse. Dans ses *Propos*, Alain distingue penser et croire. Le scientifique ne croit pas à ses théories, il les pense. Autrement dit, il les invente à partir d'expérimentations, les évalue, les discute. Ainsi, le caractère historique de la science montre précisément que sa prétention à la vérité est forte !

III Le caractère historique de la science est la condition de sa prétention à la vérité

1 L'objectivité des sciences

■ L'idée que la science ne puisse plus évoluer suppose que l'homme puisse atteindre une connaissance de la nature ou de l'histoire comme s'il n'en faisait pas partie. Elle implique l'idée d'un point de vue extérieur à l'objet qu'elle tente de connaître.

■ Or la connaissance dépend toujours d'un point de vue : le physicien travaille dans un laboratoire et les outils à sa disposition déterminent son travail ; l'historien vit dans un présent qui détermine son rapport au passé.

■ Pourtant, en confrontant les points de vue, en explicitant les conditions dans lesquelles une théorie est formulée, la connaissance scientifique peut être objective.

2 Un exemple privilégié : l'histoire

■ C'est par exemple ce que montre Raymond Aron, à propos de l'histoire : la science peut dépendre d'un point de vue relatif sans être pour autant un discours arbitraire, car elle s'efforce de prendre en compte cette relativité.

CONSEIL
Étudier un exemple en détail (ici l'histoire) permet d'illustrer une thèse complexe et d'approfondir l'analyse.

■ Longtemps on a considéré que l'historien ne devait être « d'aucun temps ni d'aucun pays » (Fénelon). Or, pour Raymond Aron, un tel point de vue est impossible, car il consiste à nier le caractère historique de l'existence humaine elle-même. Ce n'est pas synonyme d'échec, mais témoigne de ce que l'historien doit prendre en compte cette inscription dans le temps pour **dégager les conditions de validité de son propre discours**.

3 Une recherche permanente de la vérité

■ La recherche de la vérité implique donc l'historicité des sciences. Le progrès des sciences consiste moins à montrer que les théories du passé sont fausses, qu'à mettre en évidence **les conditions dans lesquelles un savoir est valable**.

■ Il faudrait plutôt se méfier d'un discours pseudo-scientifique qui prétendrait avoir trouvé une fois pour toutes la vérité. En effet, un tel discours voudrait s'imposer comme **un dogme** auquel il faudrait croire, indépendamment de tout examen rationnel. Arendt dénonce cette instrumentalisation de la science qui oublie la nécessité de la discussion.

Conclusion

Il n'y a pas de contradiction entre la prétention des sciences à atteindre la vérité et leur caractère historique. L'historicité de la science ne conduit pas à affirmer que la vérité est toujours relative, mais que la recherche d'une vérité absolue implique de prendre en compte les conditions historiques dans lesquelles un savoir scientifique, c'est-à-dire méthodique et objectif, se constitue.

14 La technique

Dans la mythologie grecque, Prométhée est surtout connu pour avoir dérobé le feu sacré de l'Olympe, c'est-à-dire le feu du travail, l'élément naturel qui permet de construire des outils artificiels grâce à la fusion du métal. Il en a fait don aux humains.

MÉMO VISUEL

DÉFINITIONS CLÉS

Technique
1. Au sens large, ensemble de procédés employés pour produire une œuvre ou obtenir un résultat déterminé.
2. En un sens plus moderne, ensemble des applications de la science dans le domaine de la production.
3. Plus généralement, méthode efficace. On parle de techniques de calcul, par exemple.

Technologie
1. Étude de la technique.
2. Technique moderne fondée sur des principes scientifiques.

L

La valeur d'une civilisation se reconnaît-elle au développement de sa technique ? (→ p. 240)

Les repères utiles
absolu/relatif → p. 310

La réponse de Francis Bacon
Le développement technique permet de combler les désirs humains et d'améliorer les mœurs.

La réponse de Lévi-Strauss
Il n'existe pas de critère universel de la valeur d'une civilisation.
« Selon le point de vue choisi, on aboutirait donc à des classements différents. »

La technique est-elle neutre ? (→ p. 242)

Les repères utiles
essentiel/accidentel → p. 312

La réponse de Gorgias

La technique n'est qu'un ensemble d'instruments. L'homme est responsable de son usage.

La réponse de Marcuse

La technique engendre un développement de la bureaucratisation, de l'administration et de la planification, ce qui provoque un affaiblissement des institutions démocratiques.

ECHNIQUE

La technique n'est-elle qu'une application de la science ? (→ p. 244)

Les repères utiles
théorie/pratique → p. 318

La réponse de Bergson

Historiquement, la technique précède la science. L'homme est *homo faber* avant d'être *homo sapiens*.

La réponse de Bachelard

La science et la technique sont contemporaines.

« Une science a l'âge de ses instruments de mesure. »

40 La valeur d'une civilisation se reconnaît-elle au développement de sa technique ?

En bref *Les civilisations humaines sont variées. Certaines, comme la civilisation de l'Europe occidentale, ont davantage développé la technique que d'autres. Le développement des techniques est-il la marque du progrès d'une civilisation ?*

I Technique, progrès et puissance

1 La maîtrise de la nature

■ Si la technique constitue un critère de valeur d'une **civilisation**, c'est parce qu'elle permet l'amélioration de la vie humaine par le biais d'une maîtrise efficace de la nature → FICHE 47. Pour Francis Bacon, le développement des sciences et des techniques rend envisageable le progrès indéfini de l'esprit humain. Ce progrès tend vers une situation idéale, où seraient comblés tous les désirs des hommes et où leurs conduites seraient enfin moralement bonnes.

> **MOT-CLÉ**
> Terme équivoque, le mot **civilisation** désigne les progrès accomplis par l'humanité dans une nation, un idéal à atteindre, ou encore, de manière neutre, l'ensemble des traits qui caractérisent une société donnée.

■ Les civilisations qui connaissent une technique fortement développée sont aussi celles où les besoins matériels humains sont les mieux satisfaits. Les travaux y sont facilités par l'usage d'instruments et de machines toujours plus perfectionnés et les rendements (agricoles notamment) y sont accrus.

■ La technique permet d'offrir aux hommes une vie plus aisée, plus confortable, et de réaliser de grands rêves de l'humanité : voler, conquérir l'espace, marcher sur la Lune et peut-être bientôt sur Mars.

2 La domination économique et politique

■ C'est grâce au développement des techniques maritimes, militaires et commerciales que les États européens ont pu bâtir jadis un empire colonial. Aujourd'hui, la possession d'une technique développée signe la **puissance** d'un État, lequel impose ses règles à d'autres États.

> **MOT-CLÉ**
> La **puissance** est la propriété d'un objet ou d'une personne. Elle ne caractérise pas ici une simple capacité, mais la manifestation concrète d'un pouvoir d'action, d'une force.

■ Dès lors, il est tentant de hiérarchiser les civilisations en fonction de leurs développements techniques propres. On se représente chacune d'elles comme une étape dans un grand processus évolutif entraînant l'humanité entière vers des formes de civilisations toujours plus technicisées.

II Le caractère relatif des valeurs

1 Le risque de l'ethnocentrisme

■ Pour les membres d'une civilisation fortement développée techniquement, comme le relève Lévi-Strauss, les civilisations qui empruntent une autre voie semblent stationnaires. Cette évaluation exprime, en réalité, une **incompréhension** : un observateur extérieur à une civilisation projette sur celle-ci un critère qui ne vaut que pour une civilisation singulière.

■ Ainsi, là où nous croyons déceler l'immobilisme d'une civilisation, nous ne faisons qu'exprimer notre ignorance pour ses intérêts véritables. Autrement dit, les civilisations ont tendance à se mépriser parce qu'elles ne se ressemblent pas. Il s'agit là d'ethnocentrisme : nous faisons du groupe ethnique auquel nous appartenons le **modèle de référence**.

2 D'autres critères de valeur possibles ?

■ La civilisation occidentale, depuis deux ou trois siècles, s'est consacrée au progrès des techniques, en vue d'offrir à l'homme des moyens mécaniques de plus en plus puissants. **L'erreur est d'ériger ce fait en critère universel.**

■ En retenant d'autres critères, on obtiendrait des **évaluations bien différentes**. Si l'on privilégie, par exemple, le degré d'aptitude à triompher des milieux géographiques les plus hostiles, les civilisations des Esquimaux et des Bédouins remporteraient la palme de la valeur.

zoOm

Le yogi indien : un homme civilisé

■ Selon Lévi-Strauss, si le critère de la valeur d'une civilisation était la connaissance du corps humain et les rapports entre le physique et le moral, les civilisations orientales et extrême-orientales occuperaient la première place.

■ Ce yogi indien n'est pas moins civilisé qu'un homme consommateur occidental, il l'est autrement.

41 La technique est-elle neutre ?

En bref *La technique semble n'être qu'un ensemble de moyens à notre disposition. Force est pourtant de constater que les objets techniques occupent une place croissante dans notre vie. Ne faut-il pas en conclure que la technique finit par conditionner nos modes de vie, de pensée et de coexistence ?*

I La neutralité de la technique

1 La conception instrumentale de la technique

- La technique est **un simple moyen**. Gorgias, le sophiste dépeint par Platon dans l'œuvre éponyme, se fonde sur cet argument pour défendre une conception purement instrumentale de la technique.
- Par exemple, une arme est un simple moyen et est **moralement neutre** : elle peut servir à se défendre et à protéger ses amis, mais elle peut aussi être utilisée pour commettre des méfaits. L'arme n'est pas responsable de l'usage que l'on en fait.

2 La responsabilité humaine

- La responsabilité morale des hommes est toujours engagée. Ainsi, l'idée d'**aliénation technique**, qui désigne un état de dépossession de la vie humaine dont la technique serait directement responsable, est infondée.
- Marx souligne que la révolte ouvrière ne doit pas être un saccage des machines, mais qu'elle doit déboucher sur le changement politique de la société.

II La non-neutralité de la technique

1 La technique conditionne l'homme

- Comme le souligne Arendt, on n'avait jamais auparavant ressenti le besoin de s'interroger à propos de la dépendance de l'homme vis-à-vis de ses outils. Le fait même que la question se pose concernant le **rapport de l'homme aux machines** est l'indice d'un problème nouveau et réel. Alors qu'un ensemble d'outils utilisés par la main humaine peut rester neutre, « les machines exigent que le travailleur les serve et qu'il adapte le rythme naturel de son corps à leur mouvement mécanique. »
- La technique obéit toujours davantage à la **loi de l'efficacité rationnelle** : obtenir un maximum de résultats avec un minimum de dépenses. Une valeur économique devient ici une norme éthique.
- Ce critère régit tous les domaines. Dans la vie professionnelle ou dans les loisirs, il faut être efficace, toujours plus productif, aller toujours plus loin, plus vite. La technique engendre une **conception purement quantitative de la réussite** et du bonheur.

2 | La technocratie

Selon Marcuse, le développement de la technique engendre un développement de la bureaucratisation, de l'administration et de la planification, ce qui provoque un affaiblissement des institutions démocratiques. En effet, les individus obéissent aux exigences d'appareils technologiques, de distribution et de consommation, dont « les grands groupes dirigeants semblent subir les exigences [...] plutôt que de les déterminer. » La domination politique devient **technocratique**.

MOT-CLÉ
Souvent péjoratif, le terme de **technocratie** désigne un accaparement du pouvoir politique par les techniciens et les fonctionnaires.

3 | L'essence de la technique

- Selon Heidegger, l'essence de la technique moderne ne se réduit pas à un ensemble d'instruments. Elle est un dévoilement qui **arraisonne** la nature.
- La nature se trouve dès lors identifiée à une source d'énergie. Par exemple, une centrale hydraulique ne fait pas corps avec un fleuve, mais le mure et le détermine comme fournisseur de pression hydraulique.
- L'essence de la technique constitue un prisme déformant qui s'impose aux hommes. Mais en ne voyant dans la nature qu'une somme d'ustensiles, l'homme oublie d'entendre « l'appel d'une vérité plus initiale » : l'énigme de sa présence.

MOT-CLÉ
L'**arraisonnement** consiste à postuler que la nature entière peut se comprendre à partir de catégories rationnelles quantitatives. La nature se réduit donc à la mesure que le technicien en prend en vue de son usage par l'homme.

zoOm

Les techniques d'élevage intensif : un mépris des animaux ?

Au cœur des préoccupations contemporaines, l'élevage intensif vise à maximiser le rendement en augmentant la densité d'animaux sur l'exploitation ou en s'affranchissant plus ou moins fortement du milieu environnant. Cette technique n'exprime-t-elle pas la confusion des animaux avec de simples choses ?

42 La technique n'est-elle qu'une application de la science ?

En bref *Si la science cherche le vrai et que la technique vise l'utile, il semble logique de se représenter la technique comme chronologiquement postérieure à la science, dont elle ne serait que la concrétisation. La technique dérive-t-elle entièrement des connaissances scientifiques ?*

I La technique précède la science

1 Une question de chronologie

- Historiquement, la technique précède la science : elle est indispensable à l'homme pour sa survie, alors que la connaissance scientifique n'a pas cette urgence. C'est ainsi que Bergson souligne que l'homme a été ***homo faber***, constructeur d'outils, avant d'être ***homo sapiens***, individu visant à connaître le monde.
- C'est ainsi, par exemple, que **la médecine** a précédé les sciences physiques, chimiques et biologiques : au Néolithique, la trépanation, opération consistant à pratiquer un trou dans la boîte crânienne, était une pratique opératoire courante, alors qu'on ne disposait d'aucune connaissance scientifique de l'anatomie du crâne et encore moins des mécanismes cérébraux.

2 La science comme solution aux difficultés de la technique

- La technique antérieure à la science est une **pratique spontanée** et routinière, qui rencontre de nombreux échecs. Elle est donc insatisfaisante pour l'homme, qui va tâcher de comprendre les raisons de ces échecs. Tel est l'acte de naissance de la recherche scientifique.
- Les difficultés rencontrées par les techniciens provoquent une mutation de l'esprit : le savant s'empare alors d'obstacles techniques et en fait des **problèmes théoriques**.

À NOTER
Les anciens Égyptiens ont développé les sciences, mais uniquement dans une perspective pratique (construction architecturale, administration...), sans s'engager dans un examen scientifique du monde. Ce n'est qu'avec les Grecs qu'apparaîtront les démonstrations.

- Alors que la ville de Florence était en plein essor, au XVIIe siècle, et qu'elle avait donc besoin d'un meilleur approvisionnement en eau, les fontainiers se sont demandé comment faire monter l'eau dans les pompes au-delà de 10,33 mètres. Torricelli et Pascal se sont interrogés sur les **causes du problème**. Les scientifiques découvrent alors que la hauteur maximale de l'eau est déterminée par la pression atmosphérique.

II Technique et science s'enrichissent mutuellement

1 La science participe aux succès de la technique

Même la science la plus désintéressée contribue à la réussite de techniques. L'invention du transistor, qui remplaça avantageusement les lampes dans les récepteurs radio, fut par exemple rendue possible par la science physique pure, et plus précisément par l'étude fondamentale de la diffusion des électrons par la matière.

2 La technique est indispensable à la science

- La technique est au cœur même de la démarche scientifique, dans la mesure où elle permet de **vérifier les hypothèses** grâce à des instruments.
- Ce lien est de plus en plus patent avec la science contemporaine : la physique atomique serait impossible sans tout un appareillage technique extrêmement sophistiqué. Par exemple, **l'existence du boson de Higgs**, une particule élémentaire, n'aurait pas pu être prouvée en 2012 sans un accélérateur de particules de près de vingt-sept kilomètres : le grand collisionneur de hadrons.
- Ainsi, il faut en conclure avec Bachelard qu'« **une science a l'âge de ses instruments de mesure.** » La connaissance scientifique est toujours une connaissance approchée, corrélée à l'état de développement des instruments techniques de mesure du réel.
- Enfin, l'image d'une science absolument pure est erronée : comme la technique, la science a pour but de mesurer des résultats et de prévoir, non de connaître les causes premières ou l'essence des choses → FICHE 37.

zoOm

Les arpenteurs du Nil et le développement de la géométrie

Lors des crues du Nil, le débordement des eaux du fleuve rendait indistinctes les propriétés agricoles inondées. Il a donc fallu développer la mesure de la terre (géométrie) pour pouvoir procéder à des délimitations justes. Cela a permis de remédier aux insuffisances des techniques utilisées par les arpenteurs de l'Égypte.

SE TESTER QUIZ

Vérifiez que vous avez bien compris les points clés des **fiches 40 à 42.**

1 La valeur d'une civilisation se reconnaît-elle au développement de sa technique ?

→ FICHE 40

1. Que signifie le terme « technique » ?

☐ **a.** un geste esthétiquement parfait

☐ **b.** un ensemble d'outils matériels

☐ **c.** un ensemble de procédés employés pour produire une œuvre ou obtenir un résultat déterminé

2. Pourquoi, selon Lévi-Strauss, les civilisations se méprisent-elles ?

☐ **a.** Elles ne se ressemblent pas.

☐ **b.** Elles se ressemblent trop.

☐ **c.** Elles sont jalouses les unes des autres.

2 La technique est-elle neutre ?

→ FICHE 41

1. Parmi les affirmations suivantes, lesquelles sont vraies ?

☐ **a.** Selon Gorgias, la technique est un instrument neutre.

☐ **b.** Selon Marx, l'émancipation des ouvriers nécessite la casse des instruments de production.

☐ **c.** La technocratie est une forme de gouvernement où la place des experts techniques est centrale.

2. Complétez le texte avec les mots qui conviennent.

Si la technique est un ensemble d'instruments, elle est un simple moyen et est moralement .... Pourtant, si la technique obéit à la loi de l'efficacité rationnelle, elle pose comme norme éthique .... Plus encore, selon Heidegger, du point de vue de son essence, la technique moderne est un .... qui arraisonne la nature.

3 La technique n'est-elle qu'une application de la science ?

→ FICHE 42

1. Historiquement :

☐ **a.** la technique précède la science.

☐ **b.** la science précède la technique.

☐ **c.** la technique et la science sont contemporaines.

2. La science la plus désintéressée :

☐ **a.** n'a aucun rapport avec les techniques.

☐ **b.** contribue à la réussite de techniques.

S'ENTRAÎNER

4 Réviser le cours en 8 questions flash

1. Pour quelles raisons Francis Bacon soutient-il que la science et la technique améliorent la vie des hommes ?
2. Selon Lévi-Strauss, quelles civilisations occuperaient la première place si le critère de la valeur était la connaissance du corps humain ?
3. Selon Marx, pourquoi l'idée d'aliénation technique est-elle dangereuse ?
4. Selon Marcuse, quels sont les effets politiques de la technique ?
5. Selon Heidegger, à quelle conception de la nature conduit l'essence de la technique moderne ?
6. Pourquoi la technique est-elle à l'origine de la science ?
7. Quelles mutations de l'esprit engendrent les échecs de la technique ?
8. Qu'apporte la technique à la démarche scientifique ?

Méthode

Construire un paragraphe de dissertation

- **Un paragraphe de dissertation est assimilable à une sous-partie.**
  Il s'inscrit donc logiquement dans une partie qui possède un fil directeur, c'est-à-dire qui soutient une réponse possible à la question posée par le sujet.
- **L'idée générale doit apparaître clairement.**
  Elle doit se distinguer nettement de ce qui précède et de ce qui va suivre dans votre dissertation. Un paragraphe doit avoir une visibilité nette pour le correcteur : il doit être précédé et suivi de retours à la ligne.
- **Un paragraphe expose un argument en faveur d'une thèse.**
  Il doit donc expliciter les raisons qui rendent cette thèse vraisemblable. Par argument, il faut entendre une idée générale, c'est-à-dire un ou plusieurs concepts qui semblent pouvoir rendre compte d'un ensemble de phénomènes.
- **Un paragraphe ne saurait se réduire à un inventaire d'exemples.**
  Ces derniers ne peuvent venir qu'illustrer une idée générale.

5 Organiser un paragraphe de dissertation

Sujet : Est-il raisonnable d'avoir peur du progrès technique ?

Remettez dans l'ordre les énoncés suivants, afin de construire un paragraphe de dissertation.

.... a. Dans cette optique, Marcuse soutient que le développement des techniques engendre des bouleversements politiques : les prises de décisions politiques deviennent assujetties à des impératifs technologiques et économiques. Les individus s'habituent à moins obéir à des décisions politiques qu'aux exigences d'appareils technologiques, de distribution et de consommation dont « les grands groupes dirigeants semblent subir les exigences [...] plutôt que de les déterminer ».
.... b. La domination politique devient technocratique.
.... c. Contrairement à la croyance immédiate en une maîtrise humaine totale du progrès technique, il apparaît que celui-ci peut échapper au pouvoir de l'homme et produire des effets inattendus dans des sphères fort éloignées de la production.

6 Rédiger un paragraphe de dissertation

Idée : Le progrès technique produit un monde nouveau et inconnu, certes fascinant, mais aussi inquiétant.
Argumentez en remplissant le tableau suivant :

Définition des termes du sujet	....
Exemple	....

OBJECTIF BAC

7 Explication de texte • Jonas, *Le Principe responsabilité*

4 h

Dans ce texte, Jonas interroge le sens du progrès technique. Il réfute la conception selon laquelle le progrès technique est un moyen au service du bonheur humain.

LE SUJET

Aujourd'hui, sous la forme de la technique moderne, la *technè* s'est transformée en poussée en avant infinie de l'espèce et en son entreprise la plus importante. On serait tenté de croire que la vocation de l'homme consiste dans la progression, en perpétuel dépassement de soi, vers des choses toujours plus grandes et la réussite d'une domination maximale sur les choses et sur l'homme lui-même semblerait être l'accomplissement de sa vocation. Ainsi le triomphe de l'*homo faber* sur son objet externe signifie-t-il en même temps son triomphe dans la constitution interne de l'*homo sapiens*, dont il était autrefois une partie servile. En d'autres termes : indépendamment même de ses œuvres objectives, la technologie reçoit une signification éthique par la place centrale qu'elle occupe désormais dans la vie subjective des fins humaines. Sa création cumulative, à savoir l'environnement artificiel qui se propage, renforce par un perpétuel effet rétroactif les forces particulières qui l'ont engendrée : le déjà créé oblige à leur mise en œuvre inventive toujours recommencée, dans sa conservation et dans son développement ultérieur et elle la récompense par un succès accru qui de nouveau contribue à sa prétention souveraine.

Hans Jonas, *Le Principe responsabilité. Une éthique pour la civilisation technologique*, 1979, trad. Jean Greisch © Les Éditions du Cerf, 1997.

▶▶▶ LA FEUILLE DE ROUTE

→ *Reportez-vous à la **méthode générale de l'explication de texte** p. 308.*

Étape 1 Repérer le thème et la thèse du texte

- Le thème du texte est la technique et plus précisément le progrès technique.
- Jonas soutient que le progrès technique est devenu une fin en soi.

Étape 2 Dégager la problématique et les enjeux du texte

- Quel est le sens du progrès technique ?
- Si le progrès technique est devenu une fin en soi, quelle est sa valeur pour les hommes ? Ne risque-t-on pas de légitimer toutes les nouveautés techniques, alors même qu'elles pourraient être nocives pour les hommes, du simple fait qu'elles font partie de ce progrès technique ?

Étape 3 Identifier les étapes de l'argumentation

1 Une domination croissante (l. 1 à 5)

- Quel constat Jonas fait-il concernant le développement de la technique ?
- Expliquez comment l'auteur décrit l'ampleur que prend la technique.

2 Le bouleversement de l'essence de l'homme (l. 5 à 10)

- Expliquez la différence entre *homo faber* et *homo sapiens*.
- Quelle importance le développement technique prend-il pour l'individu ?

3 Le moteur interne du développement (l. 10 à 15)

- Les réalisations de l'homme incitent ce dernier à aller toujours plus loin dans le processus d'avancée technologique. Dans quelle mesure ce mécanisme risque-t-il de conduire à l'artificialisation du monde ?
- Le progrès technologique peut-il avoir une fin ?

Étape 4 Rédiger l'explication → CORRIGÉ P. 252

CORRIGÉS

SE TESTER QUIZ

1 La valeur d'une civilisation se reconnaît-elle au développement de sa technique ?

1. Réponse c. Le terme « technique » désigne au sens large une méthode efficace. Il ne renvoie pas nécessairement à des instruments matériels et ne comprend aucune connotation esthétique.

2. Réponse a. Lévi-Strauss soutient que chaque civilisation a peur de ce qui lui est dissemblable. De cette idée découle l'ethnocentrisme.

MOT-CLÉ
Du grec *ethnos* (« nation », « tribu ») et du latin *centrum* (« centre »), l'**ethnocentrisme** est une surestimation du groupe social, ethnique, géographique ou national auquel on appartient. Cela peut conduire au mépris des autres groupes ou cultures.

2 La technique est-elle neutre ?

1. Réponses a et c.
La réponse a est vraie. Selon Gorgias, la technique est un ensemble d'instruments neutres dont l'utilisation renvoie à la responsabilité humaine.
La réponse b est fausse. Selon Marx, l'émancipation des ouvriers nécessite un changement politique de la société.
La réponse c est vraie. Selon Marcuse, la technocratie est un système dans lequel le pouvoir politique est entre les mains d'experts au service des exigences de l'appareil de distribution et de consommation.

2. Si la technique n'est qu'un ensemble d'instruments, elle est un simple moyen et est moralement neutre. Pourtant, si la technique obéit à la loi de l'efficacité rationnelle, elle pose comme norme éthique une valeur économique. Plus encore, selon Heidegger, du point de vue de son essence, la technique moderne est un dévoilement qui arraisonne la nature.

3 La technique n'est-elle qu'une application de la science ?

1. Réponse a. Historiquement, les hommes ont utilisé le pouvoir de la technique pour maîtriser la nature avant d'en connaître les principes.

2. Réponse b. La connaissance désintéressée des principes de la nature peut avoir des applications techniques.

S'ENTRAÎNER

4 Réviser le cours en 8 questions flash

1. Selon Francis Bacon, la science et la technique, en permettant une meilleure maîtrise de la nature, comblent les désirs humains et améliorent moralement la conduite des hommes.

2 Les civilisations orientales et extrême-orientales occuperaient la première place.

3. Selon Marx, cette idée masque les vrais problèmes qui sont d'ordre politique.
4. La technique engendre un affaiblissement des institutions démocratiques. Les individus obéissent moins à des décisions politiques qu'aux exigences d'appareils technologiques.
5. Par essence, la technique moderne identifie la nature à une source d'énergie disponible pour les hommes.
6. La technique antérieure à la science rencontre de nombreux échecs. Ceux-ci conduisent l'homme à tâcher de les comprendre pour y répondre.
7. Le savant qui s'empare d'obstacles techniques les constitue en problèmes théoriques. La science est la recherche des raisons du problème.
8. La technique permet de vérifier les hypothèses scientifiques, car ce n'est que grâce à des instruments techniques que les expérimentations sont envisageables.

5 Organiser un paragraphe de dissertation

Il est préférable d'exposer tout d'abord l'idée générale (énoncé c), puis de l'illustrer par un exemple (énoncé a), avant d'en tirer une conséquence (énoncé b).

6 Rédiger un paragraphe de dissertation

Idée générale	• Notre rapport au progrès technique peut se comprendre à partir de deux sentiments humains fondamentaux : l'espoir et la crainte. • Nous savons bien que le progrès technique bouleverse le monde. Un regard rétrospectif le montre : aujourd'hui, les hommes n'habitent pas le même monde qu'il y a un siècle. • En ce qui concerne l'avenir, nous savons bien que le monde va connaître de grands bouleversements. Nous sommes face à l'inconnu et celui-ci nous attire en même temps qu'il nous effraie. Nous espérons le mieux et, tout à la fois, craignons le pire.
Exemple	• C'est dans cette perspective que les progrès de la biotechnologie sont fascinants et inquiétants à la fois. • Fascinants, car nous espérons qu'ils vont permettre de mieux soigner les maladies et offrir à l'homme une vie plus longue et plus heureuse. • Inquiétants également, car nous craignons que ces progrès ne mènent à des politiques **eugénistes** qui conduiraient à trier les hommes à l'image d'animaux d'élevage.

MOT-CLÉ

L'**eugénisme** est l'ensemble des méthodes et pratiques visant à améliorer le patrimoine génétique de l'espèce humaine. Il peut être le résultat d'une politique menée délibérément par un État ou être le fruit de décisions individuelles (la recherche de « l'enfant parfait », par exemple).

OBJECTIF BAC

7 Explication de texte • Jonas, *Le Principe responsabilité*

Introduction

[thème et thèse] Dans ce texte, Jonas aborde le thème du progrès technologique en énonçant une thèse étonnante : le progrès technique est devenu sa propre fin.

[problématique] Alors que nous considérons communément le progrès technique comme un ensemble de moyens au service d'une fin plus haute (le bonheur ou la moralisation de l'espèce humaine), une telle thèse vient semer un terrible doute : la technique n'aurait-elle pas acquis une forme d'autonomie ? Si tel est le cas, ne faut-il pas admettre que c'est toute la conception de l'homme qui s'en trouve bouleversée ?

[annonce du plan] Dans un premier moment du texte, Jonas fait un constat : de nos jours, le développement de la technique à l'infini est devenu l'œuvre la plus importante de l'humanité, à tel point que celle-ci semble vouée à toujours se dépasser et tendre vers une domination maximale des choses et de l'homme lui-même.

Dans un deuxième moment du texte, l'auteur montre qu'une inversion s'est opérée : alors que la fabrication d'outils était jadis pensée comme une des conséquences parmi d'autres de l'essence de l'homme, l'homme est désormais considéré en premier lieu comme ***homo faber***, avant d'être entendu comme ***homo sapiens***. De fait, le développement technologique, quelles que soient ses productions réelles, prend un sens moral positif.

> **MOTS-CLÉS**
> L'***homo faber*** désigne l'homme susceptible de fabriquer des outils.
> L'***homo sapiens*** est l'homme actuel, un être doté d'intelligence.

Enfin, dans un troisième mouvement, Jonas soutient que la technologie façonne un monde qui renforce lui-même la technologie. C'est un effet « boule de neige » : ce qui est déjà créé produit la nécessité de son développement et ce processus renforce la prééminence de la technologie.

I Une domination croissante de la technique sur les choses et les hommes

1 Un constat : la technique est devenue sa propre fin

- Jonas commence par dresser un constat : aujourd'hui, la technique s'est modifiée. Elle est devenue une « poussée en avant infinie de l'espèce » et « son entreprise la plus importante ».
- Alors que, dans son essence, la technique est une méthode efficace, c'est-à-dire un ensemble de moyens au service de fins qui lui sont extérieures (l'amélioration des conditions de vie par exemple), la forme moderne de la technique, c'est-à-dire le **machinisme** de plus en plus accentué, marque une rupture avec cette conception première. La technique devient sa propre fin. Elle n'est plus une « entreprise » pour, mais une « entreprise » en soi.
- L'humanité est donc entrée dans un nouveau mouvement historique : le progrès se trouve identifié au **développement infini des techniques**.

2 Le rêve de maîtrise et de pouvoir

■ Les choses sont telles qu'« on serait tenté de croire que la vocation de l'homme consiste dans la progression, en perpétuel dépassement de soi. » Jonas n'affirme rien dogmatiquement mais, au contraire, il prend le soin de **relativiser sa description** : celle-ci n'exprimerait qu'une croyance qui ne vaut que pour un « on » indéterminé.

■ À première vue, l'opinion commune pourrait croire que l'homme accomplit **sa mission la plus haute** dans la « domination maximale sur les choses et sur l'homme », c'est-à-dire en réalisant le rêve prométhéen de maîtrise et de pouvoir sur tout ce qui existe. Il ne s'agit pas d'une certitude partagée par l'auteur, mais plutôt d'une représentation qu'il s'agit de comprendre.

II La technique engendre une nouvelle conception de l'homme

1 De l'*homo sapiens* à l'*homo faber*

■ La fabrication d'outils n'était « autrefois » (avant l'ère de la technique moderne) qu'une action « servile », c'est-à-dire seulement un moyen au service de fins étrangères telles que l'acquisition de meilleures conditions de vie. Or, aujourd'hui, l'*homo faber* « triomphe dans la constitution interne de l'*homo sapiens*. »

■ Autrement dit, la technique moderne produit une conception de l'intelligence qui identifie cette dernière à la fabrication d'outils, comme si **l'essence de l'homme** pouvait se résumer à inventer toujours et encore de nouveaux instruments d'adaptation.

2 La valeur morale du développement technique

■ C'est ainsi qu'« indépendamment même de ses œuvres objectives, la technique reçoit une signification éthique. » La technique moderne n'est **plus jugée selon ses résultats**, si bien que la question éthique, c'est-à-dire de la valeur morale, ne se pose plus. Il n'y a plus lieu de se demander : « À quoi cela sert-il ? » ; ou : « Est-ce bon pour l'homme ? », puisque le critère de l'éthique est devenu inhérent à la **technologie** elle-même.

> **MOT-CLÉ**
> Le terme **technologie** peut désigner l'étude scientifique des techniques. En l'occurrence, il désigne la technique fondée sur des savoirs scientifiques.

■ Ce qui est bon est ce qui est utile au développement de la technologie. Ce **renversement** a été intériorisé par les hommes, puisque la place de la technologie est « centrale [...] dans la vie subjective des fins humaines. »

III Le moteur interne du développement technologique

1 Une artificialisation croissante du monde

■ Le fait est donc que la technologie pousse à la création d'instruments et engendre une artificialisation toujours plus grande. Il faut noter que l'auteur utilise **le concept d'environnement** – mot qui désigne l'ensemble des conditions dans lesquelles vivent des organismes –, mais qu'il le sort de son contexte habituel. En effet, sa dimension naturelle n'est pas citée par l'auteur, qui ne souligne que la « propagation » de sa dimension artificielle.

■ Le vocabulaire utilisé appartient au champ médical : tout se passe comme si le développement des artifices était comparable à une **pathologie maligne** qui contamine toujours davantage d'organes. De plus, cela « renforce par un perpétuel effet rétroactif » la technologie elle-même. Les réalisations techniques, pour être mises en œuvre et se développer, réclament de nouvelles réalisations techniques.

2 Le développement sans fin de la technique

■ Chaque invention nouvelle constitue un progrès par rapport à ce qui existait auparavant. Dans cette perspective, elle représente un « succès » : elle résout en effet un problème que ne parvenaient pas à solutionner les productions antérieures. Elle permet ainsi à l'homme de **gagner en efficacité**.

■ Mais, dans le même temps, chaque invention nouvelle contient en elle-même **la raison de son dépassement ultérieur**, dans la mesure où elle peut toujours être améliorée. Ainsi le développement de la technique ne peut-il être que sans fin, et c'est ce progrès qui vient valider aux yeux des hommes sa « prétention souveraine ».

Conclusion

La technologie moderne introduit une rupture fondamentale dans l'histoire de la technique et plus généralement de l'homme. Alors que jadis la technique n'était qu'un simple moyen, elle est conçue de nos jours comme porteuse de sa propre fin. Le progrès technique est devenu le signe et le critère éthique de toutes les productions humaines.

15 Le temps

À partir du XVIIe siècle, les Vanités sont des natures mortes qui renvoient allégoriquement à la futilité de l'existence humaine : le crâne symbolise une mort certaine, les bulles de savon incarnent la fragilité et le caractère anecdotique de la vie… Mais faut-il penser que tout ce qui s'anéantit dans le temps est vain ?

MÉMO VISUEL

DÉFINITIONS CLÉS

Temps

Milieu indéfini et homogène caractérisé par sa double nature :
1. la continuité : le temps est un flux ininterrompu ;
2. la succession : le temps peut être découpé en moments isolés et mesurables.

Finitude

Caractère de l'existence qui renvoie l'homme à sa mortalité.

L

Peut-on faire l'expérience du temps ? (→ p. 258)

Les repères utiles
absolu/relatif → p. 310

La réponse de Kant

Le temps est une condition de possibilité de l'expérience, c'est pour cette raison que nous ne pouvons pas faire l'expérience du temps lui-même.

La réponse de Proust

Certaines impressions sensibles qui ravivent le passé nous permettent d'appréhender le temps dans sa durée.

> « Le contact […] avait permis à mon être d'obtenir, d'isoler, d'immobiliser — la durée d'un éclair — ce qu'il n'appréhende jamais : un peu de temps à l'état pur. »

Seul ce qui dure a-t-il de la valeur ? (→ p. 260)

Les repères utiles
contingent/nécessaire → p. 311

La réponse de Nietzsche

Il faut tenter de se dégager du poids de la mémoire qui fait durer le passé et fait obstacle au déploiement du présent.

La réponse de Kierkegaard

Il faut apprendre à donner de la valeur à ce qui dure et perd ainsi l'attrait de la nouveauté.

EMPS

Faut-il craindre de perdre son temps ? (→ p. 262)

Les repères utiles
en fait/en droit → p. 313

La réponse de Pascal

Nous craignons de perdre notre temps parce que nous fuyons le présent. Nous ne prenons jamais le temps de vivre : nous sommes tournés vers l'espoir d'un avenir meilleur.

« Rien n'est si insupportable à l'homme que d'être dans un plein repos, sans passion, sans affaire, sans divertissement, sans application. »

La réponse de Heidegger

La conscience de notre finitude donne sa valeur au temps. Savoir que nous allons mourir nous encourage à vivre notre vie sans perdre notre temps.

43 Peut-on faire l'expérience du temps ?

En bref *Toute expérience se fait dans le temps : il n'y a rien qui échappe absolument au temps, qui soit véritablement hors du temps. Mais qu'est-ce alors que l'expérience du temps en lui-même ?*

I Le temps participe de toutes nos expériences

1 Le temps objectif

- Nous pouvons d'abord distinguer nos expériences les unes des autres à l'aune d'un temps universel. Qu'on le mesure en secondes ou en millénaires, ce temps est le même pour tous et a une valeur objective.
- Aristote explique par exemple que ce temps objectif est indispensable à toute théorie physique : nous avons besoin de mesurer et de quantifier l'évolution des états et des phénomènes successifs.

2 Le temps subjectif

- Pour autant, il existerait également un temps subjectif, corrélatif à notre flux de conscience. Ce temps n'est pas le même pour tous : il ne s'écoule plus indifféremment de l'expérience qui est en jeu. On dira qu'il « passe vite » ou au contraire que « le temps est long ».
- Dans l'expérience de l'ennui, le temps semble se dilater au point de ne presque plus s'écouler, comme si nous étions figés dans le temps. Schopenhauer écrit ainsi qu'en voulant « tuer le temps » nous cherchons à « fuir l'ennui ».

II Il serait donc impossible d'en faire l'expérience

1 La connaissance du temps nous échappe

- Dans ses *Confessions*, Saint Augustin tente de définir le temps qui paraît résister à notre effort de connaissance.
- Pour être du temps, le présent doit déjà se faire passé, c'est-à-dire s'étirer et durer. Mais le passé est ce qui n'est déjà plus. Quant au futur, il est ce qui n'est pas encore. Parce que le temps réside dans le mouvement, Saint Augustin explique que l'être du temps paraît insaisissable.

CITATION
« Qu'est-ce donc que le temps ? Si personne ne me le demande, je le sais : mais que je veuille l'expliquer à la demande, je ne le sais pas ! » (Saint Augustin, *Confessions*).

2 Il est en réalité la condition de possibilité de toute expérience

- Dans la *Critique de la raison pure,* Kant explique que le temps n'a pas d'existence absolue. Il est une « forme *a priori* de la sensibilité », ce qui signifie que le temps n'existe que parce qu'une conscience fait l'expérience de quelque chose.

■ Il faut donc comprendre que le temps a une **valeur transcendantale** : c'est une condition de possibilité de l'expérience. On ne peut pas faire l'expérience du temps, parce que le temps n'est pas un « objet ». C'est, comme l'espace, une forme qui nous permet de faire l'expérience des objets dans le monde.

III L'expérience de la durée, un peu de « temps à l'état pur »

■ Proust explique qu'une telle expérience exige une forme d'abstraction : retrancher ce qui relève de l'expérience pour appréhender le temps lui-même. Cette opération se produit **lorsqu'une sensation présente ravive une sensation passée**. Cette sensation nous fait ainsi redevenir celui que nous étions la première fois que nous l'avons perçue.

■ Comme l'explique Bergson, l'expérience du temps est solidaire de celle de notre existence : l'unité de notre conscience nous permet d'appréhender le temps comme durée. Nous comprenons ainsi que le passé n'est pas seulement ce qui passe mais aussi **ce qui se conserve.**

CITATION
« La durée est le progrès continu du passé qui ronge l'avenir et qui gonfle en avançant » (Bergson, *L'évolution créatrice*).

zoOm

La madeleine de Proust

■ Dans un cycle de sept romans, Proust part « à la recherche du temps perdu ». C'est en goûtant une madeleine qu'il en fait pour la première fois l'expérience.

■ Cette madeleine, trempée dans une infusion, fait revivre en lui l'impression oubliée de toutes celles qu'il dégustait chez sa tante lorsqu'il était enfant. Au-delà du goût de la madeleine, c'est un pan entier de son enfance, de ses pensées et de ses impressions passées, qui refont surface.

■ Proust accède ainsi à la conscience que le passé peut redevenir présent, et donc que le temps ne s'inscrit pas seulement dans une pure succession : le temps résiste à son propre écoulement.

44 Seul ce qui dure a-t-il de la valeur ?

En bref *L'existence des objets et des êtres, les effets d'une action ou les leçons tirées de l'expérience, rien ne paraît échapper au passage du temps. Dès lors, faut-il s'attacher à ce qui dure plus longtemps ?*

I Ce qui dure semble être ce qui conserve sa valeur

1 Valeur et longévité des objets techniques

Nous mesurons ordinairement la **valeur** à l'échelle de la durée. Si nous pensons que nous pourrons utiliser un objet technique plus longtemps, nous sommes par exemple prêts à le payer plus cher. Cela signifie que sa valeur marchande est proportionnelle à sa longévité.

À NOTER
La **valeur** n'est pas seulement économique : elle peut être culturelle, historique, morale, sentimentale, etc.

2 L'immortalité des œuvres d'art

- Dans *La crise de la culture,* Arendt propose de distinguer les objets selon leur durée : certains sont éphémères et utiles, comme les objets de consommation, quand d'autres sont à la fois immortels et inutiles : il s'agit des œuvres d'art.
- L'œuvre d'art peut accéder à la postérité et serait « destinée à survivre au va-et-vient des générations. » Les œuvres d'art ont donc une très grande valeur : elles peuvent résister mieux que tout autre objet fabriqué au passage du temps.

II Mais l'éphémère peut avoir une valeur spécifique

1 L'existence en quête d'intensité

- Lorsqu'une chose ou une personne est vouée à disparaître, nous y attachons une valeur particulière. Nous vivons dans l'instant : nous désirons qu'il se prolonge, mais c'est l'impossibilité de sa durée qui lui confère sa valeur.
- Cette valeur se fonde donc sur l'unicité de ce qui est éphémère. Certains événements sportifs peuvent ainsi procurer au supporter un plaisir très intense lorsqu'il a le sentiment d'assister à une victoire « historique ».

2 Les bienfaits du changement et de l'oubli

- Nietzsche explique que ce qui dure, notamment parce que nous en gardons la mémoire, est susceptible de nous rendre prisonniers du temps.
- Ce rapport au passé empêche l'homme de vivre heureux, car il se rend incapable d'accueillir le présent : il est aliéné à l'image du passé, par la nostalgie ou la rancœur. Au contraire, en se tenant « au seuil de l'instant », l'homme se libère de ce qui dure en s'ouvrant à de nouvelles perspectives créatrices.

III Il faut réussir à apprécier la valeur de ce qui dure

■ Il n'est peut-être pas si facile d'apprécier la valeur de ce qui dure, c'est-à-dire de ce qui perd l'attrait de la nouveauté. Pour Kierkegaard, **l'expérience de l'amour** met la valeur à l'épreuve de la durée.

■ **L'amour** qu'il appelle « **romantique** » se contente de devoir surmonter des obstacles extérieurs et ne se prolonge qu'autant que ces derniers persistent. **L'amour conjugal** affronte une menace intérieure plus grande encore : la routine quotidienne « pire que la mort ».

CITATION

« Il ne s'est pas battu avec des lions et des ogres, mais avec l'ennemi le plus dangereux : le temps » (Kierkegaard, *Ou bien... ou bien...*).

■ L'amour conjugal est celui qui n'a plus rien d'impossible : il est entré dans l'ordre d'une **réalité stable et assurée** qui peut le rendre moins désirable. Tout l'effort de l'amour conjugal consiste donc à ne pas se contenter de la promesse initiale, mais à considérer que l'amour de l'autre est un bien dont la valeur est à la fois toujours identique et sans cesse renouvelée.

■ Cet effort a pour Kierkegaard le sens d'un **devoir moral**. Nous devons nous satisfaire de l'engagement, non pas parce que nous ne pourrions pas faire autrement, mais parce que nous continuons à donner une valeur à ce qui dure.

zoOm

Vers la fin de l'obsolescence programmée

■ Le droit français définit l'obsolescence programmée comme l'ensemble des techniques par lesquelles une entreprise « vise à réduire délibérément la durée de vie d'un produit », conduisant le consommateur à le remplacer plus rapidement.

■ L'obsolescence programmée est à la fois technologique et esthétique : elle s'appuie sur l'évolution des modes et la culture du « tout jetable ». Cette pratique, à la fois nuisible pour la préservation de l'environnement et socialement coûteuse, est condamnée par la loi depuis 2015.

45 Faut-il craindre de perdre son temps ?

En bref *Perdre son temps est-ce nécessairement céder à la paresse ? Peut-on prendre son temps tout en craignant de le perdre ?*

I Notre finitude encourage à ne pas perdre notre temps

1 La finitude de l'existence humaine

- Perdre son temps, cela signifie ne pas le mettre à profit, le laisser filer sans l'employer à des fins pratiques – orientées vers l'action –, intellectuelles – vers la connaissance –, morales – vers le bien. Le temps perdu ne sert donc à rien.
- Or si ce temps « perdu » peut nous sembler gâché, c'est que nous ne disposons pas de lui sans limites : nous savons que l'existence humaine est finie. Bien plus, nous ignorons la durée de notre vie. À la certitude de la mort s'ajoute l'incertitude du moment et des circonstances dans lesquelles elle interviendra.

2 La responsabilité de l'homme devant l'angoisse de la mort

- Heidegger explique que la conscience de la mort donne le sens originel de l'existence. L'existence serait ainsi orientée par son terme, c'est ce qu'Heidegger appelle « l'être-pour-la-mort ».
- L'homme, pour fuir sa responsabilité, a tendance à se conformer aux normes sociales sans les interroger : Heidegger explique que le sujet n'existe plus en première personne mais à travers le « on ». La mort est la seule expérience que nous ne pouvons vivre sur la modalité du « on » : personne ne peut mourir à ma place.
- Perdre son temps, c'est alors se détourner de la singularité de sa propre existence et ne pas avoir le courage de vivre sa vie. Il faut donc accepter l'angoisse de la mort pour accorder suffisamment de valeur à l'existence.

II Mais nous pouvons perdre notre temps en voulant le mettre à profit

- Nous ne vivons en réalité jamais au présent. La crainte de le voir s'échapper constitue une forme de misère de l'homme : tantôt nous regrettons le passé, tantôt nous anticipons le futur sous le signe de l'espérance.

CITATION

« Ainsi nous ne vivons jamais, mais nous espérons de vivre ; et, nous disposant toujours à être heureux, il est inévitable que nous ne le soyons jamais » (Pascal, *Pensées*).

- Pour Pascal, l'homme se condamne ainsi au malheur. Nous agissons de telle sorte que le présent contribue à un avenir meilleur. Mais celui qui craint de perdre son temps est ainsi reconduit à ne jamais prendre son temps : le présent n'est pas vécu pour lui-même, nous perdons le temps de l'existence elle-même.

III Il faut donc nous libérer de l'aliénation du temps

1 La marchandisation du temps

Baudrillard montre que le temps est devenu une **marchandise qu'on monnaie** au même titre que les objets de consommation. C'est ce que nous entendons lorsque nous affirmons que « le temps, c'est de l'argent ». De même que nous ne gâchons pas notre argent en pure perte, il serait devenu impossible de perdre notre temps.

2 Le temps libre est celui que l'on peut perdre

- Mais alors qu'est-ce que le temps libre ? Faut-il vouloir le remplir à tout prix pour **le rendre productif** ? L'injonction à user de son temps signale en réalité l'aliénation du temps. Le temps devient l'esclave d'une nécessité étrangère à lui : il faudrait sans cesse en faire quelque chose. Nous le consommons à la manière de tous les autres biens, sans faire état de sa valeur spécifique.

CITATION

« Le temps libre, c'est peut-être toute l'activité ludique dont on le remplit, mais c'est d'abord la liberté de perdre son temps, de le *tuer* éventuellement, de le dépenser en pure perte » (Baudrillard, *La société de consommation*).

- Le temps réellement libre est **celui dont on fait l'expérience pour lui-même** sans le reconduire à une quelconque finalité pratique.

zoOm

La procrastination : un vice contemporain ?

- La procrastination désigne le fait de remettre à plus tard ce que l'on pourrait ou devrait faire immédiatement. Sonder les réseaux sociaux plutôt que faire ses devoirs, regarder un film plutôt que ranger sa chambre, les exemples sont nombreux !
- La procrastination montre l'ambivalence du temps « perdu ». D'une part, si elle est subie, elle manifeste l'impuissance de la volonté devant l'impulsion du désir. D'autre part, lorsque nous nous autorisons à procrastiner, elle témoigne de la liberté de prendre notre temps pour le perdre, c'est-à-dire de notre capacité à nous abstraire de l'utilité pour donner au temps la plasticité du superflu.

SE TESTER QUIZ

Vérifiez que vous avez bien compris les points clés des **fiches 43 à 45.**

1 Peut-on faire l'expérience du temps ?

→ FICHE 43

1. Qu'est-ce que le temps subjectif ?

☐ **a.** le temps que l'on mesure en minutes ou en secondes

☐ **b.** le temps qui est le même pour tous

☐ **c.** le temps qui dépend de l'expérience et de la conscience

2. Comment Kant définit-il le temps ?

☐ **a.** Le temps est une condition de possibilité de l'expérience.

☐ **b.** Le temps est un objet dont on peut faire l'expérience.

☐ **c.** Le temps est une forme *a priori* de la sensibilité.

2 Seul ce qui dure a-t-il de la valeur ?

→ FICHE 44

1. Parmi les affirmations suivantes, laquelle est vraie ?

☐ **a.** Le terme « valeur » désigne uniquement la valeur économique.

☐ **b.** D'après Arendt, les œuvres d'art ne durent pas.

☐ **c.** L'obsolescence programmée est une pratique vertueuse.

2. Complétez le texte avec les mots qui conviennent.

Kierkegaard distingue l'amour romantique de l'amour .... Ce dernier doit se battre contre une menace redoutable, à savoir le .... Dans l'expérience de la durée, le désir peut s'éroder et laisser place à une .... mortifère. Mais l'amant doit faire l' .... de recevoir l'amour de l'autre comme un bien sans cesse .... dont la valeur est toujours ....

3 Faut-il craindre de perdre son temps ?

→ FICHE 45

1. Qu'est-ce que « l'être-pour-la-mort » ?

☐ **a.** le fait que l'homme craigne la mort

☐ **b.** le fait que la mort révèle le sens de l'existence humaine

☐ **c.** le fait que l'homme désire mourir

2. Qui affirme que nous ne vivons jamais au temps présent ?

☐ **a.** Heidegger ☐ **b.** Kant ☐ **c.** Pascal

3. Qu'est-ce que le temps libre d'après Baudrillard ?

☐ **a.** le temps qui est mis au profit d'une activité spécifique

☐ **b.** le temps qui n'est reconduit à aucune fin particulière

☐ **c.** le temps qui est échangé comme une marchandise

S'ENTRAÎNER

4 Réviser le cours en 8 questions flash

1. Pourquoi la science physique a-t-elle besoin du temps objectif ?
2. Le temps est-il un objet de l'expérience comme les autres ?
3. D'après Proust, peut-on choisir librement de faire l'expérience du temps ?
4. Pourquoi l'éphémère est-il vécu plus intensément ?
5. En quoi ce qui dure peut-il faire obstacle au présent ?
6. Est-il aisé d'apprécier la valeur de ce qui dure ?
7. Pourquoi la finitude de l'homme peut-elle susciter la crainte de perdre son temps ?
8. Qu'est-ce que la marchandisation du temps ?

Méthode

Mobiliser une référence culturelle

- Vous ne devez pas hésiter à exploiter les références tirées de votre culture personnelle : ces exemples sont précieux, à la fois pour développer un argument dans le cours du devoir et pour expliciter le sens du sujet en introduction.
- L'utilisation des références extra-philosophiques est soumise à des **exigences de précision et de clarté**. Cela signifie que vous ne pouvez convoquer ces références que si vous en **analysez un passage**, **une scène ou un personnage précis**.
- Contrairement aux textes philosophiques, il est nécessaire de rappeler l'intrigue générale de l'œuvre (pour un film, un roman ou une pièce de théâtre), son aspect plastique (pour une peinture, une sculpture, etc.), ses composantes techniques (pour les œuvres musicales ou chorégraphiques).
- Comme pour les textes philosophiques, il ne s'agit pas seulement de raconter, mais d'expliquer la référence et de l'analyser dans le développement de votre pensée. Il faut donc la **rattacher explicitement à l'axe directeur de votre partie** et à la problématique que vous avez adoptée.

5 Analyser une référence culturelle

Sujet : N'y a-t-il de bonheur que dans l'instant ?

1. Analysez le sujet.

Définition des termes du sujet	....
Problématique	....

2. Parmi ces références culturelles, lesquelles permettent de défendre l'idée selon laquelle le bonheur se trouve dans l'instant ?

☐ **a.** *Dom Juan* de Molière
☐ **b.** *La Princesse de Clèves* de Madame de Lafayette
☐ **c.** « Mignonne, allons voir si la rose » de Ronsard

CONSEIL
Faites une **liste des références personnelles** qui se rattachent à chaque notion du programme, en précisant l'argument qu'elles permettent de développer. S'il est possible d'utiliser des références issues de la culture dite populaire, elles réclament une analyse d'autant plus précise que leur caractère philosophique n'est pas toujours spontanément apparent.

6 Rédiger un paragraphe de dissertation

1. Faites une recherche sur le personnage de Dom Juan.

2. Rédigez un paragraphe défendant l'idée selon laquelle le bonheur implique de partir en quête de plaisirs éphémères en vous appuyant sur le personnage de Molière.

CONSEIL
Demandez-vous pourquoi la référence permet d'élaborer une **réponse conceptuelle** au sujet. Autrement dit, la référence ne vaut pas simplement à titre singulier : elle permet de dégager une détermination du concept qui peut valoir universellement.

OBJECTIF BAC

7 Explication de texte • Nietzsche, *Le gai savoir*

4 h

Notre rapport au temps est-il nécessairement malheureux ? Comment apprécier la valeur de l'existence dans le temps ?

LE SUJET

Et si, un jour ou une nuit, un démon venait se glisser dans ta suprême solitude et te disait : « Cette existence, telle que tu la mènes, et l'as menée jusqu'ici, il te faudra la recommencer et la recommencer sans cesse ; sans rien de nouveau ; tout au contraire ! La moindre douleur, le moindre plaisir, la moindre pensée, le moindre soupir, tout de ta vie reviendra encore, tout ce qu'il y a en elle d'indiciblement grand et d'indiciblement petit, tout reviendra, et reviendra dans le même ordre, suivant la même impitoyable succession, ... cette araignée reviendra aussi, ce clair de lune entre les arbres, et cet instant, et moi aussi ! L'éternel sablier de la vie sera retourné sans répit, et toi avec, poussière infime des poussières ! »... Ne te jetterais-tu pas à terre, grinçant des dents et maudissant ce démon ? À moins que tu n'aies déjà vécu un instant prodigieux où tu lui répondrais : « Tu es un dieu ; je n'ai jamais ouï nulle parole aussi divine ! »

Si cette pensée prenait barre sur toi, elle te transformerait peut-être, et peut-être t'anéantirait ; tu te demanderais à propos de tout : « Veux-tu cela ? le reveux-tu ? une fois ? toujours ? à l'infini ? » et cette question pèserait sur toi d'un poids décisif et terrible ! Ou alors, ah ! comme il faudrait que tu t'aimes toi-même et que tu aimes la vie pour ne plus désirer autre chose que cette suprême et éternelle confirmation !

Friedrich Nietzsche, *Le gai savoir*, trad. Alexandre Vialatte, 1939

LA FEUILLE DE ROUTE

→ *Reportez-vous à la **méthode générale** de l'explication de texte p. 308.*

Étape 1 Repérer le thème et la thèse du texte

- Dans ce texte, Nietzsche s'intéresse au **lien entre notre rapport au temps et la valeur que nous donnons à l'existence** : il s'agit du thème du texte. L'idée d'un « éternel retour » joue ici le rôle d'hypothèse régulatrice qui encourage l'homme à considérer le caractère décisif de chaque instant de sa vie.
- La thèse défendue précisément dans ce texte est la suivante : en considérant l'idée selon laquelle notre vie est vouée à se répéter éternellement à l'identique, nous sommes encouragés à tirer le meilleur parti de l'existence, pour n'avoir ni regrets ni remords. Trouver son bonheur dans un « éternel retour », c'est donc accéder à la **dimension la plus haute de l'existence** : celle qui est suffisamment désirable pour que l'on puisse vouloir qu'elle se répète à l'infini.

Étape 2 Dégager la problématique et les enjeux du texte

- Le problème soulevé par le texte repose sur la **tension** entre le caractère tragique d'un éternel retour des choses – au sens où cette idée se rapporte à celle d'un enfermement perpétuel – et l'exigence existentielle que cette idée impose à celui qui la considère. Comment, paradoxalement, l'hypothèse de l'éternel retour peut-elle conduire à la vie heureuse ?
- Les enjeux sont multiples : faut-il considérer que le temps est linéaire ou cyclique ? Faut-il craindre la répétition ? À quel point peut-on aimer sa propre vie ?

Étape 3 Identifier les étapes de l'argumentation

1 L'homme, prisonnier de l'éternel retour (l. 1 à 13)

- Montrez que l'éternel retour est une hypothèse et non un état de fait.
- Cherchez des exemples permettant d'expliquer que nous craignons de voir notre vie se répéter.

2 Vivre à la mesure de l'éternel retour (l. 14 à 19)

- Pourquoi l'éternel retour permet-il de considérer la valeur de chaque instant ?
- Vaut-il dès lors mieux vivre sa vie en désirant qu'elle se répète infiniment ?

Étape 4 Rédiger l'explication → CORRIGÉ P. 270

CORRIGÉS

SE TESTER QUIZ

1 Peut-on faire l'expérience du temps ?

1. Réponse c. Le temps subjectif est le temps vécu de la conscience. Les minutes peuvent sembler s'éclipser en un instant ou au contraire durer plus longtemps.
2. Réponses a et c. Le temps est une « forme *a priori* de la sensibilité », c'est-à-dire une condition de possibilité de toute expérience, au même titre que l'espace. Pour cette raison, nous ne pouvons pas l'éprouver en lui-même.

2 Seul ce qui dure a-t-il de la valeur ?

1. La réponse a est fausse. Le terme « valeur » désigne aussi bien la valeur économique que la valeur sentimentale, culturelle, historique, etc.
La réponse b est fausse : en passant à la postérité, les œuvres d'art sont en réalité ce qui dure le plus, en accédant à une forme d'immortalité.
La réponse c est fausse : l'obsolescence programmée est une pratique condamnée par la loi, car elle nuit à l'environnement et à la société.
2. Kierkegaard distingue l'amour romantique de l'amour conjugal. Ce dernier doit se battre contre une menace redoutable, à savoir le temps. Dans l'expérience de la durée, le désir peut s'éroder et laisser place à une routine mortifère. Mais l'amant doit faire l'effort de recevoir l'amour comme de l'autre comme un bien sans cesse renouvelé dont la valeur est toujours identique.

3 Faut-il craindre de perdre son temps ?

1. Réponse b. « L'être-pour-la-mort » désigne le fait que notre finitude manifeste la valeur de notre existence singulière. Elle est signalée par le sentiment d'angoisse.
2. Réponse c. Pascal montre que nous sommes pris entre la nostalgie du passé et l'espoir de l'avenir sans pouvoir vivre le temps présent.
3. Réponse b. Le temps véritablement libre est celui que l'on peut se permettre de perdre, c'est-à-dire celui auquel nous n'assignons pas d'utilité ou de fin particulière.

S'ENTRAÎNER

4 Réviser le cours en 8 questions flash

1. Le temps objectif permet de définir l'écart entre deux événements : il est chronométrable. C'est l'étalon de mesure qui rend possibles les calculs de la physique.
2. Si toutes nos expériences se font dans le temps, c'est que le temps n'est pas un objet de l'expérience comme les autres. Il n'est pas un objet mais une condition transcendantale de l'expérience.
3. D'après Proust, nous ne choisissions pas de faire l'expérience du temps, celle-ci survient par surprise, par la médiation d'une sensation.

4. L'éphémère exacerbe l'intensité de nos expériences, car nous prenons conscience de leur unicité.
5. Ce qui dure peut nous empêcher d'emprunter ou de créer des voies nouvelles : le poids du souvenir peut par exemple nous rendre prisonniers du passé.
6. Il n'est pas toujours facile d'apprécier ce qui dure, dans la mesure où la nouveauté rend certains objets plus désirables.
7. Comme nous ne sommes pas immortels, nous avons conscience que le temps nous est compté : c'est ce que l'on appelle la finitude de l'homme. Le temps est donc une denrée rare que nous craignons de gaspiller.
8. D'après Baudrillard, la société de consommation fait du temps une marchandise comme les autres. Il peut être échangé ou épargné, et constitue la valeur même.

CITATION

« L'*aliénation* du loisir est plus profonde : elle ne tient pas à sa subordination directe au temps de travail, elle est liée à l'impossibilité même de perdre son temps » (Baudrillard, *La société de consommation*).

5 Analyser une référence culturelle

1. Analyse du sujet :

Définition des termes du sujet	Le sujet implique de penser le rapport entre deux notions : le temps et le bonheur. Le **bonheur** est défini généralement comme un état de satisfaction stable et durable, à la différence du simple plaisir. **L'instant** est un espace de temps d'une durée indéterminée mais qui semble très court : il est détruit par le passage du temps et devient alors un moment du passé.
Problématique	La formulation du sujet suggère que le bonheur ne résiste pas au passage du temps. Plutôt qu'un état stable, il serait ici un moment d'une intensité particulière. Dès lors, il faudrait plutôt céder à l'injonction de l'instant, voire à l'impulsion immédiate, sans s'interroger quant à ses conséquences futures.

2. **Réponses a et c.**

Pour développer cet argument, il est possible de s'appuyer sur les personnages de la littérature considérés comme des « jouisseurs » qui ne s'embarrassent ni de la morale ni du futur. On trouve de tels exemples dans la poésie de Ronsard par exemple. Elle permet de développer le sens du *carpe diem*, ce mot d'ordre qui nous invite à tirer le meilleur parti de l'instant présent parce que la beauté des choses et les plaisirs de la vie seraient voués à s'affadir et à disparaître avec le temps.
On peut également penser au personnage de Dom Juan, aussi bien dans la comédie de Molière que l'opéra de Mozart, qui exalte le bonheur de l'instant et multiplie les conquêtes amoureuses. Dire que le bonheur ne se trouve que dans l'instant peut ainsi nous inciter à refuser toute forme d'engagement, c'est-à-dire d'enracinement dans la durée.

6 Rédiger un paragraphe de dissertation

2. **[thèse]** Si le bonheur ne se trouve que dans l'instant, nous sommes encouragés à poursuivre des plaisirs éphémères. Il faut refuser la stricte séparation entre plaisir et bonheur. Puisque le bonheur n'est pas ce qui dure, il doit être considéré comme un plaisir suffisamment intense pour combler le sujet le temps de l'instant. Dès lors, dans la mesure où le bonheur constitue la fin de l'existence humaine, l'homme ne doit pas réfréner sa quête des plaisirs, mais au contraire profiter de ce que l'instant peut lui offrir, sans se soucier des conséquences futures.
[exemple] C'est ce que donne à voir le personnage de Dom Juan dans la comédie éponyme de Molière. Beau parleur et libertin, Dom Juan séduit les femmes en leur faisant miroiter la possibilité du mariage : c'est un « épouseur à toutes mains ». Mais pour Dom Juan, il est clair que l'engagement n'a pas de valeur : il trouve son bonheur dans la multiplication des conquêtes. Tout se passe comme si le charme disparaissait à l'aube de l'instant. Dès lors, le mariage n'est qu'un pis-aller, un moyen de séduire qui n'est jamais pris au sérieux. Si le mariage ne peut pas susciter notre bonheur, c'est justement qu'il prétend faire durer la satisfaction au-delà des bornes de l'instant.
[conclusion partielle] Ainsi, la quête du bonheur n'est autre que cette quête des plaisirs voués à s'éroder avec le temps.

OBJECTIF BAC

7 Explication de texte • Nietzsche, *Le gai savoir*

Introduction

[thèse] Dans cet extrait de *Le gai savoir*, Nietzsche s'intéresse aux conséquences d'un éternel retour des choses. Quels pourraient-être le sens et la valeur de notre existence si nous avions conscience que celle-ci se répétera pour toujours ? **[problématique]** Il s'agit de montrer que notre rapport au temps n'est pas sans conséquences quant à la quête du bonheur.
[annonce du plan] En considérant que le temps est linéaire, c'est-à-dire qu'il s'écoule et emporte avec lui les moments du passé, nous sommes enclins à négliger la valeur de l'instant. C'est la raison pour laquelle nous découvririons avec horreur que notre vie est vouée à l'éternel retour. Au contraire, Nietzsche défend l'idée selon laquelle l'hypothèse de l'éternel retour est ce qui nous incline à donner la plus haute valeur à l'existence. Comment, paradoxalement, l'éternel retour peut-il conduire les hommes à mener une vie heureuse ?

I L'hypothèse de l'éternel retour condamne l'homme à la répétition de ses malheurs

1 L'éternel retour est une hypothèse

Nietzsche ne prétend pas ici décrire un état de fait : il s'agit de réaliser une expérience de pensée. Cette hypothèse a une fonction heuristique, c'est-à-dire qu'on peut en tirer certaines conséquences pratiques. L'enjeu n'est donc pas ici de prouver l'éternel retour des choses.

2 Il faut imaginer que notre vie puisse se répéter à l'infini

Le temps ne serait donc plus linéaire mais circulaire et nous serions voués à revivre notre existence strictement à l'identique. Nous ne serions libres de **déterminer l'éternel qu'en existant une première fois.** Nous ne l'apprenons toutefois qu'en ayant déjà vécu : or, en agissant, nous ignorions jusque-là la nature de l'éternel retour. Nous avons donc vécu en pensant que le passé est justement ce qui passe sans revenir.

3 L'hypothèse de l'éternel retour semblerait ainsi être une malédiction

- Nous serions enclins à maudire celui qui nous condamnerait à une telle sentence. De fait, si certains moments de l'existence sont particulièrement heureux, celle-ci est aussi traversée par son lot de peines et de souffrances, que nous ne voudrions jamais revivre. Nous éprouvons aussi du regret et du remords : nous souhaiterions parfois changer le passé si la possibilité nous en était donnée.
- Au contraire ici, non seulement le passé ne peut pas être modifié, mais il sera vécu à nouveau pour l'éternité. **Les hommes seraient ainsi prisonniers du temps**, tel **Sisyphe**, condamné par les dieux à hisser éternellement un rocher au sommet d'une montagne.

À NOTER

Dans la mythologie grecque, **Sisyphe** est une figure à la fois de la ruse et de la transgression. Il est châtié pour avoir dénoncé Zeus, qui avait enlevé une jeune nymphe en prenant l'apparence d'un aigle. Sisyphe a ainsi trahi les dieux. Après avoir échappé à plusieurs châtiments grâce à son habileté et son intelligence, il meurt de vieillesse et est renvoyé aux Enfers où il est condamné pour l'éternité.

- L'hypothèse de l'éternel retour permet à Nietzsche de montrer combien les hommes méprisent leur propre existence. Ce **dégoût de vivre** se mesure à la lumière de l'angoisse ou du désespoir suscité par la perspective de cette répétition infinie.

[transition] Pourquoi craignons-nous de revivre notre existence ? N'est-il pas plutôt de notre responsabilité de lui donner une consistance suffisante pour vouloir la voir se répéter éternellement ?

II Si l'homme fait l'effort de vivre à la mesure de l'éternel retour, alors il peut atteindre l'existence heureuse

1 Un seul instant peut justifier à lui seul le désir de l'éternel retour

Nietzsche nous invite à **renverser l'attitude spontanée**, qui consiste à craindre ou à se désespérer de l'éternel retour. Un seul « instant formidable » ne suffit-il pas à vouloir revivre son existence entière ? N'est-ce pas le prix que nous serions prêts à payer pour vivre à nouveau le plus bel instant de notre vie ?

2 L'hypothèse de l'éternel retour modifie le rapport de l'homme à sa propre existence

Nietzsche souligne le **caractère vertigineux** de l'idée d'un éternel retour, susceptible de nous « transformer » mais aussi de nous « écraser ». De fait, en souhaitant que l'existence se répète éternellement, nous lui accordons une valeur bien plus grande qu'en considérant que tous les faits de l'existence seront anéantis par le passage du temps. L'éternel retour rend décisif chaque instant de l'existence.

3 Elle devient ainsi une hypothèse régulatrice dans la quête du bonheur

En prenant la mesure de l'éternel, l'homme est encouragé à ne pas céder aux compromissions de l'expérience quotidienne. Il lui revient de ne pas perdre son temps à se conformer aux exigences d'autrui. Il est encouragé à mener une existence éternellement désirable : **il ne doit plus vivre contre lui mais pour lui**. Cette exigence est peut-être intenable. Mais elle constitue en droit l'horizon d'une vie véritablement vécue, dont nous apprécions toute la valeur.

À NOTER

Camus a proposé au xxe siècle une réécriture du mythe de Sisyphe. Il faut imaginer, nous dit-il, « un Sisyphe heureux ». Il cherche par là à montrer que l'homme, malgré le caractère absurde ou insensé de l'existence, accède au bonheur en mettant son courage au service de la tâche difficile que constitue la vie elle-même.

Conclusion

Dans *Le gai savoir*, Nietzsche ne s'emploie pas à prouver que la vie est un éternel retour. Il tire plutôt les conséquences de cette hypothèse du point de vue de la valeur de l'existence. Le poids de cette idée nous reconduit à la responsabilité de l'homme devant sa propre vie : elle manifeste la valeur de chacun de ses instants. En nous employant à mener une existence digne de la répétition, nous pourrons nous dégager du carcan des fausses nécessités pour vivre authentiquement heureux.

16 Le travail

Le travail de la terre qui apparaît au Néolithique relève de l'agriculture, processus par lequel les êtres humains produisent des aliments et d'autres ressources utiles à leurs sociétés.

MÉMO VISUEL

DÉFINITIONS CLÉS

Travail (sens 1)

Au sens large, tout à la fois activité productrice d'artifices et résultat de cette activité.

Travail (sens 2)

Au sens économique, le travail est l'activité, rémunérée ou non, qui permet la production de biens et de services.

L

À quelles conditions une activité est-elle un travail ? (→ p. 276)

Les repères utiles
obligation/contrainte → p. 316

La réponse de Kant

Le travail permet à l'homme de produire des artifices et de remédier à une insuffisance fondamentale.

La réponse de Marx

Le travail est une activité qui « préexiste idéalement dans l'imagination du travailleur. »

TRAVAIL

Le travail libère-t-il l'homme ? (→ p. 278)

La réponse de Hegel

Le travail permet à l'homme de s'humaniser et de prendre conscience de lui-même.

La réponse de Marx

Effectué dans de mauvaises conditions, le travail aliène l'homme.

« L'ouvrier n'a le sentiment d'être auprès de lui-même qu'en dehors du travail, et, dans le travail, il se sent en dehors de soi. »

Le travail manuel et le travail intellectuel s'opposent-ils ? (→ p. 280)

Les repères utiles
abstrait/concret → p. 310

La réponse de Platon

Le domaine de la pensée est celui de l'épanouissement le plus élevé.

La réponse de Crawford

Le travail manuel est « beaucoup plus captivant d'un point de vue intellectuel. »

46 À quelles conditions une activité est-elle un travail ?

En bref *Faire le ménage, pratiquer un art ou un sport, etc. : la liste des activités humaines est longue. Parfois fort pénibles, elles peuvent paradoxalement occuper notre temps dit de loisir. Quelle peut être alors la marque distinctive de cette activité que nous nommons travail ?*

I La contrainte

1 Le sens du mot

Le mot « travail » dérive sans doute du latin *tripalium*, qui désigne un instrument composé de trois pieux plantés dans le sol, utilisé d'abord pour ferrer ou soigner les animaux, puis comme instrument de torture.

2 Une activité forcée

- Le travail apparaît originairement et essentiellement comme une contrainte. Nous parlons souvent du travail comme d'un labeur, pour souligner la douleur qu'il provoque, ou encore d'un boulot, pour souligner son caractère déprécié.
- Une activité serait donc un travail à condition qu'elle soit non souhaitée, pénible et forcée. D'abord, l'homme n'est pas naturellement porté vers le travail, lequel va à l'encontre de ses désirs immédiats. Ensuite, travailler réclame des efforts : alors que le loisir est facile, le travail est difficile. Enfin l'homme qui travaille doit utiliser son énergie intellectuelle et musculaire pour réaliser une tâche qu'il n'a pas choisie. Le travail engendre donc de la fatigue.
- Néanmoins, cette thèse se heurte à une double objection : d'une part, nos activités de loisir réclament souvent des efforts et provoquent de la peine ; d'autre part, le travail peut être vécu comme un processus d'épanouissement et l'homme peut être heureux au travail.

II Le besoin

- L'espèce humaine disparaîtrait sans doute si l'homme devait vivre nu dans la nature, sans pouvoir produire d'artifices. Kant souligne cette insuffisance fondamentale : « La nature ne lui a donné ni les cornes du taureau, ni les griffes du lion, ni les crocs du chien, mais seulement les mains. » Dans cette perspective, le travail répond à un besoin vital, lié à l'instinct de survie, et la technique est le moyen par lequel l'homme produit les conditions d'une existence possible → FICHE 40.
- De plus, l'émergence de la vie sociale et de la culture engendre une multitude de désirs que la nature ne saurait satisfaire. La nature n'offre au mieux que le strict minimum à un homme qui mène une existence purement animale mais ne s'en contente pas : il veut davantage et c'est justement cela qui fait de lui un homme.

III L'inscription dans un projet

1 Les activités animales instinctives

- Les animaux peuvent effectuer des opérations qui ressemblent au travail humain et dont les résultats sont d'une perfection remarquable, parfois même supérieure. Ainsi, comme le souligne Marx dans *Le Capital*, une araignée qui tisse sa toile nous fait immanquablement penser au travail du tisserand et « l'abeille confond par la structure de ses cellules de cire l'habileté de plus d'un architecte. »

À NOTER
On parle d'**activité** animale, végétale et minérale (par exemple, l'activité d'un volcan), mais le **travail** ne concerne que les hommes.

- Il n'en demeure pas moins que toutes ces activités résultent d'instincts : inconscientes, elles ne sont pas précédées par un projet intentionnel.

2 Le travail humain intentionnel

- Au contraire, comme le montre Marx, le résultat du travail humain « préexiste idéalement dans l'imagination du travailleur. » Ainsi, « ce qui distingue dès l'abord le plus mauvais architecte de l'abeille la plus experte, c'est qu'il a construit la cellule dans sa tête avant de la construire dans la ruche. »
- L'homme travaille donc en ce sens qu'il se représente le résultat de son activité avant d'agir. Le travail se reconnaît à l'investissement conscient qu'il réclame.

zoOm

La création : jeu ou travail

- Pour un artiste, la création est loin d'être un jeu. Il travaille à partir d'un projet, lequel se trouve constamment modifié au cours de la réalisation.
- La création artistique n'est pas réductible à un mélange aléatoire de couleurs et de matériaux, c'est tout un processus qui comprend de nombreux essais et erreurs.

Georg Baselitz, en 2013.

47 Le travail libère-t-il l'homme ?

En bref *Les hommes entretiennent un rapport paradoxal au travail, qui peut être perçu comme le moyen de devenir des êtres libres et heureux, ou tout au contraire comme une nécessité aliénante. Le travail est-il un obstacle ou une condition à la liberté de l'homme ?*

I Le travail comme aliénation

1 L'asservissement à la nécessité

- Dans la *Condition de l'homme moderne*, Arendt définit le travail comme « l'asservissement à la nécessité », lequel est « inhérent aux conditions de la vie humaine ». Inscrit dans le cycle biologique répétitif de production de biens de consommation éphémères, le travail est une répétition sans fin.
- Arendt distingue ce travail, dévalué, de l'œuvre, comme fabrication d'objets destinés à un usage, et de l'action, qui caractérise le domaine politique.

2 Les conditions de travail

- Pour Marx, le travail est **aliéné** quand il est « extérieur à l'ouvrier » : « Dans son travail, celui-ci ne s'affirme pas mais se nie, ne se sent pas à l'aise, mais malheureux, ne déploie pas une libre activité physique et intellectuelle, mais mortifie son corps et ruine son esprit » (*Manuscrits de 1844*).
- « Ce qui distingue une époque économique d'une autre c'est moins ce qu'on produit que la manière de le produire », selon Marx. Certaines formes du travail sont d'autant plus aliénantes que le travailleur est davantage dépossédé des modalités de son propre travail. C'est particulièrement le cas selon Marx dans le système capitaliste.
- Le droit français du travail définit, depuis 2012, la pénibilité au travail. Elle se caractérise par une « exposition à un ou plusieurs facteurs de risques professionnels liés à des contraintes physiques marquées, un environnement physique agressif ou à certains rythmes de travail. »

MOT-CLÉ
D'origine juridique, le terme d'**aliénation** désigne ici la dépossession du travailleur au profit du patron.

3 La possibilité d'un travail libre ?

Néanmoins, selon Marx, cette aliénation du travail n'est pas fatale : un travail libre est concevable. « L'homme complet » que Marx imagine dans la société communiste récupère la maîtrise des processus de production et de son travail. Il peut organiser sa vie en fonction de l'union du travail intellectuel et du travail manuel. Cet homme pourra développer toutes ses capacités et les appliquer à l'art de travailler et de vivre.

II La libération par le travail

1 La maîtrise de la nature

Le travail et la technique permettent aux hommes de devenir « comme maîtres et possesseurs de la nature » (Descartes) et d'atteindre le bonheur. En effet, grâce au développement de notre habileté et des techniques, nous apprenons à utiliser les lois de la nature pour produire de manière toujours plus efficace les fins souhaitées.

2 Le travail comme processus d'humanisation

- Hegel valorise plus encore le travail, grâce auquel l'homme transforme les choses, se transforme lui-même et se libère : il en sort humanisé. Dans la dialectique du maître et de l'esclave, le maître qui fait travailler l'esclave finit par en dépendre, tandis que celui-ci développe sa conscience en travaillant. Les rôles s'inversent donc : l'esclave devient supérieur au maître.
- En effet, le travail permet à l'homme de prendre conscience de lui-même. Les produits du travail sont autant de miroirs de la conscience. Dans son *Esthétique*, Hegel note par exemple que la contemplation d'une œuvre architecturale fait comprendre à l'homme qu'il n'est pas seulement un être naturel, mais qu'il est voué à mener une vie spirituelle.

3 Le travail comme éducation à la liberté

Un monde où l'homme aurait tout, sans efforts à fournir, sans devoir agir pour réaliser ses ambitions, semble illusoire. Ainsi, le travail enseigne à l'être humain comment sortir de la nécessité pour entrevoir la possibilité de la liberté. Pour reprendre la définition d'Alain, le travail libre est à la fois « effet de puissance » et « source de puissance » : « Encore une fois, non point subir, mais agir. »

zoOm

Le travail à la chaîne

- Le travail devient déshumanisant quand ses conditions d'exécution sont épouvantables.
- Charlot fait l'expérience douloureuse du travail à la chaîne. Il ne se moralise pas et ne s'épanouit pas dans les tâches mécaniques qu'il effectue comme un robot.

Charlie Chaplin, *Les Temps modernes*, 1936.

48 Le travail manuel et le travail intellectuel s'opposent-ils ?

En bref *Souvent, on oppose le travail manuel et le travail intellectuel : l'intellectuel serait un penseur en quête de vérité, alors que le travailleur manuel ne serait qu'un exécutant. Cette disjonction radicale est-elle légitime ?*

I Travail manuel vs intelligence ?

1 Le travail : une dégradation de l'homme

- Les Grecs anciens distinguent l'œuvre du travail. L'œuvre (un meuble, un édifice, etc.) est la production d'un objet durable. Le travail quant à lui est **constamment répété** (le ménage, par exemple) et est commun à l'homme et à l'animal.
- De manière générale, les travaux (manuels, par définition) étaient considérés comme dégradants, car ils ne faisaient que **pourvoir aux besoins de la vie**. Ils étaient donc réservés aux hommes soumis à la nécessité vitale, les esclaves.

2 La pensée : l'activité la plus élevée pour l'homme

Le domaine de la pensée était, au contraire, conçu comme celui de la liberté et de l'épanouissement le plus élevé : la pensée permet de **contempler les vérités éternelles** et offre au penseur le bonheur de la compréhension des grands principes du monde.

À NOTER

Dans l'allégorie de la caverne → FICHE 37, **Platon** explique que l'homme qui peut contempler le soleil échappe par l'exercice de la pensée « aux misérables choses humaines » et au mensonge des opinions sensibles.

II Le travail manuel est intellectuel

1 Le travail manuel et la connaissance

Le travail manuel nécessite une connaissance approximative des lois qui régissent le monde matériel. Il repose sur et développe un **savoir-faire** qui est l'ensemble des leçons tirées de l'expérience par l'intelligence. Un artisan n'est pas un profane, mais sait choisir les méthodes adéquates et les matériaux adaptés.

2 La raison et l'imagination à l'œuvre

- Crawford, dans l'*Éloge du carburateur*, souligne que le travailleur manuel doit **inventer des solutions** aux « casse-tête » posés par le réel. Avant d'être effectués, les gestes doivent être calculés. C'est ainsi, par exemple, que faire un diagnostic pour un réparateur de moteurs, c'est raisonner, imaginer les causes plausibles à partir des symptômes visibles, solliciter une véritable « bibliothèque mentale ».

■ Le travail manuel apparaît ainsi comme une **enquête** visant à résoudre des énigmes. C'est pourquoi, chercheur à l'université et, en parallèle, réparateur de vieilles motocyclettes, Crawford explique avoir eu la sensation que le travail manuel était « beaucoup plus captivant d'un point de vue intellectuel ».

III Le travail intellectuel est manuel

1 La main au service de l'intelligence

■ L'homme qui cherche à produire une œuvre intellectuelle ne se contente pas de penser. Sa quête réclame des manipulations. C'est ainsi que l'écrivain ne produit pas d'un jet son texte, mais l'écrit, le découpe, le recompose de nombreuses fois avant d'atteindre le résultat final : il travaille avec des ciseaux et de la colle. Tel est, par exemple, le cas de Balzac qui, « empêtré fort maladroitement dans son travail de labourage intellectuel », travaille, lors de ses sessions d'écriture, dix à vingt heures par jour.

■ La démarche de l'homme de science resterait abstraite sans la maîtrise de gestes et de savoir-faire. C'est ainsi que le chercheur en biologie cellulaire doit savoir utiliser un microscope pour observer son objet.

2 La nécessité d'une éducation aux travaux manuels pour tous

L'éducation doit donc accorder toute sa place au travail manuel. Des projets d'enseignement complet voient le jour dès le XVIIe siècle : le pédagogue Comenius, par exemple, réclame pour les jeunes enfants des exercices sous forme de jeux permettant à la fois l'acquisition d'une dextérité manuelle et le développement des sens et de l'intelligence.

zoOm

L'importance du travail manuel selon Rousseau

Quand il élabore son projet d'éducation (*Émile ou de l'éducation*), Rousseau explique que son élève ne pourra pas se contenter d'acquérir des connaissances théoriques, mais qu'il devra apprendre un métier pour que, « les organes justes et bien exercés, toute la mécanique des arts lui [soit] déjà bien connue. »

Portrait de Jean-Jacques Rousseau, vers 1753.

SE TESTER QUIZ

Vérifiez que vous avez bien compris les points clés des **fiches 46 à 48**.

1 À quelles conditions une activité est-elle un travail ? → FICHE 46

1. Comment le travail est-il communément vécu de manière immédiate ?

☐ **a.** comme une activité pénible et forcée

☐ **b.** comme une activité libre et joyeuse

☐ **c.** comme une activité noble et désintéressée

2. Pourquoi, selon Marx, le travail est-il une activité propre à l'homme ?

☐ **a.** parce que le résultat du travail humain est toujours excellent

☐ **b.** parce que le travail est une activité toujours précédée d'un projet

☐ **c.** parce que, par le travail, les hommes réalisent un plan divin

2 Le travail libère-t-il l'homme ? → FICHE 47

1. Parmi les affirmations suivantes, lesquelles sont vraies ?

☐ **a.** Selon Arendt, le travail est épanouissant pour les hommes.

☐ **b.** Selon Hegel, un esclave devient finalement plus libre que son maître.

☐ **c.** Selon Marx, le travail est aliénant quand il s'accompagne de la dépossession du travailleur au profit du patron.

2. Complétez le texte avec les mots qui conviennent.

Pour Arendt, le travail humain apparaît comme .... Néanmoins, selon Hegel, le travail est un processus d' .... Pourtant, pour l'homme, le travail ne paraît pas constituer .... quand il est répétitif et peu reconnu socialement.

3 Le travail manuel et le travail intellectuel s'opposent-ils ? → FICHE 48

1. Comment les Grecs anciens perçoivent-ils le travail ?

☐ **a.** Le travail manuel est intellectuel.

☐ **b.** Le travail manuel s'oppose à la pensée.

☐ **c.** L'intellectuel travaille.

2. Selon Crawford, réparer un moteur, c'est :

☐ **a.** tâtonner en testant différentes solutions.

☐ **b.** connaître les principes premiers de la mécanique et les appliquer à un cas concret.

☐ **c.** raisonner, imaginer les causes plausibles à partir des symptômes visibles.

S'ENTRAÎNER

4 Réviser le cours en 8 questions flash

1. Quelle est l'étymologie couramment admise du terme « travail » ?
2. Pourquoi l'espèce humaine disparaîtrait-elle si elle ne pouvait produire d'artifices ?
3. Pourquoi, selon Marx, l'activité animale n'est-elle pas un travail ?
4. Pourquoi, selon Hegel, l'oisiveté est-elle nocive pour l'homme ?
5. Que signifie l'aliénation du travailleur, selon Marx ?
6. Pourquoi le travail est-il dégradant pour les Grecs anciens ?
7. Quelles connaissances doit maîtriser le travailleur manuel ?
8. Comment procède l'écrivain pour produire un texte ?

5 Rédiger une conclusion

Dire que le travail et l'artisanat étaient méprisés dans l'Antiquité parce qu'ils étaient réservés aux esclaves, c'est un préjugé des historiens modernes. Les Anciens faisaient le raisonnement inverse : ils jugeaient qu'il fallait avoir des esclaves à cause de la nature servile de toutes les occupations qui pourvoyaient aux besoins de la vie. C'est même par ces motifs que l'on défendait et justifiait l'institution de l'esclavage. Travailler, c'était l'asservissement à la nécessité, et cet asservissement était inhérent aux conditions de la vie humaine. Les hommes étant soumis aux nécessités de la vie ne pouvaient se libérer qu'en dominant ceux qu'ils soumettaient de force à la nécessité. La dégradation de l'esclave était un coup du sort, un sort pire que la mort, car il provoquait une métamorphose qui changeait l'homme en un être proche des animaux domestiques. C'est pourquoi si le statut de l'esclave se modifiait, par exemple par la manumission[1] ou si un changement des conditions politiques générales élevait certaines occupations au rang d'affaires publiques, la *nature* de l'esclave changeait automatiquement.

Hannah Arendt, *Condition de l'homme moderne*, traduction Georges Fradier

1. **Manumission** : affranchissement, avec des formalités légales.

1. a. Surlignez les termes récurrents. Quels sont les thèmes centraux du texte ?
b. Dans une couleur différente, soulignez la thèse défendue par l'auteure.
2. Complétez le texte avec les mots qui conviennent.

Contre certains historiens modernes qui pensent que les Grecs méprisaient le travail parce qu' ...., Arendt explique que les Grecs anciens justifiaient l'esclavage par .... Puisque le travail était conçu comme ...., les hommes ne pouvaient s'en libérer que par ....

Méthode

Conclure une explication de texte

- **Le bilan**

  - La conclusion d'une explication de texte en philosophie est un bilan. Il faut tout d'abord marquer le début de la conclusion par une **formule claire** qui rompt avec le développement. Par exemple : « Ainsi, dans ce texte l'auteur soutient que… »
  - Il faut ensuite rappeler **la problématique philosophique** du texte et **la thèse** de l'auteur, puis résumer brièvement **les étapes** de l'argumentation précédemment étudiée.

- **L'ouverture**

  - Il est possible (mais pas indispensable) de proposer une ouverture, à condition que celle-ci ne soit pas artificielle, mais directement **connectée à la thèse du texte**.
  - Une telle ouverture peut alors prendre la forme d'une question qui met en perspective critique la thèse du texte ou qui montre le lien de cette thèse avec une nouvelle problématique philosophique.

6 Proposer une ouverture

1. Parmi les ouvertures suivantes, laquelle est la plus adaptée au texte d'Arendt ? Cochez la case qui convient.

☐ a. Pourquoi utilise-t-on aussi le terme « travail » en physique pour désigner l'énergie fournie par une force ?

☐ b. Pourquoi le terme « travail » désigne-t-il la période de l'accouchement durant laquelle se produisent les contractions ?

☐ c. Pourquoi une telle activité servile peut-elle être considérée également comme un élément fondamental dans le processus d'humanisation de l'homme ?

2. Justifiez votre réponse.

OBJECTIF BAC

7 Dissertation • La division du travail

4 h

Ce sujet vous invite à vous interroger sur l'évolution du monde du travail et son impact sur les hommes. La division du travail est-elle bénéfique ou dommageable ? Permet-elle à l'homme de s'affirmer ou limite-t-elle ses capacités ?

LE SUJET

La division du travail sépare-t-elle les hommes ?

LA FEUILLE DE ROUTE

→ *Reportez-vous à la méthode générale de la dissertation p. 306.*

Étape 1 Analyser les termes du sujet

- La division du travail, en son sens fondamental, désigne la décomposition de la production en de nombreuses opérations ou tâches élémentaires, limitées et complémentaires.
- La séparation des hommes s'entend au sens psychologique et social.

Étape 2 Dégager la problématique et les enjeux du sujet

- L'une des conséquences inhérentes à la division du travail n'est-elle pas de séparer de plus en plus non seulement le travailleur et son objet, mais aussi les travailleurs les uns des autres ?
- Si tel est le cas, comment faut-il évaluer cette double séparation ? Se fait-elle au bénéfice ou au préjudice de l'homme ?

Étape 3 Élaborer le plan de la dissertation

1 La division du travail sépare les hommes

- Renseignez-vous sur la « solidarité mécanique ». Quelles sociétés caractérise-t-elle ?
- Quels sont les traits caractéristiques du travail à la chaîne ? Quels en sont les inconvénients ?

2 La division du travail unit les hommes

- Cherchez la définition de « solidarité organique ». Dans quelle mesure la division du travail peut-elle contribuer à créer une solidarité entre les individus ?
- En quoi la spécialisation permet-elle à l'homme de s'émanciper ?

3 Les conditions d'exercice du travail

En vous appuyant sur les deux parties précédentes, distinguez deux types de division du travail.

Étape 4 Rédiger la dissertation → CORRIGÉ P. 287

CORRIGÉS

SE TESTER QUIZ

1 À quelles conditions une activité est-elle un travail ?

1. Réponse a. Comme le confirme l'étymologie latine *tripalium*, le travail se présente, de prime abord, comme une activité pénible et forcée.
2. Réponse b. Selon Marx, le travail « préexiste idéalement dans l'imagination du travailleur. » Il renvoie donc à un projet.

> **À NOTER**
> Dans la Genèse, le travail apparaît tout d'abord comme une punition divine faisant suite à la consommation du fruit de l'arbre de la connaissance par Ève et Adam. C'est néanmoins par ce même travail que les hommes pourront se racheter de ce péché.

2 Le travail libère-t-il l'homme ?

1. Réponses b et c.
La réponse **a** est fausse. Selon Arendt, le travail ravale l'homme au rang d'animal.
La réponse **b** est vraie. Selon Hegel, en apprenant à maîtriser la nature, l'esclave finit par devenir plus libre que le maître qui s'englue dans l'oisiveté.
La réponse **c** est vraie. Selon Marx, le travail n'est pas aliénant en soi. Il ne l'est que quand il est l'objet d'une dépossession économique des travailleurs.
2. Pour Arendt, le travail humain apparaît comme **une forme d'asservissement à la nécessité**. Néanmoins, selon Hegel, le travail est un processus d'**humanisation**. Pourtant, pour l'homme, le travail ne paraît pas constituer **une activité épanouissante** quand il est répétitif et peu reconnu socialement.

3 Le travail manuel et le travail intellectuel s'opposent-ils ?

1. Réponse b. Pour les Grecs anciens, le travail est un asservissement aux nécessités biologiques, alors que la pensée est l'exercice même de la liberté.
2. Réponse c. Selon Crawford, la réparation d'un moteur réclame de trouver des solutions aux casse-tête posés par la panne.

S'ENTRAÎNER

4 Réviser le cours en 8 questions flash

1. Le terme « travail » dérive du latin *tripalium*, qui désigne un instrument utilisé d'abord pour ferrer les équidés, puis pour torturer.
2. Les hommes ne sont pas dotés de protections naturelles et d'instincts suffisants pour se protéger des dangers et se défendre face à des prédateurs.
3. L'activité animale est instinctive, elle n'est pas précédée d'un projet.
4. L'oisiveté ne permet pas de connaître et de maîtriser les lois de la nature. C'est le travail qui humanise l'homme.
5. Selon Marx, le travailleur est aliéné quand il est économiquement dépossédé des modalités de son travail au profit de son patron.

6. Les Grecs anciens considéraient que le travail ne faisait que pourvoir aux nécessités vitales et ravalait les travailleurs au rang d'animaux domestiques.
7. Le travailleur manuel doit maîtriser une connaissance au moins approximative des lois qui régissent le monde et un savoir-faire
8. L'écrivain écrit un premier jet, le découpe, le recompose de nombreuses fois avant d'atteindre le résultat final.

5 Rédiger une conclusion

1. a. Les mots-clés du texte sont : « travail », « préjugé », « nature servile », « besoins de la vie », « asservissement à la nécessité », « dégradation », « nature de l'esclave ».
b. Selon Arendt, les Grecs jugeaient qu'il fallait avoir des esclaves à cause de la nature servile du travail.
2. Contre certains historiens qui pensent que les Grecs méprisaient le travail parce qu'**il était réservé aux esclaves**, Arendt explique que les Grecs anciens justifiaient l'esclavage par **la nature servile du travail.** Puisque le travail était conçu comme **l'asservissement à la nécessité**, les hommes ne pouvaient s'en libérer que par **l'institution de l'esclavage.**

6 Proposer une ouverture

1. **Réponse c.**
2. Cette question met en perspective critique la thèse de l'auteur. C'est ainsi que, dans l'histoire de la philosophie, Hegel, par exemple, soutient que le travail permet à l'homme de maîtriser la nature et de prendre concrètement conscience de lui-même par la production d'œuvres qui sont autant de miroirs de son esprit.

OBJECTIF BAC

7 Dissertation • La division du travail sépare-t-elle les hommes ?

Introduction

[définitions] La division du travail peut désigner la répartition selon les sexes, selon l'âge, etc. Néanmoins, le sens fondamental de ce concept désigne la décomposition de la production en de nombreuses opérations, tâches ou étapes. Cette division sépare-t-elle les hommes ? Cette interrogation, d'apparence simple, suppose de saisir les différents sens de « séparation » : physique d'une part, mais aussi et surtout psychologique et social. **[problématique]** Alors que la division du travail semble bien être nécessairement corrélative de l'évolution des méthodes de production qui tendent vers toujours davantage d'efficacité, ne faut-il pas reconnaître que celle-ci a bouleversé les rapports que les hommes entretiennent au travail et entre eux ? **[annonce du plan]** Ne faut-il pas reconnaître qu'un fossé s'est creusé, d'une part entre le travailleur et son objet, d'autre part entre les travailleurs ? Si tel est le cas, cette double séparation se fait-elle au bénéfice ou au préjudice de l'homme ? Peut-on distinguer différents types de division du travail selon ses conditions d'exercice ?

I La division du travail sépare les hommes

■ La division du travail « émiette » les activités et rive les hommes à des tâches déterminées, séparées les unes des autres. Dans le cas du travail à la chaîne, l'ouvrier devient faible, dépendant, se concentre sur une seule chose : il est aliéné.

La division du travail est un obstacle à la **solidarité mécanique** des travailleurs. Les individus ne sont plus les éléments d'un groupe uni, mais ressemblent à des atomes interchangeables. C'est ainsi que Charlot, dans *Les Temps modernes*, côtoie des ouvriers qui effectuent les mêmes tâches que lui sans jamais collaborer avec eux.

> **MOT-CLÉ**
> La **solidarité mécanique** est caractéristique des sociétés traditionnelles. Le poids du groupe y est très important et la conscience collective très élevée.

■ Le maître (le patron) ressemble de plus en plus à l'administrateur d'un empire : les hommes sont séparés en classes hermétiques. Ainsi dans le management classique, dit pyramidal, les individus sont classés selon les fonctions qu'ils occupent. Est-ce pour réduire cet effet de séparation que le management devient plus collaboratif et que les bureaux individuels cèdent leur place aux *open spaces* ?

II La division du travail unit les hommes libres

■ La division du travail favorise la spécialisation, or celle-ci permet de libérer l'individu du carcan social. Les « natures individuelles » acquièrent une indépendance en échappant « à l'action collective et aux influences héréditaires » (Durkheim, *De la division du travail social*). L'individu moderne n'est plus voué à exercer une fonction sociale déterminée à l'avance comme dans les sociétés traditionnelles.

■ La division du travail donne lieu à une **solidarité organique**. Ce n'est donc pas une séparation des hommes que signe la division du travail, mais un changement de type de solidarité. Désormais, celle-ci prend la forme d'une interdépendance d'individus singuliers et libres.

> **MOT-CLÉ**
> La **solidarité organique** caractérise la société moderne et dénote une cohésion sociale fondée sur la différenciation et l'interdépendance des hommes.

III Les conditions d'exercice du travail

Selon Marx, l'idée de « division du travail » correspond à deux réalités distinctes.

■ Dans un premier sens, la division sociale correspond à des spécialisations conditionnées par la complexité des activités. Dans cette perspective, les tâches sont réparties entre les individus en fonction de leurs capacités. Cette division du travail est indispensable pour les hommes qu'elle rend interdépendants.

■ En revanche, la division manufacturière du travail divise les hommes. Celle-ci s'opère lorsque les travailleurs sont rassemblés sous la domination d'un même capital visant à maximiser le rendement et les bénéfices. Les tâches des ouvriers sont alors fragmentées et la finalité du travail est opaque pour les ouvriers. Cette division du travail est un facteur de séparation des hommes.

Conclusion

La division du travail n'est pas en soi un facteur de séparation ou d'unification. Ce sont les conditions concrètes d'exercice du travail qui déterminent son sens.

17 La vérité

Les hommes cherchent à atteindre la vérité. C'est le cas par exemple des chercheurs dans un laboratoire scientifique, mais aussi du jury d'un tribunal, comme dans le film *Douze hommes en colère*. De fait, la vérité se présente comme un idéal non seulement théorique, mais aussi pratique.

MÉMO VISUEL

DÉFINITIONS CLÉS

Vérité

Adéquation entre le discours et la réalité, entre ce que l'homme énonce et ce qui est. Par exemple, la proposition « l'eau bout à 100 °C » est vraie dans la mesure où effectivement, dans la réalité, l'eau bout à 100 °C.

Erreur, mensonge, illusion

1. L'erreur est le fait de manquer involontairement la vérité (soit par inattention, soit par manque de connaissance).
2. Le mensonge consiste à cacher volontairement la vérité, ce qui implique de la connaître.
3. L'illusion est une erreur qui renvoie à un désir inconscient d'être trompé.

LA

Peut-on dire « à chacun sa vérité » ? (→ p. 292)

Les repères utiles
absolu/relatif → p. 310

La réponse de Protagoras

Il n'existe aucune vérité absolue ; tout est relatif.

« L'homme est la mesure de toute chose. »

La réponse de Platon

Le langage prouve que la vérité n'est pas relative.

VÉRITÉ

La vérité n'est-elle qu'un idéal ? (→ p. 294)

Les repères utiles
idéal/réel → p. 314

La réponse de Sextus Empiricus

Les hommes ne peuvent pas atteindre la vérité.

« À tout argument s'oppose un égal argument. »

La réponse d'Aristote

Un scepticisme intégral est impossible ; la vérité est toujours l'horizon de notre volonté de connaître.

Pourquoi dire la vérité ? (→ p. 296)

Les repères utiles
obligation/contrainte → p. 316

La réponse de Weil

Dire la vérité renvoie à la destinée naturelle de l'homme.

La réponse de Nietzsche

Le fait de dire la vérité renvoie à une construction sociale qui n'est pas nécessairement rationnelle.

« Les hommes ne fuient pas tellement le fait d'être trompés que le fait de subir un dommage par la tromperie. »

49 Peut-on dire « à chacun sa vérité » ?

En bref *Celui qui croit posséder la vérité a tendance à l'imposer aux autres. Contre cette attitude intolérante, il est tentant de dire que la vérité dépend de chacun.*

I « À chacun sa vérité » : un principe de tolérance

1 La vérité est relative…

Dire « à chacun sa vérité » revient à penser qu'il ne faut pas imposer ses idées à quelqu'un en croyant posséder une vérité absolue. Ce principe de tolérance s'appuie sur l'expérience des violences commises par le passé au nom de la vérité. Pour lutter contre le **dogmatisme**, il faudrait sans cesse rappeler que la vérité est relative.

MOT-CLÉ
Le **dogmatisme** est le fait de défendre une thèse sans accepter qu'on puisse la critiquer.

2 … au sujet qui l'énonce

La vérité est relative au sujet qui l'énonce. C'est la thèse des **sophistes**, comme Protagoras qui affirme que « l'homme est la mesure de toute chose. » L'homme n'a pas accès à ce que sont les choses indépendamment de la façon dont il les perçoit. Par exemple, le vent n'est ni chaud ni froid en soi : tout dépend de la personne qui le perçoit. Dans cette perspective, il faut renoncer à l'idée d'une vérité absolue.

MOT-CLÉ
On appelle **sophistes** les philosophes de l'Antiquité, souvent spécialistes de rhétorique, qui passaient de cité en cité pour enseigner l'art de persuader. Ils prônaient la relativité de la vérité → FICHE 23.

3 … à la culture de celui qui parle

La vérité est aussi relative à la culture. Montaigne dans son essai « Des cannibales » montre que, si nous sommes choqués par certaines pratiques comme le cannibalisme, c'est parce que nous ne partageons pas la culture dans laquelle cette pratique a un sens. On appelle cette tendance à considérer que sa propre culture est la norme l'ethnocentrisme.

II Les limites du relativisme

■ Pourtant, le relativisme pose problème. Il conduit à admettre que toutes les opinions se valent, sans qu'on puisse dégager un critère qui permette de les évaluer. Faut-il renoncer à distinguer la science de la simple opinion → FICHE 37 ? La volonté d'être tolérant risque de dissoudre l'idée même de vérité, si elle va jusqu'à admettre la possibilité pour chacun de penser ce qu'il veut. Ainsi, le relativisme semble mener au scepticisme.

■ C'est pourquoi Platon s'oppose aux sophistes, et notamment à Protagoras. **Le langage prouve que la vérité n'est pas relative.** Un mot permet de désigner différents objets. Cela implique que tous partagent une même essence. Par exemple, le mot « arbre » implique qu'il y a un point commun entre tous les objets désignés par ce mot, indépendamment du fait que les hommes trouvent ces arbres grands ou petits, beaux ou laids → FICHE 24.

■ Platon illustre cette thèse par l'allégorie de la caverne dans *La République*. La caverne représente le règne de l'apparence et de l'opinion. Chercher la vérité implique de remettre en cause ces apparences et de s'élever, par degrés, à la connaissance des essences → FICHE 37.

III Rechercher la vérité

■ Cette critique du relativisme montre que la vérité n'est pas saisie immédiatement, mais qu'elle implique un travail de recherche pour nous détacher de nos croyances immédiates. Tel est le travail du scientifique, du philosophe, mais aussi de l'enquêteur, du juge, qui doivent tous se méfier de leur subjectivité.

■ Des **protocoles** permettent de passer d'une opinion subjective à une connaissance objective. Un juge confronte divers témoignages ; un scientifique invente des procédés réguliers de mesure. Grâce à un outil et à une échelle de mesure, il va construire un objet qui ne dépendra pas de la perception individuelle.

■ Mais dire que la vérité est absolue n'implique pas de nier le **caractère relatif de la science**. Raymond Aron montre que les moyens utilisés par les hommes pour saisir la vérité absolue sont toujours inscrits dans une histoire et susceptibles d'être discutés.

zoOm

Aux origines de la philosophie

■ La philosophie est née au Ve siècle avant notre ère avec le personnage de Socrate.

■ Contre la tradition dogmatique qui prétendait établir ce que sont le bien et le mal indépendamment de toute discussion, mais aussi contre les sophistes qui considéraient que la vérité est relative, Socrate va chercher à atteindre la vérité par l'art du dialogue qui permet de confronter les opinions et d'en évaluer la validité.

Buste de Socrate, IVe av. J.-C.

50 La vérité n'est-elle qu'un idéal ?

En bref *La difficulté à atteindre la vérité peut conduire l'homme à douter de sa réalité. Faut-il vraiment rechercher la vérité ou au contraire trouver une forme de sagesse en y renonçant ?*

I La vérité : un idéal inaccessible ?

1 Le scepticisme

- Si l'on définit la vérité comme l'adéquation entre le discours et la réalité, alors atteindre la vérité suppose un moyen de vérifier si ce que l'on dit correspond bien à la réalité en soi. Les sceptiques comme Sextus Empiricus considèrent que l'homme ne peut pas atteindre la vérité, dans la mesure où ni sa raison, ni ses sens ne lui permettent de saisir la réalité telle qu'elle est.
- Cette thèse a des implications morales. Ce qui rendrait l'homme malheureux, ce n'est pas le doute mais le fait de croire posséder la vérité. Suspendre son jugement permettrait donc à l'homme d'être heureux.

2 Les limites du scepticisme

Pour Aristote, un scepticisme intégral conduit à l'inaction, car toute action implique une croyance qui la motive, et au silence, car dire quelque chose implique toujours une affirmation. Ainsi, le scepticisme se nie lui-même. Il semble donc nécessaire de ne pas abandonner l'idéal de vérité → FICHE 37.

II La vérité : une valeur parmi d'autres ?

- Le terme d'idéal est ambigu, car il désigne tantôt ce que l'on ne peut pas atteindre, tantôt ce que l'on doit poursuivre. La vérité est un idéal en ce qu'il paraît légitime de la rechercher. Atteindre la vérité est donc un objectif porteur de sens.
- La vérité est ainsi une valeur importante, d'un point de vue individuel et collectif. Mais n'entre-t-elle pas en conflit avec d'autres valeurs importantes ?

1 Vérité et politique

- Certes, la vérité est une valeur importante en politique : on attend des hommes politiques qu'ils disent la vérité, des citoyens qu'ils se tiennent informés de l'actualité. Mais dans la mesure où l'activité politique engage des décisions quant à l'avenir, la politique ne saurait se réduire à une science.
- C'est pourquoi l'efficacité d'un discours importe plus que sa vérité pour les sophistes. La politique n'est pas la simple mise en œuvre d'une vérité préalablement dégagée. Elle implique des convictions qui ne sont pas de l'ordre de la connaissance.

■ Pourtant, la constitution d'un espace public implique des débats dont l'horizon est toujours la vérité. Ainsi, pour Arendt, si la vérité n'est pas la seule valeur qui compte en politique, elle revêt néanmoins une importance considérable pour distinguer les différentes opinions. « Respecter la vérité factuelle » est une **condition du débat**.

À NOTER

Alain insiste sur la nécessité, pour les citoyens, de s'interroger sur la vérité des discours des différents acteurs publics. Si le citoyen doit obéir aux pouvoirs, il doit cependant aussi s'en méfier.

2 Vérité et bonheur

■ Dans la mesure où la recherche de la vérité implique un effort, elle semble s'opposer au bonheur individuel. Pourquoi chercher la vérité si celle-ci vient déranger mon confort ? En ce sens, **l'illusion paraît plus douce que l'effort** à fournir pour atteindre la vérité → FICHE 5.

■ Kant montre que la recherche de la vérité est aussi un effort d'émancipation de toutes les tutelles illégitimes qui prétendent dicter à l'individu sa conduite ou sa pensée. Il s'agit de **sortir d'un état de minorité** dont nous sommes nous-mêmes responsables, par paresse ou par lâcheté. Ainsi, la vérité est un idéal au sens où les hommes doivent sans cesse la chercher pour être véritablement libres.

zoOm

L'ère de la post-vérité ?

Barack Obama et Donald Trump, en 2017.

■ Lors de son investiture à la Maison-Blanche, Donald Trump a assuré qu'il y avait plus d'Américains présents qu'à celle de son prédécesseur, Barack Obama. Or les photographies réalisées lors de ces deux événements montrent le contraire.

■ Le phénomène des *fake news* montre-t-il que la vérité est un idéal périmé ou rappelle-t-il au contraire la nécessité pour le citoyen de rechercher la vérité ?

51 Pourquoi dire la vérité ?

En bref *Dès l'enfance, on nous apprend à dire la vérité et on exige que nous n'y contrevenions pas. Mais d'où vient cette nécessité de dire la vérité ? En quoi la vérité serait-elle supérieure au mensonge ?*

I Un commandement sacré ?

1 Un impératif religieux

■ La nécessité de dire la vérité se présente souvent comme un impératif sacré, qu'il ne faut pas remettre en question. En atteste le neuvième commandement de l'Ancien Testament : « Tu ne porteras pas de faux témoignage contre ton prochain. » Dans les monothéismes, Dieu est identifié à la vérité, et le mensonge à ce qui détourne l'homme de Dieu.

■ La Renaissance a connu un vif débat autour de la question suivante : une société d'athées est-elle possible ? La plupart considérait que le respect d'un certain nombre de règles venait essentiellement de la religion et de la crainte de Dieu. Dès lors, une société d'athées semblait difficile à imaginer. De nombreux théologiens étaient persuadés que les hommes mentiraient sans honte en l'absence de toute religion.

2 Une obligation existentielle

■ Simone Weil montre qu'être un homme implique des obligations qui ne dépendent pas de faits ou de conventions, mais qui renvoient à « la destinée éternelle de l'homme ». Parmi ces obligations, « le besoin de vérité est plus sacré qu'aucun autre [besoin de l'âme]. »

■ Cette nécessité d'échapper à l'erreur et à la suggestion passe par des institutions qui permettraient de garantir la vérité de ce qui est écrit, dans la presse notamment. On passe ainsi d'une exigence existentielle à un problème social.

II Une obligation sociale ?

■ Dire la vérité renvoie à une exigence sociale. C'est la condition de la confiance mutuelle entre les membres et, par suite, de la vie en société.

■ Dans *Le Gai Savoir*, Nietzsche interroge la volonté de vérité. Habituellement nous considérons qu'il est rationnel de préférer la vérité à l'erreur ou au mensonge. Mais qu'en est-il du désir de vérité ?

À NOTER
Le conte « Le garçon qui criait au loup » illustre cette thèse : un enfant, qui s'amuse à crier au loup alors qu'il n'y a aucun danger, finit par perdre la confiance des villageois, qui ne viennent pas le secourir le jour où le danger se présente vraiment.

■ Pour Nietzsche, la recherche de la vérité renvoie à la volonté de ne pas tromper les autres, ce qui fait de la vérité une obligation sociale et un principe moral. Ainsi, ce désir de vérité est problématique, car les hommes le considèrent comme rationnel sans nécessairement voir les exigences sociales sur lesquelles il repose.

III Un principe moral ?

■ C'est en tant que nous avons des devoirs à l'égard des autres hommes que nous devons dire la vérité. Pour Kant, la moralité d'une action dépend de la qualité de son **intention**. Ai-je agi dans le seul but de faire mon devoir, de telle sorte que la maxime de mon action puisse être universelle ? Dire la vérité est donc un principe moral, car le mensonge ne peut pas être universalisé → FICHE 11.

■ Benjamin Constant s'oppose à la thèse de Kant, non pas pour nier le fait que dire la vérité soit un devoir moral, mais pour **nuancer son caractère absolu**. D'une part, dire la vérité est un principe moral qui peut entrer en conflit avec d'autres principes moraux, comme la protection de la vie d'autrui. Dès lors, le sujet doit hiérarchiser ces différents principes en fonction de la situation dans laquelle il se trouve. D'autre part, tout devoir implique un droit. Autrement dit, nous ne devons pas la vérité à tous, mais seulement à ceux qui y ont droit.

zoOm

Le personnage de Queenie Goldstein

David Yates, *Les Animaux fantastiques*, 2016.

Dans *Les Animaux fantastiques* de J. K. Rowling, la sorcière Queenie Goldstein possède un don rare : la capacité de lire dans les pensées des autres. Dès lors, personne ne peut lui mentir, ce qui paraît lui donner beaucoup de pouvoir. Elle peut cacher ses propres idées quand celles des autres lui sont transparentes. Mais cette possibilité d'avoir immédiatement accès à la vérité s'avère être un obstacle à son bonheur.

SE TESTER QUIZ

Vérifiez que vous avez bien compris les points clés des **fiches 49 à 51**.

1 Peut-on dire « à chacun sa vérité » ?

→ FICHE 49

1. Le dogmatisme désigne :

☐ **a.** le fait de ne pas croire ce qu'on dit soi-même.

☐ **b.** le fait de ne jamais vouloir remettre en cause une idée.

☐ **c.** un phénomène qui peut conduire à l'intolérance.

2. Le relativisme est :

☐ **a.** une théorie philosophique selon laquelle il faut se moquer de tout pour être heureux.

☐ **b.** une théorie philosophique prônée par Platon.

☐ **c.** une théorie philosophique prônée par Protagoras.

☐ **d.** une théorie philosophique selon laquelle il n'existe pas de vérité absolue.

2 La vérité n'est-elle qu'un idéal ?

→ FICHE 50

1. Aristote critique la thèse des sceptiques, car :

☐ **a.** elle empêche toute action.

☐ **b.** les sceptiques ne sont pas des gens convenables.

2. Pour les sophistes, un discours doit :

☐ **a.** être vrai.

☐ **b.** être efficace.

☐ **c.** persuader le plus grand nombre.

3 Pourquoi dire la vérité ?

→ FICHE 51

1. Complétez le texte avec les mots qui conviennent.

Dire la vérité est un devoir ...., car les textes religieux le recommandent. Mais dire la vérité est aussi un besoin ...., car chacun veut la dire pour respecter sa conscience. Dans la mesure où la société attend que chacun de ses membres dise la vérité, elle est une obligation .... Bien plus, son caractère universel montre qu'elle est un principe ....

2. Pour Simone Weil :

☐ **a.** dire la vérité renvoie à un besoin naturel de l'homme.

☐ **b.** dire la vérité implique la création d'institutions qui le permettent.

3. Selon Kant :

☐ **a.** dire la vérité est toujours moral.

☐ **b.** dire la vérité est toujours plaisant.

S'ENTRAÎNER

4 Réviser le cours en 8 questions flash

1. Que signifie la citation « l'homme est la mesure de toute chose » ?
2. Qu'est-ce qui prouve que la vérité n'est pas relative, pour Platon ?
3. En quoi la mesure est-elle un protocole utile en science ?
4. Pourquoi les sceptiques invitent-ils les hommes à « suspendre leur jugement » ?
5. En quoi y a-t-il une contradiction entre vérité et bonheur ?
6. Pourquoi chercher la vérité d'après Kant ?
7. Qu'est-ce que la querelle de l'athéisme ?
8. Qu'est-ce qui oppose Kant à Benjamin Constant ?

5 Construire une réponse précise et nuancée

Sujet : Peut-on atteindre la vérité ?

Voici le paragraphe qu'un élève a rédigé pour conclure sa dissertation sur ce sujet :

> On a donc montré, après avoir vu que les hommes ne pouvaient pas atteindre la vérité et après avoir étudié les limites de cette thèse, que les hommes pouvaient atteindre la vérité à condition d'être méthodiques et de ne pas confondre connaissance et opinion. Pour les sceptiques, les hommes ne peuvent pas atteindre la vérité, alors que pour Claude Bernard l'expérimentation scientifique permet de comprendre le monde en confirmant ou en infirmant des hypothèses. Cela implique que les hommes doivent chercher sans cesse à atteindre la vérité, en affinant leurs méthodes et en faisant preuve de vigilance.

1. Barrez les phrases inutiles de cette conclusion. Justifiez votre réponse.
2. Surlignez les éléments qui permettent de nuancer la thèse défendue par l'élève.

6 Rédiger une conclusion

Rédigez une conclusion qui expose la thèse opposée à celle soutenue dans la conclusion de l'exercice 5.

La thèse exposée	....
Ses implications philosophiques	....

CONSEIL
Vous allez exposer la thèse selon laquelle l'homme ne peut pas atteindre la vérité ; réfléchissez aux implications de cette thèse.

Méthode

Conclure une dissertation

La conclusion permet, au terme d'une analyse progressive menée dans le développement, de donner **la réponse à laquelle aboutit la réflexion**. Le candidat est invité à proposer une réponse personnelle qui est le fruit de son argumentation.

La conclusion d'une dissertation doit...

- répondre au sujet initial, de façon précise et nuancée.
- indiquer les enjeux et les implications de la thèse soutenue.

La conclusion d'une dissertation ne doit pas...

- résumer tout le devoir et reprendre les étapes de l'argumentation.
- se contenter d'énumérer les réponses possibles au sujet.
- rappeler les différentes positions des auteurs étudiés sur le sujet.

OBJECTIF BAC

7 Explication de texte • Jankélévitch, *L'ironie*

4 h

Dans ce texte, Jankélévitch cherche à concilier deux thèses apparemment contradictoires : le fait que certaines vérités ne soient pas bonnes à dire, et l'exigence de ne pas mentir.

LE SUJET

Toute vérité n'est pas bonne à dire ; on ne répond pas à toutes les questions, du moins on ne dit pas n'importe quoi à n'importe qui ; il y a des vérités qu'il faut manier avec des précautions infinies, à travers toutes sortes d'euphémismes, et d'astucieuses périphrases ; l'esprit ne se pose sur elles qu'en décrivant de grands cercles, comme un oiseau. Mais cela est encore peu dire : il y a un temps pour chaque vérité, une loi d'opportunité qui est au principe même de l'initiation ; avant il est trop tôt, après il est trop tard [...] Ce n'est pas tout de dire la vérité, « toute la vérité », n'importe quand, comme une brute : l'articulation de la vérité veut être graduée ; on l'administre comme un élixir puissant et qui peut être mortel, en augmentant la dose chaque jour, pour laisser à l'esprit le temps de s'habituer. La première fois, par exemple, on racontera une histoire ; plus tard on dévoilera le sens ésotérique de l'allégorie. C'est ainsi qu'il y a une histoire de Saint Louis pour les enfants, une autre pour les adolescents et une troisième pour les chartistes, à chaque âge sa version ; car la pensée, en mûrissant, va de la lettre à l'esprit et traverse successivement des plans de vérité de plus en plus ésotériques. Aux enfants le lait des enfants, aux adultes le pain substantiel des forts.

Vladimir Jankélévitch, *L'ironie*, © Flammarion, 1964, 2011.

▶▶▶ LA FEUILLE DE ROUTE

*→ Reportez-vous à la **méthode générale** de l'explication de texte p. 308.*

Étape 1 Repérer le thème et la thèse du texte

- Montrez que le texte porte sur la nécessité de toujours dire la vérité.
- Qu'en pense l'auteur ? Le devoir de dire la vérité doit-il être absolu ?

Étape 2 Dégager la problématique et les enjeux du texte

- S'il admet que toute vérité n'est pas bonne à dire, Jankélévitch autorise-t-il pour autant le mensonge ? Justifiez votre réponse en vous appuyant sur le texte.
- On dit souvent qu'il vaut parfois mieux mentir que dire la vérité. Comment Jankélévitch critique-t-il cette thèse ? Montrez en quoi la thèse du texte peut paraître paradoxale.

Étape 3 Identifier les étapes de l'argumentation

1 Le contexte (l. 1 à 7)	▸ Pourquoi toute vérité n'est-elle pas bonne à dire ? ▸ Quelles sont les précautions à prendre en la disant ? Repérez les figures de style mentionnées par l'auteur.
2 L'art et la manière (l. 7 à 17)	▸ Que montre l'exemple de l'histoire de Saint Louis ? ▸ Expliquez la citation : « Aux enfants le lait des enfants, aux adultes le pain substantiel des forts. »

Étape 4 Rédiger l'explication → CORRIGÉ P. 303

CORRIGÉS

SE TESTER QUIZ

1 Peut-on dire « à chacun sa vérité » ?

1. Réponses b et c. Le dogmatisme est le refus de remettre en cause une thèse, ce qui peut conduire à des attitudes intolérantes.
2. Réponses c et d. Le relativisme, défendu par les sophistes parmi lesquels Protagoras, soutient que la vérité est toujours relative.

> **À NOTER**
> La thèse relativiste est souvent mise en jeu dans les débats contemporains : peut-on tout tolérer ?

2 La vérité n'est-elle qu'un idéal ?

1. Réponse a. Dans la mesure où toute action implique une croyance préalable, un scepticisme intégral pour Aristote conduirait à l'inaction complète.
2. Réponses b et c. Un discours ne saurait être dit vrai ; il doit donc être efficace et entraîner l'adhésion du plus grand nombre de personnes possible.

3 Pourquoi dire la vérité ?

1. Dire la vérité est un devoir **sacré**, car les textes religieux le recommandent. Mais dire la vérité est aussi un besoin **existentiel**, car chacun veut la dire pour respecter sa conscience. Dans la mesure où la société attend que chacun de ses membres dise la vérité, elle est une obligation **sociale**. Bien plus, son caractère universel montre qu'elle est un principe **moral**.
2. Réponses a et b. Pour Simone Weil, dire la vérité est une obligation liée à la nature humaine, mais elle passe par des institutions qui en garantissent le respect.
3. Réponse a. Kant considère que dire la vérité est un devoir moral.

S'ENTRAÎNER

4 Réviser le cours en 8 questions flash

1. Cette citation de Protagoras montre que la vérité est relative à celui qui l'énonce.
2. Pour Platon, le langage prouve le caractère absolu de la vérité. Désigner plusieurs objets par un même mot prouve qu'ils ont une essence.
3. La mesure permet de passer d'une appréhension subjective d'un phénomène à une description objective.
4. Deux raisons impliquent de suspendre son jugement, pour les sceptiques : l'impossibilité de connaître la vérité et le malheur auquel conduit la certitude.
5. La recherche de la vérité implique de remettre en cause ses croyances immédiates, qui peuvent pourtant être rassurantes.
6. Pour Kant, la recherche de la vérité renvoie à une volonté d'être libre et de penser par soi-même. Elle est une exigence morale et implique une universalité.
7. La querelle de l'athéisme est un débat qui a occupé les théologiens de la Renaissance, interrogeant la possibilité d'une société d'athées.

8. Pour Kant, dire la vérité est un devoir absolu ; pour Constant, ce devoir doit être nuancé selon la situation dans laquelle l'homme se trouve.

5 Construire une réponse précise et nuancée

1. De « après avoir vu » à « les limites de cette thèse » : cette proposition est inutile, car elle résume les étapes de l'argumentation suivies par l'élève.
De « Pour les sceptiques » à « infirmant des hypothèses » : cette proposition énumère des réponses possibles au sujet et se présente comme un catalogue de références.
2. De « à condition » à « connaissance et opinion » : ces éléments permettent d'éviter de répondre affirmativement à la question sans aucune nuance.

6 Rédiger une conclusion

La thèse exposée	On a donc montré que l'homme ne pouvait pas atteindre la vérité car il ne disposait pas d'un critère pour vérifier si ce qu'il dit correspond à ce qui est.
Ses implications philosophiques	Cette thèse implique que l'homme devrait renoncer à chercher la vérité : sa raison et ses sens ne lui permettent pas d'accéder à une connaissance complète du monde.

OBJECTIF BAC

7 Explication de texte • Jankélévitch, *L'ironie*

Introduction

[thème] Cet extrait porte sur la nécessité de toujours dire la vérité. **[problématique]** On considère souvent que toute vérité n'est pas bonne à dire. Faut-il pour autant autoriser le mensonge ? L'auteur déplace le débat classique en considérant différentes façons d'énoncer la vérité. **[annonce du plan]** Il dégage les critères à prendre en compte quand on énonce la vérité, puis présente sa thèse en s'appuyant sur un exemple privilégié : l'histoire.

I Le contexte

1 Faut-il toujours dire la vérité ?

Jankélévitch part d'un constat classique : « Toute vérité n'est pas bonne à dire. » Qu'il s'agisse d'éviter des conséquences fâcheuses pour soi ou pour les autres, il semble qu'il y ait des exceptions au devoir de dire la vérité. Il serait donc tentant d'énumérer les situations dans lesquelles il est possible de mentir. Mais cela pourrait conduire à faire d'une exception la règle et à finalement banaliser le mensonge.

2 Dire la vérité : une affaire de contexte

Jankélévitch concilie nécessité de dire la vérité et difficulté à la dire.

- La façon de dire la vérité dépend du contenu de notre discours. Nous pouvons manier « l'euphémisme » ou « la périphrase » pour nuancer les effets négatifs de notre discours. La rhétorique est l'art de manier les mots. Comme l'oiseau qui tournoie, nous pouvons peu à peu nous rapprocher de la vérité sans la dire de façon crue.

■ Elle est aussi relative à notre interlocuteur. Parler implique de prendre en compte la sensibilité de l'autre. C'est ce que refuse de faire Alceste dans *Le Misanthrope* de Molière : il veut exprimer ce qu'il ressent, indépendamment de la façon dont les autres peuvent entendre ce qu'il dit.

■ Elle dépend enfin du moment : « Il y a un temps pour chaque vérité. » Il faut apprendre à distinguer habilement les moments où nous pouvons parler et ceux où nous devons nous taire.

CONSEIL
S'appuyer sur des exemples littéraires ou cinématographiques permet d'illustrer une thèse et de montrer les enjeux d'un sujet.

Jankélévitch montre donc que tout discours s'inscrit dans un contexte d'énonciation. Pour autant, il ne donne aucun argument qui justifierait le fait de mentir. Son propos semble donc paradoxal : toute vérité n'est pas bonne à dire, mais il faudrait malgré tout dire la vérité.

II L'art et la manière

1 Le caractère dangereux de la vérité

■ L'auteur propose une thèse nuancée : ce qui compte, c'est la manière dont on énonce la vérité. On peut s'appuyer ici sur la fable de La Fontaine « La Cour du Lion ». Le roi condamne à mort l'Ours, maladroit, qui lui dit la vérité sans précaution, tout comme le Singe, flatteur, qui fait l'inverse. Seul le Renard s'en sort, en prétextant ne pas avoir d'odorat.

■ Ainsi, il faut se tenir entre deux extrêmes : dire la vérité brutalement et mentir. L'auteur compare la vérité à un élixir ou à un poison auquel on doit s'habituer peu à peu.

2 Un exemple privilégié : l'histoire

L'histoire est un exemple très significatif, car elle relève d'un discours privé et d'une science. L'enfant est sensible à ce qu'il y a de romanesque dans l'histoire. Au cours de son apprentissage, il pourra progressivement changer de conception et prendre en compte la complexité du passé.

3 Vérité et subjectivité

L'extrait proposé peut conduire à remettre en cause le caractère abstrait de la vérité. Énoncée, la vérité ne s'adresse pas qu'à notre capacité d'intelligibilité, mais à notre personne entière. Elle nous trouble ou nous laisse indifférents. Elle a donc une dimension sensible. Implicitement, Jankélévitch nous met en garde contre une conception de la philosophie abstraite, qui oublierait cette dimension sensible de l'existence humaine.

Conclusion

[thèse de l'auteur] Certes, dire la vérité est un devoir. Mais la façon dont elle est énoncée est tout aussi importante que son contenu. En ce sens, il faut apprendre à dire la vérité, ce qui ne renvoie pas seulement à une recherche théorique mais aussi à un apprentissage éthique : prendre en compte l'autre, ses aspirations et ses inquiétudes. **[implications philosophiques]** La vérité est ainsi présentée non seulement comme une relation entre deux sujet et un objet, le monde à connaître, mais aussi comme une relation entre deux sujets engagés dans une existence singulière et tous deux porteurs d'aspirations différentes.

Les outils du bac

1 La dissertation

En bref *La dissertation est une argumentation dialectique et problématisée. Elle ne se réduit pas à une pure contradiction, mais montre la complexité d'un problème.*

Les étapes clés

Étape 1 Analyser les termes du sujet

▸ Définissez chaque terme du sujet en le rapportant à la question posée. Il faut prendre soin de distinguer précisément les différents sens possibles d'un terme :

– pour écarter d'emblée les acceptions non pertinentes pour le sujet ;

– pour faire apparaître les manières dont la question peut être interprétée selon le sens des termes.

▸ Reformulez le sujet en le distinguant éventuellement d'autres questions proches.

Étape 2 Dégager la problématique et les enjeux du sujet

▸ La problématique est la question qui montre la nature philosophique du sujet. Autrement dit, elle met en évidence la difficulté impliquée par le sujet, c'est-à-dire la raison pour laquelle il n'est pas facile d'y répondre.

▸ Pour parvenir à la formuler, appuyez-vous sur les différentes réponses possibles au sujet, en vous demandant pourquoi elles ne s'accordent pas entre elles.

CONSEILS
Tout le **travail de problématisation** mené en introduction est primordial.
Il faut justifier votre problématique par l'analyse précise du sujet.

▸ Les enjeux précisent les implications et les conséquences des réponses apportées au sujet, relativement aux grands débats philosophiques.

Étape 3 Élaborer le plan de la dissertation

▸ Le plan de dissertation comporte trois parties et suit un mouvement dialectique. Chaque partie défend une thèse qui se distingue de la précédente, en la critiquant ou en faisant varier le sens des termes du sujet.

▸ Chaque partie s'appuie sur deux ou trois arguments. Ils doivent être développés grâce à une référence ou un exemple que vous puiserez dans votre culture philosophique et personnelle.

Étape 4 Rédiger la dissertation

I Conseils pour le travail préparatoire

- Il est impératif de chercher le ou les problèmes que le sujet implique. Prêtez une attention particulière à la **formulation du sujet**. Par exemple, « peut-on » implique à la fois la possibilité et la légitimité.

> **CONSEIL**
> Mobilisez les **repères** au programme pour préciser les différents sens de la question. Par exemple : le problème se pose-t-il en droit ou en fait?

- Veillez fréquemment à **ne pas vous éloigner du sujet** lors du travail de problématisation. Confrontez la problématique au sujet pour vérifier qu'elle permet bien de le traiter.
- Le traitement d'un sujet ne requiert pas un plan unique. Une dissertation réussie prend appui sur votre **réflexion personnelle.**

II Conseils pour la rédaction

Apportez un soin particulier à l'introduction et à la conclusion : rédigez-les au brouillon avant de vous lancer dans la rédaction.

1 L'introduction

L'introduction comprend les étapes suivantes :

1. l'**amorce** : une référence en accroche n'est utile que si elle permet d'éclairer précisément le sujet. Vous pouvez vous contenter de formuler l'opinion commune ;
2. la **définition des termes** : précisez le ou les sens des termes dans le contexte du sujet ;
3. la **problématisation** : présentez le problème en montrant que plusieurs réponses sont possibles et justifiables, puis formulez la problématique ;
4. le **plan** : présentez les idées directrices de chacune de vos parties.

2 Le développement

Construisez chaque paragraphe selon le même modèle :

1. énoncez l'**idée principale** du paragraphe ;
2. développez l'idée en vous appuyant sur **une référence ou un exemple** ;
3. concluez en ouvrant vers l'**idée suivante**.

3 La conclusion

Récapitulez les étapes du plan pour **répondre à la problématique**. La conclusion témoigne du mouvement de l'argumentation : mettez en avant sa subtilité en restituant la manière dont vous êtes passé d'une réponse à une autre.

2 L'explication de texte

En bref *L'explication de texte en philosophie n'exige pas d'analyser les effets ni les procédés littéraires : il faut rendre compte de l'argumentation, en la justifiant et en la critiquant à partir d'une problématique.*

Les étapes clés

Avant de se lancer dans le travail d'explication, il convient de lire le texte au moins trois fois pour éviter les contresens.

À NOTER
L'exercice de l'explication de texte est difficile et requiert une solide maîtrise méthodologique, ainsi qu'une bonne connaissance des notions au programme.

Étape 1 Repérer le thème et la thèse du texte

LE THÈME → Il désigne en un ou quelques mots le **sujet abordé** par le texte.

LA THÈSE → Il s'agit de l'**idée défendue par l'auteur** dans le texte. Vous devez l'exprimer en une phrase.

Étape 2 Dégager la problématique et les enjeux du texte

- La problématique du texte est la question à laquelle l'auteur répond implicitement dans l'extrait. Elle doit souligner la difficulté qu'il tente de résoudre et vaut pour un texte précis.
- Pour déterminer les enjeux du texte, il faut se demander à quelles grandes questions philosophiques se rattache la problématique.

Étape 3 Identifier les étapes de l'argumentation

- Analysez minutieusement le texte pour distinguer les différentes étapes de l'argumentation. Repérez les liens logiques et découpez le texte en parties voire en sous-parties. Identifiez la fonction de chacune d'elle : s'agit-il d'énoncer la thèse ? d'avancer un argument ou un exemple ?
- Reformulez le sens et la fonction de chacune des parties à l'aide de vos mots : vous obtenez le plan linéaire que suivra votre explication.

Étape 4 Rédiger l'explication

I Conseils pour le travail préparatoire

- Procédez à un travail de définition des notions et des concepts. Prenez garde aux contresens ! Certains termes peuvent recouvrir des acceptions très différentes.
- Cherchez à déceler la cohérence argumentative du texte. Il n'est pas rare qu'un auteur feigne de défendre la thèse adverse pour mieux la critiquer, cela ne signifie pas qu'il se contredit.
- Il vous revient d'évaluer l'efficacité argumentative du texte. Pourquoi cet argument est-il convaincant ? Quelles en sont les limites ?
- Utilisez les définitions et vos références philosophiques pour témoigner de votre capacité critique. Ne vous contentez pas de résumer le texte.

CONSEIL
À l'aide de votre culture philosophique, approfondissez la thèse défendue par l'auteur ou critiquez-la au fur et à mesure de l'explication.

II Conseils pour la rédaction

1 L'introduction

L'introduction, que vous rédigerez d'abord au bouillon, comprend les étapes suivantes :

1. la présentation du texte : précisez le thème et les enjeux du texte ;
2. l'exposé de la problématique et de la thèse : énoncez clairement la question à laquelle l'auteur répond dans le texte, puis formulez en une phrase la position de l'auteur ;
3. l'annonce du plan : présentez les parties du texte qui sont aussi les parties de votre explication.

2 Le développement

Le développement suit l'ordre du texte, vous devez :

1. énoncer l'idée principale de la partie à expliquer avant de rentrer plus précisément dans l'étude des arguments.
2. critiquer éventuellement l'argumentation de l'auteur en développant vos idées (ne vous contentez pas de citer une référence sans l'exploiter).
3. veiller à ménager des transitions.

3 La conclusion

Récapitulez les étapes du plan pour répondre à la problématique. Il s'agit de synthétiser le mouvement de l'argumentation.

CONSEIL
À l'issue de la rédaction, consacrez quinze minutes à la **relecture** de votre travail.

3 Les repères du programme

En bref *Les repères prennent la forme de distinctions lexicales et conceptuelles. Ils vous permettent d'approfondir votre compréhension de chaque notion et d'enrichir votre réflexion.*

Absolu/Relatif

- Est **absolu** quelque chose qui **existe ou est connu indépendamment de toute autre chose** : le cogito (« je pense ») peut être connu absolument. L'adjectif « absolu » s'applique, par exemple, à un amour au-dessus de tout. Le substantif « absolu » désigne, chez Hegel, la réalité suprême qui contient tout en elle. À l'opposé, est **relatif** quelque chose qui **dépend des circonstances ou du point de vue** : le droit varie selon les pays et les époques.
- La philosophie débat pour savoir si la liberté, la vérité, la vertu, la justice, le beau peuvent être absolus (on parlera de **rationalisme**) ou s'ils sont relatifs (on parlera de **relativisme**).

Abstrait/Concret

- Est **concret** ce qui a une **réalité sensible et particulière** : telle sculpture, tel homme. Est **abstrait** ce qui est purement intellectuel et désigne une **généralité** : l'humanité, l'art.
- L'abstraction consiste à isoler et à **extraire certaines caractéristiques** d'une chose concrète : abstraire par exemple l'idée de blancheur à partir d'un nuage blanc. L'abstraction permet, à l'aide du langage, de s'élever au-dessus de la sensation immédiate et de construire une connaissance scientifique ou philosophique. L'abstraction est donc nécessaire à la connaissance, mais peut éloigner de la vie pratique et de l'action.

En acte/En puissance

EN ACTE →
- **Définition** : ce qui est devenu réel (la réalité effective).
- **Exemple** : une fois parvenu au terme de son développement, l'embryon est un bébé en acte.
- **Thèse** : pour Spinoza, il n'y a ni finalité, ni être potentiel, et toute réalité doit être effective (tout ce qui existe est donc parfait).

EN PUISSANCE →
- **Définition** : ce qui peut devenir réel (les possibilités).
- **Exemple** : un œuf est un embryon en puissance, lequel est un animal en puissance.
- **Thèse** : pour Aristote, la perfection de chaque être consiste à réaliser ce qu'il est en puissance (sa finalité idéale).

Analyse/Synthèse

■ L'analyse consiste à séparer les éléments qui composent une réalité concrète : analyser les données d'un problème, analyser les étapes d'une fabrication… La synthèse réunit et fusionne des éléments séparés : la synthèse d'un débat, la synthèse de produits chimiques…

■ Analyse et synthèse peuvent être des processus objectifs, comme la synthèse de la chlorophylle par les plantes, ou des actes de l'esprit, comme l'analyse des causes d'une guerre.

■ L'analyse est recommandée par Descartes pour décomposer une difficulté et récapituler les étapes d'un raisonnement. La psychanalyse de Freud est une analyse du psychisme pour dégager les causes de troubles mentaux. La dialectique de Hegel fait se succéder la thèse (affirmation), l'antithèse (négation) et la synthèse (négation de la négation) pour expliquer le développement contradictoire de toute chose.

Concept/Image/Métaphore

CONCEPT →
- **Définition** : unité idéale abstraite renvoyant à diverses expériences.
- **Exemple** : la liberté.

IMAGE →
- **Définition** : représentation concrète d'une réalité abstraite ou difficilement intelligible.
- **Exemple** : avoir une épée de Damoclès au-dessus de la tête.

MÉTAPHORE →
- **Définition** : déplacement sémantique par lequel une réalité est désignée par un terme inhabituel.
- **Exemple** : cet élève est une perle.

Contingent/Nécessaire

■ On appelle contingent ce qui pourrait être autrement, voire ce qui pourrait ne pas être. Par exemple, la couleur d'une voiture est contingente : si je la repeins, cela ne change rien au fait que je puisse l'utiliser pour me déplacer.

■ On appelle nécessaire ce qui ne peut être autrement. On peut distinguer la nécessité d'essence, qui renvoie aux qualités inscrites dans la nature d'un objet ou d'un sujet, de la nécessité logique, qui signale la manière dont une démonstration incline la raison à adhérer à sa conclusion.

Croire/Savoir

■ Croire et savoir sont d'abord en relation d'opposition. En disant « je crois que demain il va pleuvoir », je veux signifier que je ne le sais pas.

■ Toutefois, il faut distinguer deux modes de croyance :

- **la croyance comme opinion** (« je crois que… »). C'est une opinion qui, d'une part, se sait incertaine et qui, d'autre part, est commensurable avec le savoir rationnel, car il est possible de **produire les raisons qui la justifient et la rendent vraisemblable**. Ce qui distingue la croyance du savoir est alors seulement le degré de certitude de l'idée ou de la proposition qui en fait l'objet ;
- **la croyance comme foi** (« je crois en… »). Dans l'expression « je crois en Dieu », le verbe « croire » n'a pas le même sens que dans « je crois que Dieu existe ». La foi, c'est-à-dire la croyance religieuse, est une **adhésion absolue, une conviction**.

■ En somme, un élément est commun entre la croyance au sens d'opinion et le savoir rationnel, alors que la distance semble infinie entre ce dernier et la foi.

Essentiel/Accidentel

■ Depuis Aristote, **essentiel** désigne ce qui est **propre à l'identité** d'une chose et qui la différencie d'autre chose : l'étendue est l'essence de la matière, la pensée est l'essence de l'esprit. **Accidentel** désigne ce qui n'est **pas indispensable à l'existence ou à la définition** d'une chose : il est accidentel que la matière soit solide ou liquide, ou que l'esprit soit lent ou rapide.

■ En un sens plus large, est essentiel ce qui est nécessaire, est accidentel ce qui varie selon les cas, ce qui est accessoire.

Exemple/Preuve

EXEMPLE →
- **Définition** : l'exemple permet d'illustrer un fait ou d'en établir la possibilité.
- **Exemple** : l'assassinat est un exemple de crime.

PREUVE →
- **Définition** : la preuve permet d'établir la véracité d'un fait ou d'une proposition par un autre fait ou un raisonnement.
- **Exemple** : l'ADN prélevé sur les lieux du crime prouve la présence du suspect.

Expliquer/Comprendre

■ Dans la vie courante, expliquer et comprendre sont considérés comme des **opérations complémentaires**. Elles supposent la mise en relation de deux personnes au moins : le professeur explique, les élèves comprennent.

■ Dans un autre sens usuel, expliquer et comprendre s'opposent davantage. Dans cette perspective, l'**explication** est l'**acte purement intellectuel** par lequel on cherche les causes d'un phénomène ou d'un comportement, tandis que la **compréhension** est l'**acte plus moral** par lequel on juge ce phénomène ou ce comportement admissible ou non.

■ Dans une acception proprement philosophique, la relation, alors d'opposition stricte, entre expliquer et comprendre n'a de sens que dans le contexte de la pensée de Dilthey. Les deux verbes représentent alors deux méthodes opposées, chacune étant à l'œuvre dans un type de science précis. D'un côté, les sciences de la nature sont explicatives : elles rendent compte des phénomènes en les rapportant à des lois nécessaires qui régissent les phénomènes du même type. En ce sens, expliquer un phénomène suppose aussi qu'on puisse le prédire. D'un autre côté, les sciences de l'esprit sont compréhensives : elles cherchent à interpréter le sens de comportements ou d'actions accomplies par des sujets conscients, libres et volontaires.

En fait/En droit

■ Le fait désigne ce qui est, ce qu'on peut constater objectivement. Le droit désigne ce qui doit être, une norme, un idéal qu'on veut appliquer à la réalité. La science dit ce qui est en fait; le droit, la morale, la religion disent ce qui devrait être en droit. L'écart entre le fait et le droit signale un cas d'injustice : en droit tous les hommes peuvent voyager, mais en fait tous n'en ont pas les moyens.

■ En philosophie politique, la question « qu'en est-il du fait ? » (*quid facti*) porte sur l'existence et la nature des formes de gouvernement. La question « qu'en est-il du droit ? » (*quid juris*) porte sur la légitimité de ce régime politique.

■ La distinction du fait et du droit acquiert ainsi une extension très large. Elle permet d'éclairer de nombreux sujets de dissertation, en particulier les sujets introduits par la question « peut-on... ? », qui pose une question de fait (« est-il possible de... ? ») et/ou une question de droit (« est-il légitime de... ? »).

Formel/Matériel

■ En général, formel désigne une affirmation certaine (un témoignage formel) ou un caractère superficiel (une objection formelle). L'adjectif matériel désigne quant à lui le contenu réel d'une chose ou d'une connaissance.

■ Notons quelques applications de cette distinction. En art, le sculpteur doit donner une beauté formelle à la matière brute. En politique, un droit formel ne tient pas compte des moyens matériels de sa réalisation. Une vérité formelle peut être cohérente et respecter les règles logiques, et être pourtant fausse par rapport à la réalité matérielle (c'est le cas des sophismes).

Genre/Espèce/Individu

■ En logique, ce sont trois catégories dont l'extension est croissante de l'individu au genre. Elles permettent donc d'opérer des classifications et, pour Aristote, de donner des définitions. Une définition consiste à donner le genre plus la différence spécifique, c'est-à-dire propre à l'espèce. Par exemple : l'homme est un animal (genre) raisonnable (différence propre à l'espèce).

■ Ce **mode de classement** est surtout utilisé en biologie (zoologie et botanique). Le mot genre est parfois utilisé de façon discutable : ainsi dit-on communément le « genre humain », alors que l'homme est une espèce.

Hypothèse/Conséquence/Conclusion

L'**hypothèse** est une proposition supposée vraie sans être démontrée.	La **conséquence** est une proposition qui résulte d'une hypothèse ou de faits dans l'ordre d'un raisonnement logique.	La **conclusion** est la proposition finale d'un raisonnement. Sa véracité dépend de celle des propositions précédentes (vérité matérielle) et de la validité logique de leur enchaînement (vérité formelle).

Idéal/Réel

■ L'**idéal** est **ce qui devrait être**, ce que nous souhaitons voir exister. Il exprime une perfection de l'imagination (l'idéal féminin, le prince charmant) ou de la raison (la paix et la liberté universelle). Selon Kant notamment, l'idéal peut servir de guide à l'action pour améliorer le réel (« idéal régulateur »). L'idéalisme est nécessaire pour changer le monde, mais dangereux par les illusions qu'il produit (utopies).

■ Le **réel** est **ce qui est**, ce qui existe effectivement. Il vient souvent contrer et détruire nos illusions. Selon Spinoza, l'idéal ne doit pas conduire à mépriser le réel et à vouloir s'en échapper : le réel contient la perfection. Le réalisme est plus efficace par le choix de moyens adaptés au réel, mais il risque de conduire à se résigner au réel tel qu'il est.

Identité/Égalité/Différence

■ L'**identité** désigne un rapport à soi ou un rapport à l'autre : une chose garde son identité si elle **conserve des caractéristiques essentielles** par-delà des changements secondaires (l'âge, le lieu...). Une chose est identique à une autre si toutes deux sont différentes selon la quantité (elles sont deux), mais semblables selon la qualité (des clones). Selon le « principe des indiscernables » de Leibniz, il ne peut exister dans le monde deux choses absolument identiques.

■ L'**égalité** désigne ce qui a la **même mesure** (une taille égale) ou le **bénéfice des mêmes droits** (égalité politique). Il ne faut pas confondre différence et inégalité : l'égalité des droits vise à compenser les différences, non à les nier. L'égalité n'est pas l'identité de tous.

■ La **différence** est soit **ce qui change** sur fond d'identité (je suis différent selon mon âge), soit **ce qui distingue une chose d'une autre** (le sexe masculin ou féminin).

Impossible/Possible

- En un **sens relatif**, l'**impossible** désigne **ce qui ne peut pas être**, au regard de certaines conditions de l'expérience et à un moment déterminé dans le temps. Si un individu est peu sportif, il est par exemple impossible qu'il batte les records du marathon. Mais en travaillant et en s'entraînant, il peut modifier les conditions de l'expérience et tenter de transformer l'impossible en possible. L'impossibilité relative est donc provisoire. En un **sens absolu**, l'impossible se présente au contraire comme un point d'arrêt indépassable de l'expérience : on dira par exemple qu'il est absolument impossible à l'homme d'être une plante.

- Le **possible** désigne **ce qui peut être**. Le rapport entre le possible et le réel pose une difficulté : comment être certain qu'une chose est possible si elle ne s'est pas encore réalisée ? Le statut du possible n'est donc pas facile à déterminer, du fait de notre ignorance. Seul un être omniscient pourrait strictement délimiter l'horizon des possibles.

Intuitif/Discursif

- Est **intuitif ce qui est saisi immédiatement** et est **discursif ce qui passe par une mise en discours**. Quand je dis que j'ai une intuition, je signifie que ce que j'intuitionne me paraît vrai sans que je sois capable d'argumenter, c'est-à-dire de discourir, en sa faveur.

- Cette distinction est au cœur de la méthode de **Descartes**. Une vérité est intuitive lorsqu'elle est connue immédiatement, sans l'intermédiaire d'un raisonnement ou d'une démonstration. Elle est discursive quand elle s'établit par le moyen d'un raisonnement ou d'une démonstration.

- La distinction entre le mode intuitif et le mode **discursif** sera reprise par **Bergson** dans le sens d'une plus franche opposition : le discursif sera alors le propre de l'intelligence rationnelle et l'intuitif, au contraire, une façon de percevoir des réalités essentielles qui échappent à l'entendement.

Légal/Légitime

- Est **légal** ce qui est **conforme à la loi existante** (loi positive). Est **légitime** ce qui est **conforme à un devoir moral** ou à une loi idéale.

- Cette distinction peut fonder un droit à désobéir à la loi. Les partisans du positivisme juridique affirment qu'aucune légitimité ne peut être au-dessus de la loi positive. Les tenants du droit naturel, au contraire, considèrent que la raison donne des normes universelles qui permettent de juger de la légitimité d'une loi positive.

Médiat/Immédiat

- L'**immédiat** désigne **ce qui est premier et spontané** : l'évidence donne une certitude immédiate. Le **médiat** désigne **ce qui nécessite des intermédiaires** : la conclusion d'une démonstration est médiatisée par les arguments précédents.

■ Chez Descartes, l'immédiat prime le médiat. Les vérités, pour Descartes, s'établissent par déduction, c'est-à-dire médiatement, par l'intermédiaire d'autres propositions déjà connues. Il faut donc commencer par des vérités immédiatement connues par évidence ou intuition. Quelle que soit la valeur, réelle, de la déduction, l'immédiateté de l'évidence est le modèle le plus parfait de certitude.

■ Pour Hegel, la médiation est essentielle, ce qui est immédiat n'ayant encore aucune effectivité. Par exemple, la certitude immédiate de ma conscience doit s'objectiver grâce à la médiation d'autrui et du monde pour devenir une vérité objective.

Objectif/Subjectif/Intersubjectif

OBJECTIF	**Définition** : ce qui se détermine relativement à un objet, indépendamment du point de vue d'un sujet particulier.	**Exemple** : il fait 12 degrés.
SUBJECTIF	**Définition** : ce qui se détermine relativement à un sujet, à son point de vue, sa perception, ses préférences individuelles.	**Exemple** : j'ai froid !
INTERSUBJECTIF	**Définition** : ce qui résulte du rapport des subjectivités entre elles.	**Exemple** : 10 degrés est trop froid.

Obligation/Contrainte

■ L'obligation est un fait de conscience et touche au droit et à la moralité. Nous pouvons nous obliger nous-mêmes, par exemple en promettant à notre conjoint de lui rester fidèle.

■ La contrainte est un fait de force : nous sommes ici forcés, par autrui, de faire quelque chose que nous ne voulons pas faire.

Origine/Fondement

■ La question de l'origine est historique. Chercher une origine, c'est à la fois chercher quand un phénomène est apparu et quelles sont les causes de son apparition. Il s'agit d'une question de fait.

■ La question du fondement fait appel à la raison. Fonder une connaissance, c'est la justifier par des principes certains ; fonder un régime politique, c'est l'appuyer sur une constitution, elle-même justifiée par des valeurs fondatrices, par exemple les droits de l'homme. Il s'agit d'une question de droit.

Persuader/Convaincre

- Dans le langage courant, les verbes persuader et convaincre ont des significations assez proches. C'est en référence à Platon qu'il convient de les distinguer.
- Platon critique en effet la rhétorique, qu'il oppose à la philosophie. La rhétorique est l'art de persuader, c'est-à-dire d'emporter l'assentiment d'autrui grâce à la séduction du discours, alors que le dialogue philosophique est propre à convaincre, c'est-à-dire à amener autrui à reconnaître la valeur des raisons avancées. La persuasion est donc un moyen fallacieux et non rationnel, alors que la conviction est un moyen rationnel et intellectuellement sincère. La première relève de l'opinion, la seconde de la vérité. La première joue sur les sentiments que peut provoquer un discours (émotion, enthousiasme, empathie...), la seconde se fonde sur la rationalité des arguments avancés.
- Il faut aussi distinguer convaincre et démontrer. Un discours convaincant a ceci de commun avec un discours persuasif qu'il cherche l'accord des interlocuteurs, sans pouvoir établir de façon certaine la vérité de ce qu'il avance. En toute rigueur, je n'ai pas besoin d'être convaincu de la vérité d'une démonstration mathématique. Elle s'impose à moi dès l'instant que je comprends la chaîne des raisons qui conduit à la conclusion. Convaincre comme persuader relèvent du domaine de l'argumentation, non de la démonstration.

Principe/Cause/Fin

PRINCIPE → Un être ou une proposition qui est premier dans l'ordre de la connaissance ou de l'existence. C'est la première cause d'une série d'effets réels ou logiques.

CAUSE → Ce qui produit un certain effet d'ordre physique, psychique ou logique. Elle est la réponse à la question « pourquoi ? »

FIN → Le but qui a gouverné la réalisation d'une action. On ne peut donc parler de fin que lorsque c'est un individu doué d'une volonté propre qui agit. En ce sens, les phénomènes naturels ont bien des causes mais n'ont pas de fin.

Public/Privé

- On appelle public ce qui relève de l'organisation de la vie des hommes en société. Le domaine public ne relève pas des intérêts ou des préoccupations individuels, mais constitue l'espace de rencontre. L'administration du domaine public réclame ainsi la transparence nécessaire à une transmission juste de l'information, pour que les hommes puissent discuter des conditions du vivre ensemble.

■ On appelle privé ce qui relève des prérogatives de l'individu, indépendamment de l'organisation de la vie sociale. Il s'agit des choix et des préférences qui témoignent de la liberté de l'homme dans la poursuite de ses aspirations individuelles – économiques, intellectuelles ou morales. La loi protège ainsi notre vie privée, pourvu que nous ne troublions pas l'ordre social, c'est-à-dire que nous respections également le droit d'autrui à gouverner librement sa vie privée.

Ressemblance/Analogie

■ Ressemblance et analogie permettent de relier les choses et les idées. La ressemblance associe deux choses qui ont au moins un point commun : l'homme et la baleine se ressemblent en tant que mammifères. Il y a donc des degrés de ressemblance, la ressemblance totale étant l'identité de deux indiscernables (jumeaux ou clones).

■ L'analogie est une ressemblance entre rapports (A/B = B/C), et non terme à terme (A = B). « La Lune ressemble à la Terre par sa forme et son relief » exprime une ressemblance; « la Lune tourne autour de la Terre, comme la Terre tourne autour du Soleil » exprime une analogie. C'est un raisonnement qui permet d'aller du connu à l'inconnu : l'eau permet la vie sur Terre, donc s'il y a de l'eau sur Mars, il doit y avoir de la vie.

■ Mais l'abus de ressemblance et d'analogie produit de faux arguments : si le monde ressemble à une horloge, alors doit exister un Dieu horloger. La ressemblance initiale est contestable, donc l'analogie l'est aussi.

Théorie/Pratique

■ L'opposition théorie/pratique a pour sens premier d'exprimer une méfiance à l'égard de la théorie : celle-ci n'a aucune effectivité si elle n'est pas applicable pratiquement.

■ La théorie est alors de l'ordre de l'idéal, la pratique de l'ordre de la réalité. Si l'on dit par exemple : « En théorie, tous les hommes sont égaux, mais en pratique, ils sont inégaux », on veut signifier que l'égalité est utopique et qu'il ne sert à rien de l'espérer. Si l'on avait voulu au contraire mettre l'accent sur un fait exprimé, on aurait plutôt user du couple « en droit/en fait ».

Transcendant/Immanent

■ Est transcendant ce qui est posé comme extérieur et supérieur à un ordre de réalité donné : Dieu dans les religions monothéistes, ou les Idées chez Platon.

■ Est immanent, au contraire, ce qui est pensé comme n'existant pas de façon séparée. Par exemple, la justice immanente est induite par l'ordre du monde et n'implique pas d'intervention extérieure transcendante.

Universel/Général/Particulier/Singulier

Ces quatre catégories désignent des degrés de généralité.

UNIVERSEL	**Définition** : la totalité des individus, sans exception.	**Exemple** : le langage est une caractéristique universelle des êtres humains.
GÉNÉRAL	**Définition** : ce qui est principalement répandu dans un ensemble mais peut souffrir des exceptions.	**Exemple** : les moutons sont généralement blancs.
PARTICULIER	**Définition** : des cas minoritaires dans un ensemble.	**Exemple** : cet élève à haut potentiel représente un cas particulier parmi ses camarades de classe.
SINGULIER	**Définition** : un cas unique.	**Exemple** : chaque malade doit être traité comme un cas singulier.

Vrai/Probable/Certain

- On appelle classiquement **vrai ce qui est conforme à la réalité**. Cela suppose que nous ayons accès aux choses en soi pour vérifier cette adéquation.
- Le **probable** renvoie, dans l'ordre de la connaissance, à **ce dont on ne peut établir strictement la vérité** : quand bien même une proposition nous semblerait très probable, elle reste douteuse.
- Une proposition **certaine** est **une proposition à laquelle l'esprit adhère sans plus en douter**. Elle est généralement établie au moyen d'une preuve. Si la certitude désigne le régime d'adhésion de la raison à une proposition, elle ne garantit toutefois pas sa vérité. Nous sommes parfois certains de savoir, avant de nous apercevoir de notre erreur.

CRÉDITS PHOTOGRAPHIQUES

Rabat 2 hg Doc. Marie-Lan Nguyen (2006) / Wikipédia • hm Doc. Creative Commons Attribution / Wikipédia • hd Doc. Wikipédia • bg Doc.2005 - Eric Gaba for Wikimedia Commons • bm Doc. Église Ognissanti Florence / Wikipédia • bd Doc. National Gallery, Londres / Wikipédia • **Rabat 3** hg Doc. Archivo Iconografico, S.A / Wikipédia • hm Doc. André Hatala (1997) De eeuw van Rembrandt, Bruxelles / Crédit communal de Belgique / Wikipédia • hd Doc. global.britannica.com/ Wikipédia • b Doc. Wikipédia • **Rabat 4** hg ph © Antonia Reeve / Wikipédia • hm Doc. Wikipédia • hd Coll. Goethe und Schillerarchiv • mh Doc. www.philosovieth.de / Wikipédia • bg Doc. Wikipédia • bm Coll. Alte Nationalgalerie Berlin • bd ph © Roger Viollet Collection • **Rabat 5** hd ph © Farabola / Leemage • md Doc. Wikipédia • bg Doc. Wikipédia • bm ph © Granger collection / Bridgeman images • bd ph © Jerry Bauer / Opale / Leemage • **4** h ph © FineArtImages / Leemage / New York, MoMA. © 2015 Andy Warhol Foundation / © Adagp, Paris, 2020 • **4** b ph © Vizerskaya / iStockphoto • **5** h ph © Jacques Witt / Pool / REA • **5** b ph © Imagno - Sigmund Freud Privatstiftung / La Collection • 6 h ph © Stephane Mahé / Reuters • **6** b ph © Collection Dagli Orti / Musée Carnavalet Paris / Gianni Dagli Orti / Aurimages • **7** h ph © Frederic Desmoulins / Getty-Images • **7** b ph © Reedi / Shutterstock • **8** h ph © Valentyn Ogirenko / Reuters • **8** b ph © Museumslandschaft Hessen Kassel Ute Brunzel / Bridgeman Images • **9** h Coll. Bayerischer Rundfunk / Alamode Films / Christophel • **9** b ph © World History Archive / Aurimages • **10** ph © Yellowj / Shutterstock • **11** ph © Artothek / La Collection • **12** g Doc. Marie-Lan Nguyen (2006) / Wikipédia • **12** d Doc. 2005 - Eric Gaba for Wikimedia Commons • **13** hg Doc. 2005 - Eric Gaba for Wikimedia Commons • **13** hd, bg Doc. www.philosovieth.de / Wikipédia • **13** bd Doc. Wikipédia • **15** ph © Akg-Images / © Adagp, Paris, 2020 • **17** ph © FineArtImages / Leemage / New York, MoMA. © 2015 Andy Warhol Foundation / © Adagp, Paris, 2020 • 19 ph © C. Schlegelmilch / Akg-Images • **24** Doc. www.philosovieth.de / Wikipédia • **27** ph © Vincent Migeat / Agence VU • **28** h Doc. Creative Commons Attribution / Wikipédia • **28** b Doc. 2005 - Eric Gaba for Wikimedia Commons • **29** h Doc. Wikipédia • **29** mh Doc. www.philosovieth.de / Wikipédia • **29** mb Doc. global.britannica.com/ Wikipédia • **29** b Doc. www.philosovieth.de / Wikipédia • **31** ph © Jakob Dall / The New York Times / Redux-REA • **33** ph © Sanjay Shah / Dinodia Photo / Agefotostock • **35** ph © Erich Lessing / Akg-Images • **40** Doc. 2005 - Eric Gaba for Wikimedia Commons • **41** Doc. www.philosovieth.de / Wikipédia • **45** ph © Kiyoshi Ota / Reuters • **46** h Doc.www.philosovieth.de / Wikipédia • **46** b ph © Antonia Reeve / Wikipédia • **47** h Doc. André Hatala (1997) De eeuw van Rembrandt, Bruxelles / Crédit communal de Belgique / Wikipédia • **47** mh ph © Wikipédia • **47** mb Doc. www.philosovieth.de / Wikipédia • **47** b Coll. Goethe und Schillerarchiv • **49** Doc. André Hatala (1997) De eeuw van Rembrandt, Bruxelles / Crédit communal de Belgique / Wikipédia • **51** ph © acavalli / iStockphoto • **53** ph © Vizerskaya / iStockphoto • **58** ph © Wikipédia • **63** ph © Jacques Witt / Pool / REA • **64** h Doc. www.philosovieth.de / Wikipédia • **64** b Coll. Goethe und Schillerarchiv • **65** h Doc. www.philosovieth.de / Wikipédia • **65** mh Doc.Wikipédia • **65** mb Doc. www.philosovieth.de / Wikipédia • **65** b Coll. Alte Nationalgalerie Berlin • **66** ph © Farabola / Leemage • **67** © Galerie Maurice Garnier / © Adagp, Paris, 2020 • **69** Doc. global.britannica.com/ Wikipédia • **71** © Les Mains sales, mise en scène de Philippe Sireuil, avec France Bastoen, Itsik Elbaz et Joan Mompart • **81** ph © Danielle Bonardelle - stock.adobe.com • **82** h, b Doc. Wikipédia • **83** h Doc. Wikipédia • **83** mh ph © Granger collection / Bridgeman Images • **83** mb Doc. Wikipédia • **83** b Doc. www.philosovieth.de / Wikipédia • **85** Coll. ® Universal Pictures / Platinum Dunes / Christophel • **86** Doc. Wikipédia • **87** Coll. Umbrella-Rosenblum Films Production / Christophel • **89** Coll. Scott Rudin Productions / Paramount Pictures / Christophel • **95** Coll. Château de Versailles / Wikipédia • **99** ph © Imagno - Sigmund Freud Privatstiftung / La Collection • **100** h Coll. Johann Friedrich Wentzel • **100** b Doc. Wikipédia • **101** h ph © Farabola / Leemage • **101** m Doc. Wikipédia • **101** b ph © Hannah Assouline / Opale / Leemage • **105** © Christian Décamps - © Inventaire général • **107** ph © Akg-Images / © Salvador Dalí, Fundació Gala-Salvador Dali / © Adagp, Paris 2020 /Adagp, Paris, 2020 • **112** ph © Hannah Assouline / Opale / Leemage • **117** ph © Stephane Mahé / Reuters • **118** h Doc. Wikipédia • **118** b Coll. Goethe und Schillerarchiv • **119** h ph © Frederic Reglain / 2011 Gamma-Rapho / Getty-Images • **119** m Coll. Alte Nationalgalerie Berlin • **119** b Doc. Wikipédia • **121** ph © Palmeraie et Desert / Prod DB / KCS / Aurimages • **123** ph © Keystone France / Gamma - Rapho • **125** ph © Universal Images Group / Underwood Archives / Akg-Images • **130** Doc. Wikipédia • **132** Coll. Goethe und Schillerarchiv • **135** ph © Akg-Images • **136** h Doc. André Hatala (1997) De eeuw van Rembrandt, Bruxelles / Crédit communal de Belgique / Wikipédia • **136** b Doc. Wikipédia • **137** h Doc. Marie-Lan Nguyen (2006) / Wikipédia • **137** m Doc. Wikipédia • **137** b Coll. Alte Nationalgalerie Berlin • **138** Doc. Wikipédia • **139** ph © Bettmann Archive / Getty-Images • **141** h Doc. D.R. / Wikipédia • **141** b ph © Roger-Viollet • **143** ph © Gianni Dagli Orti / Aurimages • **148** Doc. F. Jullien / Wikipédia • **151** ph © Stéphane Mahé / Reuters • **152** h Coll. Johann Friedrich Wentzel • **152** b Doc. www.philosovieth.de / Wikipédia • **153** h Doc.global.britannica.com/ Wikipédia • **153** mh Doc. www.philosovieth.de / Wikipédia • **153** mb ph © Farabola / Leemage • **153** b Doc. Wikipédia • **155** ph © KarlosWest / Shutterstock.com • **156** Coll. Johann Friedrich Wentzel • **157** ph © Garlick Mark / Science Photo Library • **158** ph © Farabola / Leemage • **159** ph © Collection Dagli Orti / Musée Carnavalet Paris / Gianni Dagli Orti / Aurimages • **167** ph © Frederic Desmoulins / Getty-Images • **168** h Doc. Wikipédia • **168** b Doc. www.philosovieth.de / Wikipédia • **169** Doc. Wikipédia • **171** Coll. L'Enfant sauvage, 1970, Francois Truffaut, Jean Pierre Cargol / © Les Films du Carrosse / Les Productions Artistes Associes / Pierre Zucca / Christophel • **173** h Doc Wikipédia • **173** b Coll. Delivrance, 1972, John Boorman, Burt Reynolds, Ned Beatty / © Warner Bros / Christophel • **174** Doc. Wikipédia • **175** ph © Melanie Morand / Opale / Leemage • **180, 182** Doc. Wikipédia • **185** ph © serato / Shutterstock.com • **186** h Doc. 2005 - Eric Gaba for Wikimedia Commons • **186** b Doc. Wikipédia • **187** h,mh ph © Wikipédia • **187** mb Doc. Marie-Lan Nguyen (2006) / Wikipédia • **187** b Doc. Wikipédia • **189** ph © Josse / Leemage • **191** ph © Curiosa Films / Prod DB / KCS / Aurimages • **193** ph © Daniel Pier / NurPhoto / AFP Photo • **197** ph © Wikipédia • **201** ph © Reedi / Shutterstock • **202** h Doc. Antonia Reeve / Wikipédia • **202** b Doc. Wikipédia • **203** h Doc. Wikipédia • **203** mh ph © John Foley / Opale / Leemage • **203** mb Doc. Wikipédia • **203** b ph © Roger Viollet Collection • **205** ph © Paramount Pictures / SharpSword Films / AI Films / BBQ_DFY / Aurimages • **207** ph © Arthotek / La Collection • **209** ph © Pierre-Yves Hoguet / iStockphoto / Getty-Images Plus • **214** Doc. Wikipédia • **215** Doc. global.britannica.com / Wikipédia • **219** ph © Akg-Images • **220** h Doc. Marie-Lan Nguyen (2006) / Wikipédia • **220** b Doc. André Hatala (1997) De eeuw van Rembrandt, Bruxelles / Crédit communal de Belgique / Wikipédia • **221** h Doc. Public Domain Mark / Wikipédia • **221** mh Doc. Wikipédia • **221** mb Doc. André Hatala (1997) De eeuw van Rembrandt, Bruxelles / Crédit communal de Belgique / Wikipédia • **221** b Doc. Wikipédia • **223** Doc. Marie-Lan Nguyen (2006) / Wikipédia • **225** ph © Valentyn Ogirenko / Reuters • **227** ph © John Frost Newspapers / Alamy /Photo12 • **237** ph © Museumslandschaft Hessen Kassel Ute Brunzel / Bridgeman Images • **238** h Doc. Wikipédia • **238** b ph © Kruse Ingrid von / Suddeutsche Zeitung / Leemage • **239** h, m Doc. Wikipédia • **239** b Doc.Dutch National Archives, The Hague, Fotocollectie Algemeen Nederlands Persbureau (ANEFO), 1945-1989 / Wikipédia • **241** ph © Frank Bienewald / LightRocket / Getty-Images • **243** ph © Fred Tanneau / AFP Photo • **245** ph © Luisa Ricciarini / Bridgeman Images • **255** ph © Yogi Black / Alamy / Photo12 • **256** h Doc. www.philosovieth.de / Wikipédia • **256** b Doc. Wikipédia • **257** h Coll. Goethe und Schillerarchiv • **257** mh Doc. Det Kongelig Bibliotek / Wikipédia • **257** mb,b Doc. Wikipédia • **259** h Doc. Wikipédia • **259** b ph © Richard Bryant / Arcaid / Bridgeman Images • **261** h Doc. Det Kongelig Bibliotek / Wikipédia • **261** b ph © iStockphoto • **262, 263** h Doc. Wikipédia • **263** b © Castex Aurélie • **269, 272** Doc. Wikipédia • **273** ph © fotografixx / iStockphoto • **274** h Doc. www.philosovieth.de / Wikipédia • **274** b ph © Roger Viollet Collection • **275** h Coll. Alte Nationalgalerie Berlin • **275** mh ph © Roger Viollet Collection • **275** mb Doc. Marie-Lan Nguyen (2006) / Wikipédia • **275** b Doc. Wikipédia • **277** Coll. Bayerischer Rundfunk / Alamode Films / Christophel • **279** ph © Chaplin / United Artists / The Kobal Collection / Aurimages • **280** Doc. Marie-Lan Nguyen (2006) / Wikipédia • **281** ph © Akg-Images • **289** ph © World History Archive / Aurimages • **290** h Doc. Wikipédia • **290** b Doc. Marie-Lan Nguyen (2006) / Wikipédia • **291** h Doc. Wikipédia • **291** mh Doc. 2005 - Eric Gaba for Wikimedia Commons • **291** mb Doc. Wikipédia • **291** b Coll. Goethe und Schillerarchiv • **293** ph © G. Dagli Orti / DeAgostini Picture Library / Bridgeman Images • **295** h Doc. Wikipédia • **295** b ph © Jeremy Hogan / Sputnik / AFP Photo • **297** ph © Jaap Buitendijk. © Warner Bros. / Courtesy Everett Collection / Aurimages • **305** ph © Yellowj / Shutterstock